ESTE ALMANAQUE PERTENCE A:

.v
.z
.h
.k
.p
.q
.a
.t
.x
.e
.m
.i
.l
.s
.d
.b
.w
.r
.j
.y
.g
.n
.c
.u
.o
.f

arte de pedro segreto @petersecret

ANDRÉ CARVALHAL

VIVA O FIM

ALMANAQUE DE UM NOVO MUNDO

paralela

Copyright © 2018 by André Carvalhal

A Editora Paralela é uma divisão da Editora Schwarcz S.A.

Grafia atualizada segundo o Acordo Ortográfico da Língua Portuguesa de 1990, que entrou em vigor no Brasil em 2009.

CAPA André Carvalhal e Celso Koyama
PREPARAÇÃO Maria Fernanda Alvares
REVISÃO Renata Lopes Del Nero e Luciane Helena Gomide

Dados Internacionais de Catalogação na Publicação (CIP)
(Câmara Brasileira do Livro, SP, Brasil)

Carvalhal, André
    Viva o fim : almanaque de um novo mundo. / André
Carvalhal. — 1ª ed. — São Paulo : Paralela, 2018.

    ISBN 978-85-8439-083-0

    1. Atualidades 2.Comportamento social 3. Cultura
– Brasil 4. Mudança social – História I. Título.

18-19435   CDD-303.4

Índice para catálogo- sistemático:
1. Mudança social : Sociologia   303.4

Iolanda Rodrigues Biode – Bibliotecária – CRB-8/10014

[2018]
Todos os direitos desta edição reservados à
EDITORA SCHWARCZ S.A.
Rua Bandeira Paulista, 702, cj. 32
04532-002 — São Paulo — SP
Telefone: (11) 3707-3500
www.editoraparalela.com.br
atendimentoaoleitor@editoraparalela.com.br
facebook.com/editoraparalela
instagram.com/editoraparalela
twitter.com/editoraparalela

Oi, bom te encontrar ☺

CONTEÚDO

INTRODUÇÃO
O fim da trilogia   9

PRIMEIRA PARTE: FIM
1. Começo   21
2. O fim das coisas   31
3. Meio   41

SEGUNDA PARTE: NOVO EU?
4. Ser   57
5. Ser humano   67
6. Ser trans-humano   79
7. Ser mil   89
8. Ser multi   99
9. Ser Deus   115

TERCEIRA PARTE: NOVO NÓS?
10. Nós   129
11. Nova ecologia   139
12. Nova educação   153
13. Novo trabalho   169
14. Nova organização   191
15. Nova política   205

QUARTA PARTE: NOVO MUNDO?
16. Nova   221
17. Nova realidade   231
18. Nova alimentação   241
19. Nova lógica   261
20. Nova(s) economia(s)   273
21. Nova arte   301
22. Nova moda   315

Gratidão   341

INTRODUÇÃO

O fim da trilogia

Rio de Janeiro, 30 de julho de 2017

Este vai ser meu terceiro livro, e eu estou feliz e ansioso em começar a escrevê-lo. Nossa, quanta coisa aconteceu — comigo e com o mundo. Para você ter uma ideia, comecei a escrever o primeiro no dia em que comprei meu primeiro iPhone, um iPhone 3. De lá para cá... Minha sensação é de que estou escrevendo de um novo mundo. Nada é igual (isso inclusive me desafiou a pensar muito sobre o que eu iria escrever).

No primeiro, *A moda imita a vida*, falei sobre as similaridades entre uma marca e um ser humano. E também sobre a seleção natural, que privilegia quem (pessoas e marcas) é mais relevante — em termos de conteúdo e inovação. Era o auge da autopublicação, e as marcas estavam começando a entender como se comunicar diante de um novo mundo, pautado pela internet comercial.

Em *Moda com propósito*, acrescentei mais uma *tag*: a consciência (para mim, um dos maiores benefícios da internet na nossa vida). Ela passou a guiar a busca pelo propósito, pela verdade e pela autenticidade das marcas (e das pessoas). Foi quando o propósito entrou na moda, e não paramos mais de ouvir falar sobre ele.

Pois bem, a seleção está acontecendo. Os últimos anos foram fatais para grandes marcas já conhecidas. Muitos estabelecimentos fecharam. Muita gente faliu. Tantos entraram em crise. Quem não for capaz de inovar, se adequar ou reinventar, diante das novas demandas de um novo perfil de consumidor e mercado de trabalho que está aí, não terá vez no novo mundo.

Depois da revolução digital, tudo vem mudando exponencialmente mais rápido. Para onde vamos? Eu continuo me perguntando. O surgimento de novas ferramentas e de uma nova consciência tem sido ~~beneficiado~~ acelerado pela tecnologia. Enquanto nossa mente e nosso corpo (feito de trilhões de células) passam por incontáveis transformações e mutações a cada segundo.

Daqui para a frente nada será igual (como nunca é). A tecnologia mudará tudo: do sequenciamento genético à nanotecnologia. A inteligência artificial e a robótica criarão cada vez mais máquinas para substituir humanos. O que acontecerá com o mercado de trabalho? A medicina será capaz de combater cada vez mais doenças (já há quem acredite que a chamada geração Y viverá até 150 anos) e inclusive a morte (já parou para pensar em como será a vida se ela não tiver mais fim?).

O improvável aconteceu: Trump eleito. Pabllo Vittar no *Domingão do Faustão*. Anitta, segunda brasileira a aparecer num programa de TV aberta dos Estados Unidos (a primeira foi Carmen Miranda). Kanye West e Luciano Huck para presidente (será?). De acordo com o livro *Homo Deus*, as guerras se tornaram obsoletas. A fome está desaparecendo. A morte é um problema técnico que em breve será resolvido.

E o futuro já está aí (ou não). O mundo está pedindo arrego — desastres ambientais, o aquecimento global e a escassez de água já são realidade em grandes cidades no Brasil e no mundo. Cientistas apontam que estamos prestes a viver o sexto evento de extinção em massa na Terra. E como fica a relação entre pessoas e organizações? Organizações e pessoas que, para o bem ou para o mal, contribuem tanto com esse cenário. Estamos preparad@s para tantas mudanças? Somos realmente capazes de mudar? O que precisa ser feito?

Por mais que se fale muito em propósito — e ele também tenha sido "produtificado" pelo mercado —, poucas organizações e pessoas encontraram o seu (você encontrou?). Alguns conseguiram, mas nada de mais aconteceu (aconteceu com você?). Outros continuaram contribuindo para a produção e o consumo de coisas de que não precisamos, para comprar com o dinheiro que não temos. O comportamento do consumidor mudou (!).

"Seja a mudança que deseja ver no mundo" é o que ouvimos desde Gandhi. "A mudança precisa acontecer dentro de você." Diante de tantas transformações (necessidades e oportunidades), mudar também virou questão de sobrevivência. Certo, mas e quando é muito difícil mudar? (Simplesmente porque as coisas não mudam tão rápido quanto a gente.)

Esses questionamentos me levaram a revisitar meus primeiros livros (não se espante de encontrar alguns trechos reproduzidos aqui) e a refletir um pouco sobre o que mudou. Depois do primeiro lançamento, deixei a FARM, um "emprego dos sonhos", que por dez anos me permitiu conhecer pessoas incríveis e realizar e aprender coisas incríveis. Me deu projeção, fama e dinheiro, mas um dia parou de me fazer feliz. Rodei o mundo, me aventurei como empreendedor (cofundador) da MALHA, e depois diretor criativo da AHLMA, marca do Grupo Reserva. Parei de comer carne e voltei, depois parei de novo.

Quem já leu meus livros sabe que eles não são somente sobre moda. E, de tanto ouvir dentistas, advogados, bombeiros e uma porta-bandeira (fofa) dizendo que leram e amaram, decidi focar menos ainda na moda. Decidi falar sobre gente. Sobre o mundo e as principais tendências de comportamento de hoje. (O início de qualquer trabalho científico começa com o mapeamento do que está disponível. Em seguida, vem a inovação. Se quisermos transformar, conhecer é o primeiro passo.)

Decidi escrever sobre a nova educação, alimentação, política, economia, ecologia, ciência... porque entendi que nada muda sozinho (e uma coisa pode gerar insight para outra). Até porque está tudo conectado. A "nova moda" não será feita sem uma nova consciência ambiental e política. Novas organizações não surgirão sem uma nova educação. Um novo jeito de se alimentar não existirá sem uma nova economia e uma nova moda. E por aí vai.

Terminei *Moda com propósito* com a frase "Até a próxima viagem". Pois bem, a viagem de agora é para o futuro e é uma evolução da jornada que começamos em *A moda imita a vida*. Mas que futuro? (Pode ser o próximo segundo ou microssegundo.) É importante explicar que não me proponho aqui a fazer previsões ou adivinhações. O futuro que se pode prever é uma ilusão. Estou aqui para falar que em vez de tentarmos adivinhar ou até mudar o futuro, neste momento precisamos criar um novo mundo, para que o antigo se torne ultrapassado e o futuro aconteça. Senão, não tem futuro (quando digo isso não estou apenas brincando com palavras).

O futuro é aberto. E depende de todos nós. Nossos ancestrais olhavam para as estrelas e escreviam nas paredes das cavernas. Nós olhamos para o lado e usamos o celular. (Qual foi o ganho? Qual foi a perda?) Este é o momento de meditarmos sobre o mundo em que queremos viver. O reconhecimento de que temos necessidade de uma nova lógica não é novo, então não vou ficar repetindo isso toda hora. Já entendi que esse nível de consciência não pode ser imposto. Ele é vivido. Sentido na pele. Logo, quem vai chegar às conclusões aqui "do que vai acontecer no futuro" é você (mas vou dar algumas pistas, hehe, fique tranquil@).

Se esta é sua primeira vez comigo, vale explicar: isto não é um livro, é uma conversa. *A moda imita a vida* foi pensado como um caderno de perguntas, para estimular o autoconhecimento de pessoas e marcas. *Moda com propósito* é um grande manifesto com o objetivo de nos sensibilizar sobre a necessidade de uma vida com mais significado.

Este que você abraça agora é um almanaque que coleciona movimentos relevantes que estão acontecendo no mundo e impactam na nossa existência, na nossa alma. Mudanças extremamente profundas na consciência, nos sistemas sociais e no mundo. Mudanças crescentes neste momento de transição humana e evolução cósmica.

Almanaques surgiram como publicações (originalmente anuais) com datas dos principais movimentos astronômicos (como os solstícios e as fases lunares), mas atualmente englobam outras informações pertinentes a vários campos do conhecimento.

Aqui, cada capítulo relaciona-se a um movimento do mundo (ou uma macrotendência, se assim você entender). Começa com a sugestão de uma música para ouvir lendo, seguida de uma reflexão sobre o novo mundo que começou a surgir em mim, e termina com uma seção de aprofundamento, com dicas de livros, documentários e algumas ideias relacionadas ao tema, além de sugestões de perguntas para meditar. Encontre um lugar em silêncio para pensar sobre isso.

Vale frisar que as ideias apresentadas aqui são mutantes — como tudo que está no mundo. A qualquer momento, podem se atualizar — como num almanaque. Nada do que escrevo pretende se tornar uma verdade absoluta, certo?! Inclusive eu espero daqui a um tempo reler este livro e ver que penso totalmente diferente (como fiz com os dois anteriores em alguns pontos), pois isso comprova que estou em movimento. O mesmo deve valer para você.

Assim como as ideias propostas pela ciência, elas têm que viver o processo de aperfeiçoamento que surge com o feedback e a troca. A todo momento você está convidad@ a concordar, discordar e debater comigo — risque, rabisque e anote (e quando eu perguntar é para responder, rs). Aproveite para acompanhar no Spotify as músicas que permeiam este livro: <bit.ly/VivaoFim>. Fale alto, como se estivesse falando comigo (é importante materializar pensamentos em palavras). E, se quiser falar de verdade, fique à vontade para me procurar nas redes sociais. Meu perfil é @carvalhando (onde você não achar é porque não estou lá). E me marque em conteúdos relacionados ao livro, vou adorar vê-los.

Pronto. Agora podemos começar. E vamos começar pelo fim.

PRIMEIRA PARTE

Fim

QUE TUDO CAIA,

POIS TUDO RAIA.

"Pra começar", Marina Lima e Antonio Cicero

1. Começo

Sentei para escrever com uma música na cabeça: "Pra começar/ Quem vai colar/ Os tais caquinhos/ Do velho mundo/ Pátrias, famílias, religiões/ E preconceitos/ Quebrou não tem mais jeito", da Marina Lima e do Antonio Cicero. Nessa mesma semana soube que o fim do mundo ganhou uma nova data: 15 de outubro de 2017. Foi o que previu o numerólogo britânico David Meade, autor do livro *Planet X: The 2017 Arrival*. Famoso por tentar emplacar teorias conspiratórias, dessa vez ele disse que um tal planeta chamado Nibiro (ou "planeta X") se chocaria contra a Terra.

Enquanto muitos não dão mais ouvidos a essas previsões, há ainda quem se apavore — e Hollywood lucra horrores a cada ano, sempre com uma nova forma de acabar com o mundo. Mas o fato é que é muito pouco provável que alguma dessas teorias se confirme, pelo menos sem a previsão da Nasa ou de algum cientista de plantão.

O que muitos cientistas apontam é que, em vez de temer esse tipo de catástrofe, devemos temer nós mesmos. Em 2017 também foi anunciado, para um futuro bem próximo, um provável extermínio em massa da nossa espécie — o sexto na história da humanidade.

A causa apontada é o desequilíbrio climático, provocado por nosso estilo de vida.

Basta olhar ao redor e ver que nossa espécie mudou o ecossistema global de modo radical. Esse impacto pode ser tão grande quanto o do asteroide que exterminou os dinossauros há milhões de anos. Na Idade da Pedra, nossos antepassados já experimentaram isso, modificando a fauna e a flora, levando à extinção de muitas espécies. Por isso, há quem acredite que, para salvar o mundo, é preciso primeiro salvar o ser humano.

Ao longo da história passamos por grandes marcos e (r)evoluções que culminaram no momento atual. Pense no Iluminismo, que promoveu intercâmbio intelectual e foi contra a intolerância da Igreja e do Estado; ou na Revolução Francesa, que questionou a hierarquia dos "poderes superiores". Ambos colocavam o ser humano no centro de tudo, como protagonista da sua própria vida.

No Renascimento, o homem passou a ser a medida de todas as coisas (o humanismo tornou-se o principal valor da época). Evoluiu (ou quase). Virou racionalista, hedonista, individualista, egocêntrico e antropocêntrico (muito). Dando pouquíssimo valor a todas as outras coisas (além do seu umbigo). A partir daí, o homem, soberano, sentiu-se no direito de descobrir, explorar e dominar tudo.

A sede pelo poder e a ambição de crescimento levaram à Revolução Industrial, colocando o foco da sociedade nas empresas, nas fábricas, nos produtos, na publicidade, no lucro. Depois disso, nunca mais fomos os mesmos. O capitalismo e a busca pelo dinheiro tomaram conta de tudo. Perdemos a conexão com tudo que é sutil e imaterial. O "fazer" tomou conta de tudo.

Em dois séculos, as empresas e o sistema capitalista transformaram o mundo e nossa vida. Foram muitas inovações, tecnologias e conquistas. Nenhuma outra criação humana mudou tanto a nossa vida como o capitalismo. Direta ou indiretamente ele impactou de forma positiva a vida de muitos. É sem dúvida o maior sistema de inovação e cooperação social que conhecemos, pois proporcionou a bilhões de pessoas a oportunidade de participar da grande experiência de ganhar o próprio sustento.

Mas parece que muitos se atrapalharam, sem saber lidar com essa fonte de energia que é o dinheiro. Começamos a destruir muito de tudo. O dinheiro tornou-se o Deus da economia, favorecendo valores materiais e o ego (diferente do antigo Deus das religiões que privilegiava valores sutis). "Ele" passou a organizar a vida, em torno do produzir e consumir. Perdemos a noção de que recursos são finitos. Passamos a querer cada vez mais.

O capitalismo instaurou a cultura do "ter". Ela arruinou a vida de muitas pessoas, que passaram a tomar suas decisões (de compra, carreira a relacionamento) baseadas em quanto poderiam "ganhar" e "parecer". Programas mentais de medo, escassez, concorrência e sofrimento tomaram conta do mundo. Apesar de tantas maravilhas, a ganância, o egoísmo, a competição, a exploração dos consumidores, funcionários e até mesmo do planeta tornaram-se banais na busca desenfreada por poder, lucro e riqueza.

Tudo passou a ser objeto (enquanto o homem continuava o principal sujeito). A industrialização precisou manufaturar demanda (para possibilitar o crescimento da produção, das empresas). O consumo foi vendido como uma porta de acesso para a felicidade. As pessoas foram estimuladas a comprar mais que o necessário. Então elas compraram, compraram e compraram, mas continuaram infelizes. ☹

O consumo virou consumismo e pilhou as pessoas num nível de ansiedade extremo. Quanto mais ricos, mais esgotados, dependentes e deprimidos uns se tornaram. Muitos que conseguiram ter abundância material perceberam que não tiveram suas carências imateriais (afetivas, estéticas, sociais, filosóficas...) atendidas. A busca pelo "parecer" gerou uma angústia enorme nas almas. Um desequilíbrio na nossa energia vital.

Muitos enriqueceram, enquanto outros mergulharam em profunda pobreza (1% da população detém 40% da riqueza do planeta — segundo dados do ano de 2015). Chegamos a 7 bilhões de pessoas no mundo, e não há recursos para todos. Estima-se que hoje 20% da população do mundo consuma cerca de 80% dos seus recursos. Enquanto o restante vive com uma série de restrições. Por exemplo, 5 mil pessoas morrem por dia pela falta de água potável, mais de

1 bilhão sequer chega a ter acesso a ela. Esse também é o número de pessoas que estão morrendo de fome apenas hoje.

A biosfera não foi poupada: só nas últimas três décadas, consumimos um terço dos recursos naturais disponíveis. Entramos num processo de autodestruição. Cerca de 40% da área florestal do planeta sofreu algum tipo de degradação. Com isso, um mamífero a cada quatro, uma ave em oito e um anfíbio em três estão prestes a entrar em extinção. Espécies da fauna e flora planetária estão morrendo num ritmo mil vezes mais acelerado que o natural.

Na década de 1980, ambientalistas falavam sobre o alto risco que corríamos. Dos perigos dos excessos que estávamos vivendo. Do nosso estilo de vida dependente do petróleo, dos gases liberados pelas nossas atividades e das florestas que estavam sendo transformadas em carne para consumo. Mas parece que poucos ouviram. Muitas pessoas e organizações seguiram como se nada estivesse acontecendo (de olho no próprio umbigo). Agora, estima-se que em 2030 precisaremos de dois planetas para dar conta de todos os recursos naturais que consumimos. De acordo com a notícia publicada no *Estadão*, de 17 de agosto de 2017:

> Estamos no vermelho. A demanda de energia, água, alimentos e matéria-prima para atividades econômicas superou a quantidade que a natureza consegue gerar em um ano: desde o dia 2 de agosto, os recursos naturais para 2017 se esgotaram. A partir desta data, tudo que será usado, produzido ou consumido pertenceria a gerações futuras: é como se, ao invés de pagarmos as contas no débito, estivéssemos jogando nossas despesas para o cartão de crédito. [...] O aumento da população mundial, da renda e do consumo em diversos países e as emissões de carbono são os principais responsáveis pelo esgotamento do nosso orçamento natural.

Em oito meses, esgotamos todos os recursos que a Terra é capaz de oferecer no período de um ano, desde a filtragem de gás carbônico (CO_2) da atmosfera até a produção de matérias-primas para a alimentação. O fenômeno é calculado pela Global Footprint Network

(GFN), uma organização que mede a pegada ecológica do homem no planeta. O Dia da Sobrecarga da Terra tem o papel de denunciar a diferença entre a capacidade de regeneração do planeta e o consumo humano, que gera um saldo ecológico negativo desde a década de 1980. Em 1987, quando começou a ser registrada, a data caiu no dia 9 de dezembro. Infelizmente, desde então, esse dia chega mais cedo a cada ano — em 2018 foi em 1º de agosto.

Quando a Eco-92, realizada no Brasil, voltou a falar alto sobre o assunto, as previsões eram concretas e com data marcada. E ela chegou/está chegando, sabia? Os perigos hoje são tão grandes e estão tão próximos que podem gerar uma destruição total. Eles se traduzem na perda de bens e serviços ambientais, escassez (e aumento de preço) de alimentos e desequilíbrio climático. Não é à toa que hoje é impossível sabermos se vai fazer frio ou calor no verão ou no inverno. Não é à toa estarmos vivendo os dias mais quentes da história. Combater as mudanças climáticas provocadas pela atividade humana e industrial é o nosso maior desafio hoje — cujo sintoma principal é o desequilíbrio do sistema hídrico, causado pelo aumento da temperatura da Terra.

Pense em geleiras derretendo — a camada polar do Ártico já perdeu (derreteu) 40% de sua espessura nos últimos quarenta anos e pode desaparecer até 2030 —, continentes sendo inundados, países inteiros submergindo, enquanto outros secam, sofrendo cada vez mais com a falta da chuva, o que vai deixar a energia e a água cada vez mais caras (e raras). No fim de 2017, a Nasa divulgou o resultado de algumas pesquisas que comprovam o aumento do nível do mar de 3,3 milímetros por ano, desde 2015, no Rio de Janeiro, em decorrência do derretimento da neve na Groenlândia. Além do Rio, outras 293 cidades litorâneas do mundo também já sofrem essas consequências.

Pense na falta de água na sua casa (como já está acontecendo em vários lugares no Brasil). Hoje ela já está escassa para 2,8 bilhões de pessoas, e serão 4 bilhões em 2030 — quase metade da população estimada. Para dar conta do crescimento, precisaríamos aumentar em 44% a produção de energia elétrica. Com isso, mais devastação para construir hidrelétricas, menos água, mais dinheiro... Num cenário extremo, podemos presenciar uma extinção em massa na Terra como na época dos dinossauros.

Mas continuamos sem compreender que temos responsabilidade nisso tudo. Somos parte deste grande organismo vivo chamado planeta Terra. Fato é que, ao longo da nossa evolução, fomos perdendo essa consciência. Perdendo a nossa conexão com a natureza, esquecendo que ela também é (nossa) vida (as plantas, a água, as pessoas, os animais...). Deixamos de nos ver como parte da natureza e do outro. Assim perdemos o nosso propósito com o planeta, e pessoas e organizações se construíram durante muito tempo apenas para satisfazer seus próprios interesses. E tudo começou a ruir.

APROFUNDAMENTO

Para assistir:

- *The Rise of Lowsumerism* (documentário)
  Para entender as mudanças de hábitos de consumo no século XXI e os efeitos disso no planeta Terra.
- *Home: Nosso planeta, nossa casa* (documentário)
  Para ver como a humanidade está ameaçando o equilíbrio ecológico.
- *Uma verdade inconveniente* (documentário)
  Para entender conceitos básicos, como o "efeito estufa".
- *A última hora* (documentário)
  Para ouvir 54 especialistas que falam de forma bem esclarecedora sobre as mudanças climáticas, tendo como foco as pessoas e suas histórias.
- *Seremos história?* (documentário)
  Para se aprofundar em uma análise madura do nosso estilo de vida, que pode dar fim ao planeta da forma como o conhecemos.
- *Zeigeist: The Movie* (documentário)
  Para entender os efeitos das conexões de grandes poderes como religiões, mercado financeiro e política internacional.
- *Capitalismo: Uma história de amor* (documentário)
  Para questionar o capitalismo: Michael Moore, por meio de dados e índices econômicos, mostra as pessoas que são prejudicadas por esse sistema econômico.
- *Aftermath: Population Zero* (documentário)
  Para imaginar uma terra sem seres humanos, vários cientistas traçaram um panorama sobre o assunto. É impressionante.

O PASSADO É UMA ROUPA QUE NÃO NOS SERVE MAIS.

"Velha roupa colorida", Belchior

2. O fim das coisas

Sem levar em conta as previsões catastróficas, as crenças e o debate sobre se vai ter fim do mundo ou não, uma coisa não podemos negar: o mundo que conhecemos quando nascemos acabou. Perdeu o sentido. Caiu. Outro dia fiz uma lista das "coisas" que eram mais importantes na minha infância/adolescência. Telefone, fotografia, música, escola, família... Acabou/mudou/transformou-se. Com elas se foi o mundo (pois essas coisas nunca estão isoladas, elas se conectam e integram o todo). Um dos papéis deste livro é falar sobre essas transformações e entender as necessidades e as possibilidades de transformação a partir delas.

Virou clichê dizer que o mundo mudou (por isso prefiro dizer que ele já acabou), pois hoje tudo muda tão exponencialmente mais rápido (para extremos) acima de qualquer margem de comparação. Ray Kurzweil, um dos maiores futuristas da atualidade, diz que os próximos cem anos trarão um impacto de inovação equivalente aos últimos 20 mil anos. Mesmo assim, ainda vivemos como se estivéssemos no velho mundo. Há luta (interna e externa) e choque de realidade por todos os lados. Uma nova economia engasgada, em trabalho de parto, e negócios surgindo em meio a essa transição com novos valores, mas sendo obrigados a se encaixar em antigos padrões (é o exemplo do Uber e do Airbnb).

Recentemente participamos de uma grande revolução digital. Ela tirou a hegemonia do poder das organizações e da mídia e o colocou novamente ~~nas mãos~~ nos dedos de todos. Graças a nossa estimada rede mundial de computadores, as pessoas voltaram a ter o controle e a ser o centro e o foco de tudo. A rede espalhou conhecimento, disseminou informações e deu a chance de as pessoas se expressarem (publicarem), se conectarem entre si. Mudou o funcionamento tanto doméstico quanto profissional de todas as coisas. Mudou nosso modelo mental de pensamento.

Pense no telefone. Passei minha adolescência disputando com minha irmã o aparelho de casa — enquanto meu pai disputava com meus tios quem ficaria com a linha herdada pela minha avó. Isso porque telefone valia e gastava dinheiro. Valia vender para ajudar na entrada do apartamento próprio. E todo fim de mês era uma briga pelo valor da conta. Mobilidade era um fio grande que andava pela casa. E celular era luxo.

Até que veio o iPhone. E nossa vida nunca mais foi a mesma. A forma de se comunicar, trabalhar, namorar, pesquisar, comprar (e tudo mais que você puder pensar) mudou completamente. Antes, para ter um "negócio" era preciso uma sede, funcionários, equipamentos, enquanto hoje basta ter um iPhone e vários negócios se viabilizam. Depois disso tudo foi caindo em cascata.

A internet clareou a noção sobre a teoria da complexidade (já falada há muito tempo, desde Aristóteles). Hoje começamos a entender (e permitir) novas formas de organização, cada vez mais sofisticadas, cada vez mais ricas em autonomia e informações. A rede encerra o modelo de centralização, no qual todas as coisas (o poder, a informação, a produção, o dinheiro...) partiam de um único ponto, e põe em seu lugar infinitas novas possibilidades.

Os modelos de educação criados no fim do século XVIII e que continuam até hoje não fazem mais sentido. Prova é que no Brasil há um terço de evasão de todos que entram para as escolas e faculdades. Já é flagrante que estamos preparando pessoas de forma errada, no tempo errado, para empregos errados — que em breve deixarão de existir.

O mercado segue em ebulição. Thomas Frey, do DaVinci Institute, diz que 60% das profissões que dominarão os próximos dez anos ainda não existem. O CBRE Institute publicou uma pesquisa dizendo que 50% das profissões de hoje se tornarão obsoletas até 2025. Enquanto John Chambers, CEO da Cisco, aposta que 40% das empresas existentes não estarão mais no mercado ao fim dos próximos dez anos.

Os formatos de trabalho também deixaram de fazer sentido. Hoje trabalhar sem propósito é inviável. O modelo "oito horas por dia" já não cabe a muitas carreiras, se considerarmos o tempo de deslocamento, a facilidade de fazer coisas remotamente e a vontade de fazer mais de uma coisa por vez.

Outra lembrança que tenho da infância são meus aniversários no McDonald's. Em 2014 pela primeira vez a rede encolheu 2%. Além do seu cardápio ter se transformado, surgiram alternativas, como o Chipotle, um fast-food que não é rápido (a espera é de pelo menos quinze minutos), não é barato (custa 15% mais que a concorrência), não tem variedade (o menu traz apenas cinco itens), não faz ofertas nem anuncia na TV, não tem sobremesa ou cafezinho. A rede de comida mexicana é um fenômeno nos Estados Unidos, cresceu 28% em 2014.

Assim como o fast-food, o fast-fashion (que também faz mal à saúde e ao meio ambiente) já começa a ser visto de forma diferente. A grande prova é o aumento de iniciativas "*slow*" que vem crescendo na moda. Na real, o mercado de roupas como um todo deve se transformar. Afinal, quem precisa de roupas para se expressar, se as redes sociais fazem isso de graça? Esse é um dos motivos pelos quais as roupas como conhecemos hoje estão com os dias contados.

A crise financeira, o aumento com as preocupações ambientais e as infinitas ~~experiências~~ possibilidades que o mundo proporciona hoje também são fatores importantes que estão balançando o mercado. O aumento do consumo de experiências (viagens, comida, festas...) e tecnologia tem aumentado absurdamente, enquanto o consumo de roupas cai. Em 2017, pela primeira vez na história, a Zara registrou queda de faturamento, grandes marcas tiveram o pior resultado da vida, e tantas outras quebraram ou fecharam.

A revolução tecnológica deve chegar em breve nas roupas, mudando o sistema, como fez com a indústria fonográfica e a de fotos (a Kodak levou décadas para ser erguida e acabou em um dia). Quem imaginou um dia imprimir suas próprias fotos? Por um tempo as levávamos ao laboratório de revelação, esperávamos para que ficassem prontas. Me lembro perfeitamente do dia que uma amiga ganhou uma impressora colorida e fomos à sua casa imprimir fotos. Um dia as impressoras 3-D chegarão à casa de todos, que poderão imprimir roupas e reciclá-las. É bem provável que nossos armários passem a ser digitais, e como numa grande Netflix a gente escolha o que imprimir enquanto prepara o café da manhã.

A indústria automobilística também deverá se transformar muito daqui para a frente. Numa pesquisa com 3 mil *millennials*, a Scratch, braço de pesquisa da MTV americana, perguntou a eles quais as suas 31 marcas preferidas. Nenhuma marca de carro ficou entre as dez primeiras. Além disso, 46% declararam que preferem acesso à internet a ter carro. Na pesquisa "O sonho brasileiro", da Box1824, eles disseram que preferem transporte público de qualidade.

Há quem acredite que o carro é o novo cigarro. Algum dia já foi legal desejar ter um, vê-lo em propagandas, filmes... Mas cada vez mais são reconhecidos seus efeitos maléficos. Da mesma forma que há bem pouco tempo muitos babavam com as roupas, compras e sacolas de Carrie, em *Sex and The City*, e as sacolas do filme *Legalmente loira*. Muitos dos nossos valores se transformaram. Antes os sistemas sociais e políticos duravam séculos, atualmente, cada geração rompe com o mundo antigo e constrói um novo.

Em *Moda com propósito* falei sobre o fim da norma: idade, classe social, gênero... Tudo isso está em tremenda transformação e quebra de paradigma. A geração atual é a primeira que mistura tudo e rompe barreiras. O padrão de beleza tem mudado. Idade não determina mais condição e disposição física ou estilo de vida, e pela primeira vez os movimentos de mais vanguarda e transformação parecem estar emergindo não mais das elites, mas sim daqueles que sempre estiveram "à margem".

Enquanto as pessoas estão se transformando, o mercado está mudando. Há uma "seleção natural" acontecendo neste exato momento. Acredite, não é à toa que tantas marcas estejam passando por dificuldades e até mesmo fechando. Muita gente não acompanhou as mudanças. Parece que não viu. Por isso o mundo está falindo. E não é exagero ou metáfora. Muitos países hoje apresentam níveis altíssimos de endividamento (que para você ter uma ideia nem todo dinheiro disponível no mundo daria conta de pagar), e desde 2010 economistas dizem que em pouquíssimo tempo 60% deles vão quebrar feio.

O que também parece estar chegando ao fim é o mundo antropocêntrico baseado no eu (a qualquer custo) e na competição. Ele começa a entrar em choque com outro no qual a colaboração e a empatia pedem passagem. Seja por instinto de sobrevivência ou expansão da consciência, esse é o motivo pelo qual acredito que, apesar de todas as más notícias, esse é um bom momento de estar vivendo.

E já parou para pensar sobre o fim do "fim"? Agora estou falando da morte. Sobre o fim da morte. Quer dizer, o fim da morte natural, quando o coração para de bater ou bombear sangue, alguma artéria entope ou as células param de se reproduzir. Alguma "falha técnica", capaz de ser resolvida. É o que acreditam vários cientistas e pesquisadores modernos. Eles têm entendido a morte cada vez mais como um problema (técnico), algo do passado, que precisa (e pode) ser resolvido.

Grande parte do dinheiro que circula pelo Vale do Silício tem sido investido para resolver esse problema e nos transformar em amortais. Desde 2013, a Calico, subcompanhia do Google, existe com esse propósito. Além disso, o fundo de investimento Google Ventures tem focado fortemente em startups de biociência que tenham projetos audaciosos relacionados à prorrogação da vida.

Especialistas acreditam que a morte natural acabe em torno de 2100. Avanços e altíssimos investimentos em engenharia genética, medicina regenerativa e nanotecnologia confirmam as profecias.

E vale também acompanhar as notícias sobre órgãos e tecidos que andam sendo impressos em 3-D. Para quem duvida, basta pensar que gerações passadas morriam de febre, gripe, pneumonia... Basta lembrar que já fomos répteis, macacos... Há bilhões de anos temos sido reprogramados.

APROFUNDAMENTO

Para ler:

- *A linguagem das coisas*, de Deyan Sudjic
  Para refletir sobre quanto podemos ser manipulados e seduzidos pelas coisas que possuímos ou que desejamos possuir.
- *O futuro chegou: Modelos de vida para uma sociedade desorientada*, de Domenico De Masi
  Para compreender as diferenças entre as culturas e pensar um modelo de vida a ser almejado para o futuro.
- *A Nova Era e a revolução cultural: Fritjof Capra & Antonio Gramsci*, de Olavo de Carvalho
  Para entender o fenômeno da Nova Era, além do que se passa no Brasil e de como chegamos até aqui.
- *Gaia: Cura para um planeta doente*, de James Lovelock
  Para refletir sobre a situação da saúde do planeta e perceber que a humanidade é parte do problema.
- *A era do conhecimento: Princípios e reflexões sobre a revolução noética no século XXI*, de Marc Halévy
  Para buscar nosso papel em uma revolução pelo futuro da humanidade. Este é um livro que propõe mudanças radicais do nosso mindset atual.

Para pensar:

Agora é hora de fechar o livro, desligar o celular, olhar para o céu e pensar: "O que será de nossa vida quando ela não tiver mais fim?".
    Por mais paradoxal que possa parecer, esse sim será o fim definitivo de muita coisa. A partir daí, surgirão novas estruturas familiares, trabalhos, carreiras, relacionamentos...
    Quando esse momento chegar, o que já teremos superado? A depressão? A dor? A tristeza? Como ficam o consumo, o varejo e o capitalismo selvagem se não precisarmos mais nos distrair com compras, sexo, drogas...?

É VOCÊ QUE AMA O PASSADO E QUE NÃO VÊ QUE O NOVO SEMPRE VEM.

"Como nossos pais", Belchior

3. Meio

Estamos vivendo (entre) os melhores e os piores momentos da história da humanidade. Tenho sido bastante inspirado pela física quântica para entender esse novo mundo, e pela astrologia — principalmente por ser uma ciência que acredita na conexão (e na influência) entre homem e natureza — para entender esse momento de transição pelo qual estamos passando.

Por isso tanta mistura de luzes e sombras, incoerências e fatos que não se entendem. Estamos entre histórias. Entre a lógica linear e a exponencial. Entre a escassez e a abundância. A fome e a obesidade. A disseminação de drogas sintéticas para estimular o autoconhecimento, a criatividade e a felicidade e a reconexão consigo (e a natureza) através da ayahuasca.

Lembra que a primeira grande previsão de fim do mundo neste século foi em 2012? Pois bem, ainda estamos aqui. Mas muitos acreditam que naquele momento o mundo começou a acabar. O mundo que conhecíamos se foi, abrindo caminho para um novo mundo e para um importante momento planetário. O "fim do mundo" dava conta de uma alegoria astrológica (mal interpretada) da transição de uma era.

É que, a cada 2160 anos, o Sol nasce na frente da constelação de um signo. Durante esse período, o planeta Terra passa a ser regido pelas características de tal signo (o que caracteriza a sua era). Saímos de Peixes e agora é a vez de Aquário (a sequência de signos vai no sentido inverso da que conhecemos). Mas, além dessa "troca de era", estamos encerrando um ciclo de eras (já rolaram eras de todos os signos), o que acontece a cada 26 mil anos (!). Por isso a astrologia diz que não estamos vivendo apenas uma era de mudanças, e sim uma mudança de eras.

Mas a nova era ainda não chegou (e pensar assim nos liberta bastante). A data de início exato de cada era varia muito dentro de várias linhas de pensamento, e basta olharmos para os lados para perceber que ainda estamos em transição. A "nova era" ou a "era de Aquário" vem sendo esperada há bastante tempo, desde o movimento hippie da década de 1960 ou antes (e talvez lá é que ela tenha começado a chegar mesmo).

Assim como a passagem do dia para a noite não acontece de uma hora para outra, existe uma transição, com sobreposição de luzes e sombras, entre as eras. Para alguns, o novo mundo (ou nova era) já chegou e para outros ainda vai chegar. Isso faz com que a gente viva com sentimentos misturados. Enquanto algumas pessoas estão lá na frente, outras estão bem lá atrás. Assim muitos de nós já temos consciência de uma nova era (por isso ela anda cada vez mais sendo tão falada por aí), mas ainda estamos praticando valores do velho mundo.

Não é à toa que cada vez mais pessoas vêm buscando respostas além das ciências, das tecnologias e da matéria. Buscam equilíbrio na alimentação, com a valorização da produção local e a desvalorização de produtos de origem animal, no autoconhecimento, na astrologia, na ioga e na meditação (atividades presentes em muitas organizações e instituições de ensino, para auxiliar no desenvolvimento humano).

Olhe para a *timeline* de qualquer rede social e você verá frases de autoajuda, fotos de ioga e meditação, trilhas e outros modos de contato com a natureza. Mesmo que as pessoas não se deem conta ou muitas vezes estejam somente acompanhando uma modinha (é bem verdade dizer), a transformação do ser tem valor. Talvez seja o início para muita gente.

Por outro lado, ainda há exemplos de sombra. O religioso Marcelo Crivella foi eleito prefeito do Rio de Janeiro em 2017, enquanto falamos de separar religião e política. Al Gore, ex-vice-presidente de Bill Clinton e ambientalista, não conseguiu se eleger como presidente, e Donald Trump com suas ideias à moda do "velho mundo" sim. A cantora drag Pabllo Vittar estourou nas paradas musicais, levantando a bandeira LGBTQs, e figurou em diversas campanhas publicitárias (inclusive para a Coca-Cola), enquanto o Brasil lidera o ranking mundial de homicídios a transexuais (ONG Transgender Europe, 2016).

Por mais incoerentes que sejam (e muito difícil para alguns aceitar ou compreender), esses movimentos têm o valor da transição. Todos vão nos ajudar a chegar a um novo mundo. Assim como na natureza, nada acontece sozinho ou por acaso. Nas palavras de Mitchell Waldrop:

> Essa dança da coevolução produz resultados que não têm nada de caóticos. No mundo real, ela produziu flores que são fertilizadas por abelhas, e abelhas que evoluíram recebendo néctar de flores. Produziu tigres que evoluíram perseguindo gazelas, e gazelas que evoluíram fugindo dos tigres. Produziu milhões de criaturas que estão adaptadas umas às outras das formas mais estranhas e também ao ambiente no qual vivem.

Também me sinto inspirado pelo que dizem filósofos, cientistas e empresários, que estão de olho neste momento. O que os astrólogos chamam de era de Aquário é o mesmo que os economistas chamam de "capitalismo consciente" (e de que os taoistas já falam há muito tempo). É a era do conhecimento para os filósofos, ou era caórdica ou digital para os intelectuais. Enquanto os humanistas chamam de "revolução humana" (um novo humanismo). E os varejistas de "crise". Quando olhamos de maneira holística e sem preconceito, vemos que existe uma convergência entre tudo, e a certeza de que estamos vivendo modelos ultrapassados.

Estamos num ponto do tempo em que uma era de quatrocentos anos está morrendo e outra está lutando para nascer — uma mudança de cultura, ciência, sociedade e instituições muito maior do que qualquer outra que o mundo já tenha experimentado. Temos à frente a possibilidade de regeneração da individualidade, da liberdade, da comunidade e da ética como o mundo nunca conheceu, e de uma harmonia com a natureza, com os outros e com a inteligência divina como o mundo jamais sonhou.

Quem disse isso foi Dee Hock, fundador da Visa. Já Michael Porter, papa do marketing e da administração de empresas, diz que o velho modelo do capitalismo e da estratégia corporativa está morrendo. "Estamos vivendo uma mudança de paradigma do prejudicar para o ajudar e isso transforma não só as empresas, mas principalmente o mundo." Com isso, o próprio conceito de lucro e a finalidade das empresas (que sempre pareceu ser somente faturar) começam a se transformar (ou pelo menos ser questionados).

O último ciclo do velho mundo ficou conhecido como era moderna. Por mais de meio milênio, ela se desenvolveu com base em valores como o humanismo, hedonismo, materialismo, capitalismo, racionalismo, cientificismo, individualismo e outros "ismos". Ela pariu a economia industrial e capitalista, a política estatista e colonial, alimentando-se do pensamento cartesiano — racional e analítico, mecanicista e determinista.

Com a revolução digital e a chance de conexão entre (quase) todos, aumenta a possibilidade de circular informação. Assim temos a chance de estabelecer uma nova consciência, para que a vida humana ganhe um novo sentido. De individuação e integração. Hoje existem condições mais favoráveis para que as pessoas assumam a sua autenticidade, sua autonomia e sua responsabilidade em relação a si mesmo, ao outro, à natureza e ao mundo, libertando-se assim das instituições que criou (Estado, leis, política...). Mas tudo isso de forma oposta ao humanismo narcisista que já existiu. Agora com a consciência de que somos parte do todo (integrado), e viemos a serviço dele.

Porém essa transição não é fácil. Nossa cultura está totalmente enraizada em padrões antigos, muito destrutivos, que vão contra o nosso desenvolvimento em comunidade. Por milênios operamos em cima de valores como a agressividade, ambição, competição e dominação. Paradigmas muito aclamados (e perseguidos) nos dias de hoje — como colaboração, transparência, afeto e consciência — são o oposto daquilo a que muitos de nós somos acostumados (treinados) desde pequenos.

Por isso talvez tanta dificuldade em fazer essa transição. Minha experiência (inclusive no maior espaço de moda colaborativo do Brasil) me mostrou que muitas pessoas ainda não sabem o que é de fato colaborar. Servir sem esperar nada em troca. Veja bem, eu superacredito em modelos ganha-ganha, em que todos possam colher frutos. Mas não acredito mesmo em modelos em que haja somente (objetivo) ganho financeiro. E o que mais vi foi pessoas dispostas a "colaborar", apenas considerando o quanto poderiam ganhar com isso. Muito dispostas a receber e pouco dispostas a doar (seja lá o que for).

Há ainda pouquíssima gente disposta a bancar financeiramente a "nova era", apoiando marcas e serviços que remunerem de maneira justa todos os envolvidos. Há pouca gente com informação e conhecimento sobre custos envolvidos em negócios e produtos. Poucas marcas e pessoas dispostas a cooperar mesmo, seja por medo de concorrência, seja por falta de visão ou fé. Mas nem por isso sinto que precisamos desistir. Muito pelo contrário. Acho que estamos bem mais para lá do que para cá.

Costumo fazer muitas reuniões em casa, e depois de uma delas, na qual falamos muito sobre tudo isso, Avani, que cuida de mim e da minha casa, veio me perguntar o que há de novo nisso, pois onde ela mora desde sempre as coisas são assim. A troca de bens materiais e imateriais faz parte da rotina de seu bairro. O afeto, a cumplicidade e o senso de comunidade também. Avani explica:

> A gente trabalha para ganhar dinheiro para pagar alguém para tomar conta dos nossos filhos. Mas, quando a gente não tem dinheiro para pagar, troca por alguma coisa. Já lavei muita roupa para fora quando

meus filhos não estavam na escola. E a gente ainda troca roupa, comida, móvel. Tem sempre que dar um jeitinho! É muito natural isso onde eu moro.

Por essa razão é que muitos acreditam que a nova era seja um resgate de um momento que já vivemos. Nossos ancestrais viviam em comunidade. A nova era é um resgate do que fomos lá atrás. Para muitos a nova era sempre existiu. Em lugares ou civilizações menos urbanizadas, ela simplesmente "é". Eu (vi)vi isso na África, na Amazônia, em Piracanga e em Rishikesh (Índia) — e vou contar mais adiante algumas experiências. Nesses lugares, existe com uma organização diferente da nossa: a valorização de criatividade, troca, interioridade, espiritualidade, frugalidade, simplicidade, ecologia, fraternidade, qualidade de vida e sensibilidade — mesmo que também diante de dificuldades e adversidades.

Prem Baba chama esse momento pelo qual estamos passando de *"parivartan"*, que em sânscrito significa "transformação". Para ele, as diversas crises atuais estão a serviço do despertar da consciência coletiva. "Incêndios são importantes para florestas." Eles contribuem com o surgimento de espécies novas e mais fortes. Estamos sendo levad@s a reconhecer nossos erros em relação às escolhas que fizemos até agora. Estamos no auge de uma transformação planetária, na qual teremos a chance de transmutar: medo em confiança, sofrimento em alegria, egoísmo em altruísmo, evoluir do paradigma materialista para o espiritual — compreendendo que este último nada tem a ver com atitudes e conceitos dogmáticos, verdades emprestadas ou qualquer tipo de separação e exclusão por crença.

Esse futuro não está (tão) ali na frente. Ele já está misturado no presente. Coisas boas já estão acontecendo. A expectativa de vida da população já é três vezes maior do que há bem pouco tempo. Há pouquíssimas doenças ainda sem cura. A renda per capita é três vezes maior também. A mortalidade infantil diminuiu dez vezes, assim como o custo dos alimentos. O custo da eletricidade é vinte vezes menor, do transporte, cem vezes menor, e o custo de comunicação, mil vezes maior.

Este já pode ser considerado o período mais pacífico da história, com menos guerras. No início de 2018 pela primeira vez tivemos notícias da camada de ozônio se recuperando (bem, a recuperação foi nos polos, enquanto nas áreas mais populosas o quadro negativo persiste, mas já é uma evolução).

Novos arranjos sociais e novas formas de relacionamento que honram (e não isolam) a interdependência e a individualidade de tudo e todos estão surgindo. Grandes mudanças de paradigmas vêm acontecendo. O conceito de "qualidade" já sobrepõe o de "quantidade" para alguns — e temos visto pessoas consumindo menos. O consumo, por sinal, começa a se relacionar cada vez mais com um ato social. No Globo de Ouro de 2018, as mulheres que subiram no palco falaram de assédio e desigualdade de pagamento, agradeceram quem teve coragem de fazer denúncias... e foi isso que mais repercutiu na internet, e não quem vestiu o quê.

A sustentabilidade entrou na moda. Assim como a alimentação consciente, a prática de esportes e a vontade de bem-estar. Nosso olhar tem se tornado cada vez mais holístico. Isso favorece um florescimento. Assim como no Renascimento lá atrás, quando o continente europeu teve acesso a coisas que não conhecia e sofreu transformações bem evidentes na cultura, economia, sociedade, política e religião. Só que naquela época evoluímos de uma realidade feudalista para capitalista. Hoje, com mais consciência, vamos evoluir para um novo capitalismo. E, em vez de nos tornarmos humanistas antropocêntricos, deveremos voltar a olhar com carinho para nossa espécie.

O mundo será totalmente balançado por essas transformações. A sociedade atual de consumo, acúmulo e desperdício deve desaparecer pela aplicação sistemática do princípio de frugalidade, que tem a ver com consumir o mínimo e o melhor possível. Ou seja, a economia do consumo dará lugar à economia da... economia ☺ (mas isso sem privação, mesquinharia ou coisa parecida, pela simples consciência de dispensar o que não tem utilidade, entendendo que será preciso gerar mais do que destruímos para viver). Isso valerá para alimentação, lazer, roupas...

Muitos têm se ocupado em dar sentido à vida, não só em fazer dinheiro. O homem que acumulava objetos (em breve teremos vergonha da forma como agimos) cederá lugar ao que cria conhecimento. "Não coisificar nada, por favor" será o novo lema (até porque "as melhores coisas da vida não são coisas" como dizem por aí). A nova riqueza será cognitiva e cultural, imaginativa e artística. O capital essencial de amanhã não será material. Será a consciência, a inteligência, a intuição, a imaginação e a liberdade.

E isso muda tudo na educação, nas organizações, na cidade, no mundo. Tudo em você e em mim. Assim surgem novos movimentos que darão forma (e alma) a este novo mundo. São movimentos de ruptura, de evolução, mas também de resgate da nossa ancestralidade, do que há de verdadeiro e essencial dentro de nós. É o que veremos a partir de agora, em histórias de quem tem se transformado e contribuído para transformar o mundo.

APROFUNDAMENTO

Para observar:

A respiração revela a dependência do mundo que nos cerca. Ao mesmo tempo, sugere a conexão com nosso mundo interior (e exterior). Ela também nos lembra de que estamos em constante fluxo. Em momentos difíceis de transição, a respiração acalma. E nos lembra de que somos cíclicos.

Nossa respiração diz muito sobre nós. Repare: O quanto você permite que o sopro da vida flua livremente? Você contrai a sua respiração? Respira lenta ou aceleradamente? Observe.

Para assistir:

- *Tempo de espera, tempo de vipassana* (documentário)
  Para descobrir o valor do silêncio, a respiração consciente e a autoobservação, em busca de uma melhor compreensão de si mesmo e da realidade.
- *Free the Mind* (documentário)
  Para compreender os benefícios científicos e médicos da meditação.

Para meditar:

Meditar, fora qualquer conotação esotérica, tem a ver com práticas que nos ajudam a focar a mente num objeto, pensamento ou atividade em particular, visando alcançar um estado de clareza mental e emocional. Não tem a ver somente com esvaziar a mente, como se imagina.

Já está comprovado cientificamente que a meditação pode nos ajudar a superar problemas interiores (como os criados pela raiva, inveja, apego e ignorância), a controlar nossa mente (trazendo paz interior) e a evoluir para estados cada vez mais elevados de consciência. Vamos experimentar?

Para começar, escolha um lugar tranquilo, sente-se numa posição confortável, feche os olhos e se concentre na respiração, para acalmar a mente das distrações. Respire. Sinta o ar fluindo pelo seu corpo. Alongue-se. Permita que entre mais ar.

Quando sentir que seu corpo e sua mente estão calmos, é hora de passar para a segunda fase. A meditação analítica representa um processo intencional de investigação ou de reflexão sobre um tema, analisando vários aspectos e examinando-o de vários pontos de vista.

Dessa vez, proponho que você respire e sinta o mundo à sua volta. O que surgiu de novo? E o que ficou para trás, se transformou, acabou ou perdeu o sentido? Pense em como tudo isso impacta seu trabalho, seus relacionamentos e sua vida. O que precisa ser jogado fora?

Para fazer:

Gosto muito de rituais. Muitas vezes eles são a chance de materializar intenções que vivem em outros campos. Se você se sentir à vontade, escreva em um pedaço de papel tudo que percebeu que precisa ficar para trás. Depois queime esse papel e jogue as cinzas em algum lugar representativo para você.

Para baixar:

Para se aprofundar ou aperfeiçoar a meditação, recomendo estes aplicativos:

- Headspace: desmistifica o que é a meditação. Ideal para quem está começando. (app)
- Insight Timer: oferece mais de 4 mil meditações guiadas em áudio propostas por mais de mil professores. (app)
- Aura: meditações curtas e personalizadas, para fazer todos os dias. (app)
- 5 minutos: feito no Brasil pela ONG Mãos Sem Fronteiras, propõe meditações diárias. (app)
- Medita!: também do Brasil, oferece módulos pagos e gratuitos em vários temas. (app)
- Sattva: monitora os batimentos cardíacos, tem músicas relaxantes e insights para o seu dia. (app)

SEGUNDA PARTE

Novo eu?

NÃO QUERO LUXO NEM LIXO, QUERO SAÚDE PRA GOZAR NO FINAL.

"Nem luxo nem lixo", Rita Lee

4. Ser

Olhando de fora muita gente parece ser feliz. No meu caso, eu tinha um emprego dos sonhos, um excelente salário, saúde, uma boa reputação, alta verba de marketing (um sonho para qualquer profissional da área), morava sozinho num apartamento incrível em Ipanema (que cansou de circular em sites e revistas do mundo todo), tinha um namorado lindo, amigos hypados, ganhava muitas roupas e tudo que se possa imaginar, assistia a desfiles da primeira fila e entrava de graça em qualquer festa sem pegar filas. Mas, quando estava sozinho, só queria chorar.

Chegar até aqui não foi fácil — o que aos olhos de muita gente me daria motivos para viver rindo à toa. Nasci numa família de classe média baixa, morei toda minha infância no Méier, zona norte do Rio de Janeiro. Na minha adolescência, meus pais se separaram e, na época do Collor, meu pai perdeu o pouco que tinha e ficou desempregado por muito tempo. Meu primeiro emprego formal foi num curso de inglês, pois precisava aprender uma língua e não tinha dinheiro. Com o salário pagava a faculdade, que planejei terminar em oito anos (o dobro do normal), para pagar menos por mês. Vendia o vale-transporte que ganhava para complementar minha renda. Bancava minha mãe e irmã, que também não tinham emprego.

Sempre fui muito estrategista e criativo (talvez por viver com tão pouco, durante muito tempo), estudioso, observador e de fácil relacionamento. Eu não "conhecia ninguém" influente ou importante. Tive que dar meu jeito sozinho. Desde muito pequeno achava que por ser homossexual — e ser bastante rejeitado na escola, onde morava e por alguns familiares — precisava ser mais e melhor que tod@s, para ser aceito, então sempre me esforcei muito. Na época não havia (ou pelo menos eu não conhecia) nenhum cara gay (por perto nem "na mídia"), com sucesso, que fosse admirado ou pelo menos tivesse uma vida "normal", como os que não são.

Vivendo com restrição durante muito tempo, meu sonho era ser rico. Queria morar na zona sul, em casas e apartamentos que via nas novelas. Cheguei a pensar em fazer medicina ou arquitetura, pois era o que faziam alguns ricos que via na TV (rs). Estudei comunicação, trabalhei com vendas e, depois, meu primeiro estágio foi numa agência de publicidade. Costumo dizer que quem sabe vender pode fazer qualquer coisa da vida. E talvez o meu maior *case* tenha sido a marca "André Carvalhal" (quer dizer, eu mesmo). Uma marca que tinha muito para dar errado.

Entrar na FARM foi uma grande surpresa e um grande desafio. Minha qualificação profissional e experiência com internet me levaram até lá (me formei na primeira turma de pós-graduação de marketing digital do Rio de Janeiro), mas me sentia muitas vezes um peixe fora d'água. Eu tive que decodificar, aprender, viver e criar a "garota zona sul", sem ser garota, muito menos da zona sul. (Confissão: eu nunca tinha ido à Babilônia Feira Hype, onde a marca começou, e sequer conhecia a FARM.) Se alguém me dissesse que daria certo, talvez eu não acreditasse.

Muita coisa incrível aconteceu. Só tenho a agradecer. Mas, quando olho para trás, sinto como se eu nunca tivesse sido realmente feliz (na vida). Era como se eu sempre estivesse buscando mais, querendo ou precisando de mais para ser feliz. A tristeza constante me levou a Piracanga, uma ecovila na península de Maraú (Bahia), à beira do rio e do mar, imersa numa natureza encantadora, onde funciona um Centro de Realização do Ser, com diversos cursos e terapias. Ouvi sobre o lugar numa palestra na Casa Sou.L e, na mesma hora, o Google me falou "Uma comunidade que acredita que a humanidade seja livre, feliz e viva em paz". Era disso que eu precisava!

Depois percebi que o lugar divide opiniões: há quem goste e não goste. (Como sempre.) Decidi arriscar. Fui parar no retiro do chacra da expressão, pela minha disponibilidade de data. Chegando lá, vi que não poderia ter sido providência melhor. Além de o retiro ter sido incrível e eu ter começado a me (re)conectar com o meu propósito, de quebra o lugar me deu um grande presente, que talvez seja realmente o início de qualquer transformação. Esse presente foi relembrar quem sou eu.

Há um tempo venho sentindo que o autoconhecimento é decisivo — para pessoas e marcas. É um dos maiores diferenciais de ~~profissionais~~ pessoas de sucesso e organizações. Esse foi o foco do meu primeiro livro, e hoje entendo que além de conhecer é preciso *reconhecer*. Tudo que passei serviu para me ajudar a reencontrar minha essência. Valorizar tudo que passei. Ter orgulho do que construí. Reconhecer minhas origens mudou o rumo da minha vida profissional. Tem pautado minhas escolhas. Agora, indo beeeeem mais para trás, eu me reconectei a esta verdade: antes de qualquer coisa, sou parte da natureza.

Estar em Piracanga é relembrar que somos natureza, e que tudo está conectado. Descobri um lugar no qual projetos comunitários fazem parte da rotina. Novos valores humanos são colocados em prática e relembrados todos os dias, seja nos momentos de reunião da comunidade, nas tomadas de decisão coletivas (há um incentivo à gestão descentralizada), nos cursos, na escola, na celebração diária à vida — nas danças circulares. Nas aulas de surfe, de permacultura, de ioga e nos momentos de meditação coletiva.

Todos meditam, cantam e dançam, reverenciando a natureza. Às vezes o sol é amigo e beneficia a colheita, às vezes exagera um pouco e estraga as plantações. A chuva às vezes vem na medida; em outras, falta. Muitos acreditam que as forças controladoras do sol, da chuva, das inundações e das marés (os deuses lá de cima) precisam ser constantemente homenageadas.

Por respeito à saúde — nossa, do solo e da água —, são usados apenas produtos biodegradáveis (de pasta de dente a protetor solar). Dessa forma, é possível beber a água que sai da torneira. Em Piracanga o "lixo" não existe, eles reaproveitam tudo que é possível (de comidas a embalagens). Passei quase um mês lá e não produzi nenhum tipo de lixo. Quer dizer, somente alguns restos de comida. Mas estes voltavam direto para a natureza (são compostados).

A alimentação é livre de animais. Os banheiros secos são incríveis, pois, em vez de sujar a água, o que sai de "pior" da gente é utilizado para fertilizar o solo e gerar o bom alimento. A fonte da energia é primordialmente o sol. E desta forma — cíclica — estar em Piracanga nos faz entender que nossa saúde tem a ver com a saúde do planeta.

Na "cidade grande", damos descarga com água potável (enquanto milhares morrem de sede, 800 milhões não têm acesso a água potável e 2 bilhões não têm banheiro limpo) e estragamos a água com produtos cheios de química (depois gastamos dinheiro com companhias de tratamento de água). Dependemos de fontes de energia não renováveis. Nós nos habituamos a beber leite, comer bichos como se fosse natural (necessário até), esquecendo que eles são seres como nós (e o projeto Genoma já provou isso). Em Piracanga entendemos bem que somos responsáveis pelo meio à nossa volta. Saí de lá com uma consciência muito grande sobre meu estilo de vida, minhas escolhas de consumo e o quanto ~~sou impactado~~ sofro as consequências por isso.

"Estamos jogando uma partida arriscada com o futuro", disse Frederic Laloux, no livro *Reinventando as organizações*. Acredite, não é à toa o que estamos passando. É uma resposta ao que temos sido. Vivemos tempos de grande restrição financeira no Brasil e em vários lugares do mundo. É cada vez maior o número de pessoas desempregadas ou levando seus empregos como camisas de força.

Quando olhamos para o planeta, vemos mais crise e tristeza. Muitos recursos naturais que sempre foram utilizados de forma irresponsável estão se esgotando, porque são consumidos numa velocidade maior que a capacidade de reposição. A produção de bens e o tamanho da população são maiores que a capacidade da natureza de fornecer recursos e "reciclar" resíduos organicamente.

Por isso, o aumento de períodos de seca, a escassez de água potável (já em cidades como São Paulo), o aumento da erosão do solo e o acúmulo de gás carbônico na atmosfera — que entre outras coisas causa o aumento de temperatura ambiente. Os efeitos desse desequilíbrio já podem ser percebidos também na economia. É preciso ir cada vez mais longe para pescar (encarecendo o preço dos produtos), diversas matérias-primas estão ficando cada vez mais caras e raras (é necessário gastar mais para manter a produção de tudo), enquanto na nossa própria casa já sentimos também as consequências, com a alta das nossas contas (de água e luz principalmente).

Ler isso tudo pode dar a sensação de que as coisas estão fora do nosso controle. Mas isso se dá pela nossa incapacidade de entender de maneira profunda que somos nós que criamos o mundo, a nossa realidade. Muitas vezes, a maior tragédia é também o maior golpe de sorte que a vida nos dá (se você o enxergar assim). Através das dificuldades temos a chance de nos reinventar e reescrever a nossa história. Eu que já passei por grandes apertos, entendi o quanto a dificuldade, a liberdade e a colaboração são capazes de mudar tudo. E todos nós estamos aqui para evoluir juntos e cocriar este mundo.

Começo refletindo sobre a minha vida, falando de mim, para te estimular a pensar sobre você também. O que aconteceu com você até aqui? É hora de falar menos sobre roupa. Para a moda (o mundo) mudar é preciso mudar a forma como ensinamos, aprendemos e trabalhamos. É preciso mudar a nossa relação com a política. E até mesmo a forma como nos alimentamos, nos organizamos e vivemos. Não se pode mais pensar no conjunto geral das coisas externas de forma separada das coisas internas — o que somos. É preciso ser diferente.

APROFUNDAMENTO

O autoconhecimento será uma das habilidades mais valorizadas no novo mundo. Seja para você ou sua organização, ter a clareza do SER será fundamental para fazer as melhores escolhas. Encontrar os melhores caminhos.

Para assistir:

▎ *Eu maior* (documentário)
Para refletir sobre questões da sociedade contemporânea e a busca pelo autoconhecimento e a felicidade.
▎ *Mundos internos, mundos externos* (documentário)
Para entender os mistérios da existência humana.

Para ler:

▎ *Ansiedade: Como enfrentar o mal do século*, de Augusto Cury
Para aprender a ir além do cansaço físico e emocional.
▎ *Um novo mundo: O despertar de uma nova consciência*, de Eckhart Tolle
Para vencer as artimanhas que o ego utiliza para isolar as pessoas umas das outras.

Para meditar:

Mais um convite à meditação analítica. Desta vez, o foco é o seu mundo interior.

Na abertura do livro eu te convidei a escrever seu nome. Qual nome você escreveu?

Bem, esse é o nome pelo qual as pessoas te chamam. É o nome que foi dado a você quando nasceu, que tem o importante papel de posicioná-lo no mundo. Mas ele não é você — é como as pessoas te reconhecem. Então, mais uma vez: Como você se chama? Como você se reconhece? Como você chama a si mesmo?

Encontre um lugar confortável. Repita o início da prática anterior. Defina o "nome" pelo qual somente você se chama e medite sobre quem é ele. Pergunte a você mesmo: Quais as diferenças e similaridades entre você e aquele que veem de fora?

VOCÊ NÃO É QUEM VOCÊ PENSA QUE É.

"O peso do meu coração", Castello Branco

5. Ser humano

O (velho) mundo que construímos é baseado na exploração da natureza, movido a combustíveis fósseis não renováveis, como o petróleo, além de fertilizantes e pesticidas, que desestruturam nossa base ecológica e social, acabando com a terra e matando trabalhadores. O crescimento econômico é baseado no consumo de bens que consomem a natureza. Muitos deles são finitos e estão acabando. Não é exagero dizer isso, é uma triste realidade.

Nem nós nem as organizações vivemos sem recursos naturais. Dependemos de planetas, estrelas, plantas, comida, ar, água... E toda contribuição é fundamental para o (bom) funcionamento do todo. Ao passar a reparar e me relacionar mais com a natureza (é transformador, pode acreditar), comecei a perceber que tudo que está vivo está conectado, e depende do outro (lembre-se sempre disso!).

Dentre todas as transformações necessárias para chegarmos a um novo mundo, a primeira delas é recuperar nossa responsabilidade em ser humano. Lembrar que somos parte da natureza e estamos conectados a ela. Para isso será necessário estabelecer uma nova consciência na Terra.

Para alguns, criar um mundo novo pode parecer uma ilusão. Mas foi isso que aconteceu, várias vezes ao longo da história da humanidade. Passamos por uma série de etapas, relacionadas a níveis de consciência. Todas tiveram a ver com a conscientização sobre determinado tema. O desaparecimento de civilizações antigas, o fim da escravidão, a queda do muro de Berlim... A União Soviética sumiu do mapa em apenas dois anos.

Hoje elementos apontam que uma nova mentalidade vem surgindo, abrindo espaço para um novo mundo. O próximo grande tabu a cair por terra deve ser a noção de separação da humanidade com o mundo natural e a noção de que a economia (com suas empresas, o lucro, a ganância, o dinheiro, o poder...) é a coisa mais importante da vida.

Isso porque tanto o progresso científico quanto o econômico têm barreira no colapso ecológico. Podemos ganhar a vida eterna, mas em que condições de clima e ambiente vamos viver? Beijing está tão poluída que as pessoas não conseguem ficar ao ar livre. O mercado de purificação de ar está estourado. Os ricos constroem estufas nos jardins para respirar. Esse é apenas um dos exemplos.

Se a temperatura continuar aumentando, não vai ter água para dar conta de tantos aparelhos de ar-condicionado. Se as geleiras continuarem derretendo e inundando continentes, vamos precisar nos concentrar em outras terras. Mas construir novas terras (como Dubai, que falarei mais à frente) também demanda novos recursos que não teremos.

O crescimento da população em si já é um desafio, principalmente porque a alimentação de grande parte dela é baseada no consumo de carnes. Estamos devastando florestas para criar gado e plantar soja e milho para alimentar o gado. Esse desequilíbrio pode resultar na falta de espaço para produzir alimentos para alimentar humanos.

E se o tão esperado crescimento econômico voltar, se as pessoas voltarem a consumir como antes, a natureza não vai dar conta de prover recursos para produção. Do jeito que está hoje, a previsão é de que até 2050 não teremos petróleo nem água para as necessidades que criamos. Entende como é urgente fazermos as pazes com a natureza?

Isso tudo sem contar com o (alto) nível de estresse e desgaste energético, de um modelo mental no qual o "fazer mais, produzir mais, comprar mais" é a solução. Grande parte da sociedade atual funciona como engrenagem de uma grande fábrica com defeito. Ou seja, não vai dar certo.

Durante um tempo acreditou-se que Deus era responsável por muitos acidentes naturais (a própria passagem da arca de Noé reforça isso, quando, por causa do mau comportamento humano, Deus decide varrer da terra todos os animais). Mas está comprovado que muitos desses acidentes são reações a todo o desequilíbrio criado por nós.

Mesmo assim ainda são poucas as pessoas dispostas a abrir mão do seu estilo de vida e de "pequenos luxos" — como copos de plástico, canudo, desodorante aerossol, absorventes e fraldas descartáveis, certos alimentos (para tudo isso já existem novas opções). Mesmo já sofrendo as consequências das altas temperaturas e vendo as catástrofes ambientais, ainda não tivemos uma mudança de comportamento em massa.

Em 2015, o Acordo de Paris tinha como objetivo limitar o aumento da temperatura ao teto máximo de 2° C em relação aos níveis da era pré-industrial e continuar os esforços para limitar o aumento da temperatura a 1,5° C. Para tal, diversas concessões precisariam ser feitas. Muitas foram adiadas para depois de 2030 (quando provavelmente a temperatura já terá aumentado). Grandes países poluidores tentaram ratificar e romper o acordo.

Os únicos períodos na história nos quais houve redução do efeito estufa das emissões globais foram períodos de crise econômica e estagnação. Isso comprova que o distanciamento sobre "quem somos" e nossa origem criou um sistema "arapuca", no qual todo crescimento em algum ponto nos desfavorece. É preciso inverter o pensamento de que a natureza está aí para nos servir, para o pensamento de que temos que servir a ela, pois precisamos dela.

A crença de que somos maiores e melhores que a fauna e a flora moldou o atual sistema legal, político e econômico. Em algum lugar do passado, o mundo pertencia a todos os habitantes, não existia distância ou separação. As pessoas falavam com as plantas e os animais, que eram sagrados. Reverenciávamos a natureza. As festas mais animadas e importantes eram as da colheita. Até que começamos a nos desconectar.

Mas por que nos damos o direito de explorar a natureza? Matar animais para comer? Sacrificá-los para realizar testes ou nos divertir? Interferir no ecossistema dessa forma? É aceitável obrigar que um animal trabalhe até ficar exausto? Ele pode não ser "humano", mas já está comprovado pelas ciências biológicas que ele tem emoções. Só isso não basta? E por que para alguns maltratar um cachorro não pode, mas um rato ou um boi pode?

A verdade é que somos iguais à maioria dos animais. Quem diz isso não sou eu, é a ciência. O projeto Genoma (trabalho conjunto realizado por diversos países para desvendar o código genético de organismos vivos) revelou que mais de 99% dos genes de um ser humano são idênticos aos de cachorros, gatos, pássaros, fungos e árvores. É isso, são todos nossos parentes, nossa família (!).

A vida (de todas as formas) é nosso parente biológico. Estamos conectados a tudo que está vivo nesta grande rede. Quando você pensa assim, a perspectiva muda de "Estou protegendo o mundo, a natureza, as árvores, a água, o ar, as pessoas..." para "Sou parte disso e quando protejo e cuido disso tudo, eu me cuido e me protejo". O que você faz pelo mundo volta para você; esse é o princípio da ação e reação. Se você não acredita em mim, pesquise Newton.

Então o que dá base para a exploração? Poder? Consciência? Inteligência? Sendo isso, países e pessoas mais fortes podem se dar ao direto de explorar também? A questão é profunda. Às vezes, econômica e até religiosa.

O catolicismo sugere não darmos ouvido aos animais (ou será que somente à serpente não pode?). Na história bíblica da arca, após o dilúvio, Noé monta um altar ao Senhor e sacrifica alguns animais como oferenda. Mesmo chamando Jesus de "o cordeiro de Deus", não me parece que o catolicismo inspire tanto respeito aos animais (me corrijam se eu estiver errado).

Já o judaísmo é um pouco mais amigável, sugere inclusive que os animais descansem no Shabat — mas isso não impede de matá-los.

Outras religiões os santificam. No hinduísmo, por exemplo, muitos deuses ainda se parecem com eles. A religião tem como pilar a *ahimsa*, que sugere não dor, não violência e não maldade contra todos os seres (humanos e animais). Santificou vacas e proibiu e consumo de carne.

Alguns diriam que talvez a exploração se dê pela falta da "alma". Mas esse é um assunto polêmico (uns acreditam, outros não). Fato é que até hoje a ciência não comprovou a existência da alma, nem em homens nem em animais. Mas, se fosse o caso, essa diferença daria direito à exploração? Lembro que aprendi no colégio, e isso me marcou muito, que a Igreja católica aceitava a escravidão pois acreditava que os negros não tinham alma. Hoje temos consciência de que qualquer tipo de exploração humana está errada.

Mesmo com o fim da escravidão, ainda parecemos apáticos e anestesiados em relação ao outro. Assassinatos, mortes, fome e miséria, de tanto estamparem estatísticas, viraram apenas números para uns. O que você tem feito para melhorar a vida de quem está à sua volta passando necessidades? A gente anda na rua, passa por pessoas em estado de profunda "falta de humanidade" e segue como se fosse a coisa mais natural.

Mesmo que não se comprove a existência da alma, temos consciência. Esse é um grande diferencial do ser humano. E precisamos usá-la a nosso favor. Este momento que estamos vivendo é propício à expansão da consciência e do conhecimento de tudo que estamos tratando aqui. Precisamos ajudar a promover estes temas e pensar de forma crítica no nosso dia a dia. Por que, apesar de sabermos de tudo isso, temos tanta dificuldade em mudar?

Certo, a questão é cultural. Está enraizada, mas precisa ser revista, pois cada vez mais vamos precisar da natureza e de todas as pessoas para sobreviver. E para nossos negócios sobreviverem. Nosso sucesso está relacionado ao sucesso do outro e do planeta. Porque precisamos do outro para comprar e produzir o que fazemos. Precisamos do planeta para fornecer recursos para o que produzimos.

Ser humano é ser com os outros. Quando abraçarmos de fato a ideia de que somos uma coisa só e usarmos isso em nossa vida diária, mudando nosso estilo de vida, alimentação, produção e organização da sociedade com suas regras e leis, conseguiremos mudar o mundo. Esse é o primeiro passo para a transformação. A partir desse entendimento, as necessidades da natureza — planeta e pessoas — vão se equilibrar para determinar as necessidades do mercado.

Surgirá um novo tipo de consumo, no qual o luxo será baseado em bens intangíveis como tempo, silêncio, conexão, qualidade do ar e da água. Encontraremos novas formas de crescer, produzir, faturar, sem com isso acabar com nossa vida. Assim devolveremos o que tiramos da natureza. Compensaremos o impacto que causamos e permitiremos que se deixe regenerar o que esta "humanidade" vem destruindo.

APROFUNDAMENTO

Para assistir:

▍ *The Altruism Revolution* (documentário)
Para descobrir que se empenhar pelo bem da comunidade é um importante fator de adaptação e evolução.

▍ *Humano: Uma viagem pela vida* (documentário)
Para pensar sobre a felicidade, o propósito, a amizade, o amor, a fé, a infância e o medo, através da possibilidade de nos vermos no outro.

▍ *Cosmos* (série)
Para compreender revelações sobre o tempo e o espaço capazes de mudar a nossa percepção sobre quem somos.

▍ *Virunga* (documentário)
Para se emocionar com a coragem dos guardas do Parque Nacional Virunga, no Congo, empenhados em proteger os últimos gorilas-da-montanha de uma grande empresa de exploração de petróleo e gás.

▍ *Chasing Ice* (documentário)
Para observar os efeitos do aquecimento global em regiões glaciais. As imagens são tão fantásticas quanto surpreendentes.

Para meditar:

Este é um convite para outro tipo de meditação, a guiada. Sugiro gravar o texto a seguir com sua própria voz, de forma lenta e bem pausada, e, após relaxar e se conectar com o momento presente e o lugar que escolheu para a prática, soltar o play.

A cada respiração eu me percebo. Vou desacelerando.
    Me conecto com a energia vital que preenche meu corpo.
    Eu tomo consciência de todo o meu corpo. Da minha pele. Do meu peso sobre o chão. Da força do chão em minha direção. Então abandono meus esforços, para que a terra realmente me sustente.
    Apoiado sobre a terra, eu me enraízo e sinto minha base se misturar com ela. Sinto seus nutrientes chegarem a mim. Sinto as energias da terra me preenchendo.
    Minha respiração, cada vez mais profunda, me leva cada vez mais para o fundo da terra.
    Sinto o calor da terra. Sinto como se estivesse novamente dentro da barriga da minha mãe.
    Saio de dentro da terra em uma grande, farta e abundante floresta.
    Reparo no verde, nas espécies, nas formas e nos movimentos que vejo ao meu redor.
    Caminho em direção ao mar.
    E, através do olhar, me conecto com o fluxo das marés. Cada onda que vai leva a minha inspiração. Cada onda que vem traz minha expiração. O ritmo é o da minha vida. Fico um tempo neste fluxo.
    Agora vou subindo, flutuando. Me afasto cada vez mais desse mar e me conecto com o céu. Me conecto com o brilho das estrelas. Vejo a Terra ao longe.

Me conecto com o movimento dos planetas. A temperatura de cada um deles. E seu efeito sobre a Terra.

Minha respiração agora está encadeada. Se repete de forma cíclica e constante, como são os ciclos dos dias e das estações.

Essa corrente me energiza e preenche todo o meu ser.

Reconheço a satisfação de ser quem sou: uma parte orgânica deste todo. Agradeço com um leve sorriso.

Eu relaxo e integro minha presença, minha beleza e minha força ao poder da natureza.

Meu corpo todo entra em harmonia.

Eu me harmonizo com a natureza.

Eu me sinto livre e confortável neste fluxo de energia abundante.

Esta abundância, este fluxo, é a energia natural do meu próprio ser.

Eu me entrego e me sustento neste fluxo.

PANE NO SISTEMA, ALGUÉM ME DESCONFIGUROU.

"Admirável chip novo", Pitty

6. Ser trans-humano

A aceleração dos avanços tecnológicos e científicos tem modificado profundamente nossa maneira de trabalhar, viver, consumir e nos relacionar. Mas, apesar de todas as grandes reviravoltas políticas, sociais, ambientais, econômicas, culturais, que fizeram parte da nossa história, uma coisa permaneceu igual, a humanidade. Até então, nascemos, crescemos, amadurecemos e morremos: do pó ao pó, como dizem.

Até que no novo mundo surge o trans-humanismo (ou transumanismo), um movimento para transformar (e superar) a condição humana através de aparatos tecnológicos, com o objetivo de aumentar nossas capacidades intelectuais, físicas, psicológicas e humanas. Para os transumanistas, o ser humano não é uma obra acabada. Ele pode (e deve) usar a tecnologia para ir além de seus limites (e ser quase... divino).

Pense na transcendência espiritual viabilizada pela ciência, através da junção do orgânico (matéria) com o cibernético. Substituir órgãos por dispositivos eletrônicos. Mas não só recebendo uma mão biônica ou um olho artificial. Mas nanorrobôs para investigar e curar doenças. Reprogramar nosso corpo, manipular a genética, o DNA. Fazer células voltarem no tempo, restaurar movimentos. Recuperar e expandir a memória. Aguçar a criatividade com backup na nuvem. Mais do que rejuvenescer, interromper o envelhecimento. Estabelecer uma nova cronologia. Existir fora da biologia. Dirigir nossa própria evolução.

Não sei você, mas tenho pouco interesse em morrer (tanta coisa boa parece estar por vir). A busca pela imortalidade sempre existiu. Será que desta vez vamos ganhar do tempo? Enquanto isso, ao que tudo indica, vamos conviver com máquinas cada vez mais humanas — de acordo com Ray Kurzweil, à frente dos projetos de biogenética do Google, computadores assumirão uma importância transcendental — e seremos cada vez mais máquinas.

Se pararmos para pensar, já estamos quase lá. O celular já faz parte de nosso corpo, apesar de não estar acoplado nele (sem dúvida esse será o próximo passo). Em 2015 trabalhadores do centro de tecnologia Epicenter, de Estocolmo, receberam implantes de microchips para facilitar o trabalho (abrir portas, bater ponto, tirar cópias...). Aqui no Brasil o implante de chip com cartão de visita faz sucesso, o de reposição hormonal nem se fala.

Falta pouco para nossa "consciência" se conectar com a nuvem. Então enviaremos fotos e arquivos direto do cérebro (já tentou telepatia?). Até que nossas redes neurais serão substituídas (ou acrescidas) de softwares inteligentes. Imagine um neocórtex turbinado, e neurônios multiplicados por dez. Novas experiências sensoriais terão a ver com baixar e subir arquivos, assim como acessamos nossa memória hoje.

A série da National Geographic *A história de Deus*, com o ator Morgan Freeman, explora os mais diferentes pontos de vista sobre o divino, desde a criação até os milagres registrados na história. Logo no primeiro episódio mostra a história de Martine, uma especialista em tecnologia que ganhou bilhões em empreendimentos tecnológicos e farmacêuticos, e por medo de perder a esposa, Bina Rothblatt, criou Bina48, um androide recheado com memórias, crenças e valores.

O robô é uma espécie de clone, um experimento com a forma do rosto de Bina, para o qual foi transferida uma réplica da sua memória que ganha autonomia com base na inteligência artificial (fala, conversa e responde perguntas que não precisam estar pré-programadas). Uma consciência cibernética forjada pelo computador que passa a agir e falar como ela. Um jeito de burlar a morte. Ou "não frustrar a vida", como disse Martine.

Black Mirror? Tipo isso. Alguém duvida? Eu não. Os mais fervorosos acreditam que há chance de a inteligência artificial tomar o controle de tudo, sobrepondo o homem. Fato é que a transformação será cada vez mais rápida. Em tempo real. O que vai ser do tempo? (Enquanto isso, seguimos na nossa solidão acompanhada pelas redes sociais. Juntos e sozinhos. No silêncio do compartilhamento. Em busca de engajamento.) Isso tudo será melhor ou pior?

A filosofia transumanista é baseada na erradicação de qualquer forma de sofrimento causado por doenças, pelo envelhecimento ou mesmo pela morte (então para eles parece que vai ser bom). O propósito é alcançar as potencialidades máximas de desenvolvimento humano. Assim, seremos capazes de nos transformar em diferentes seres com habilidades enormemente expandidas a partir da condição natural, de modo a virar pós-humano, deixando em segundo plano a evolução biológica (um beijo, Darwin).

Mas como nos situar diante dessas evoluções? Quais são as consequências para a sociedade, para o planeta e para o próprio ser humano? Qual o limite? E quem deve decidir por isso tudo? Depois do projeto Genoma, este "novo homem" (novo, não apenas em termos mentais, mas também físicos) tem sido a principal pauta da ciência, que está preocupada não só com as evoluções, mas também com uma recolocação dos problemas éticos. Uma "nova ética", que não cabe nas interpretações mais comuns da ética.

Vejamos um exemplo. Nunca foi tão fácil e barato fazer exame de DNA (as maiores empresas são do Google, o.k.?). O principal objetivo por trás disso é registrar o maior número possível de DNAs, mapear e identificar padrões que se manifestem em determinados tipos de doença ao longo da vida. Com base nisso, os transumanistas defendem a manipulação genética de embriões para eliminar doenças e escolher características vantajosas para os filhos, bem como implantes neurais que permitam a interação com computadores pelo pensamento, melhorando cognição, memória, concentração e humor, antes mesmo do nascimento.

Agora imagine um casal de cegos, grávidos. Eles têm o direito de definir que a criança seja cega também? Qual o limite entre isso e escolher a cor do olho (como já se faz)? A "consciência social", que abordei em *Moda com propósito*, ganha uma nova roupagem. Como vamos chegar a esse ponto de biossegurança genética em seres humanos, se ainda não resolvemos as velhas controvérsias morais como aborto e eutanásia?

E como ficam os direitos humanos (garantidos pelo Tribunal Europeu dos Direitos Humanos em 1950), uma vez que não seremos mais humanos? Esses direitos foram definidos para proteger as capacidades inerentes ao ser humano, à sua natureza, ao que distingue o homem dos animais. Até então, o homem não era tecnológico, e ainda se admitia a existência de uma natureza humana e de uma dignidade humana como fundamento dos direitos. Terão eles seus direitos ampliados? E os direitos dos que não terão acesso a tudo isso, como ficam? Será a morte um novo nivelador social, entre os que têm dinheiro a pagar por sobreviver a ela ou não?

Bem antes de tudo isso acontecer (em 1970), influenciado pelo contexto de ameaça atômica, pelo aumento da população e pelos efeitos da produção industrial, Van Rensselaer Potter falou sobre a "Bioética: ciência da sobrevivência". Para ele, a bioética devia nos proporcionar a sabedoria necessária para cuidar da vida — dos seres humanos (questão social) e de todo ecossistema (questão ambiental) a sua volta. Hoje a bioética volta com assuntos ligados à medicina (como o mapeamento de DNA e códigos genéticos), com a função de assegurar o bem-estar das pessoas, evitando possíveis danos, mas respeitando a vontade, as crenças e os valores de cada indivíduo.

Todo avanço sempre pode trazer benefícios. Seja um celular, seja um braço biônico, toda tecnologia pode ser usada para o bem e para o mal. Tomando conhecimento disso tudo, eu me pergunto: O que está em jogo, a quantidade ou a qualidade? Vai valer a pena continuar vivendo muito, mas desse jeito? É melhor ser humano ou um pouco mais do que humano? Enquanto não temos as respostas, uma coisa é certa, nosso tempo de vida é precioso, seja pouco ou muito. O tempo que temos é para ser vivido com intensidade. Celebrado. Isso é melhor do que qualquer vida eterna a qualquer custo. Eu aposto.

APROFUNDAMENTO

Para assistir:

Não tem como falar sobre ciência, tecnologia e comunicação nos dias de hoje sem citar a série *Black Mirror* — que virou brincadeira nas mesas de bar e nos grupos de WhatsApp ("Isso é muito black-mirror!" rs). O programa tem um pouco de tudo o que falamos aqui. Vale assistir para entender mais sobre o futuro que nos espera.

O que talvez você não saiba é que ela não trata apenas de ficção científica. Um artigo da *SuperInteressante* enumera algumas das tecnologias presentes nos episódios que já estão disponíveis no mundo real:

▌ **Humanoides (ou humanos androides) do episódio "Volto já" (segunda temporada):** na vida real, já existem projetos de androides indiferenciáveis dos seres humanos. O japonês Ricky Ma, apaixonado por desenhos animados e Hollywood, criou uma Scarlett Johansson robô que sabe conversar, tem várias expressões faciais e até pisca, flertando com o interlocutor.

▌ **Upload de consciência dos episódios "Versão de testes" e "San Junipero" (terceira temporada):** existem pessoas trabalhando a fim de transferir a consciência humana para um computador. [...] Ray Kurzweil, cientista e engenheiro do Google, é outro que está trabalhando nisso, e diz que até 2045 a tecnologia será acessível a muitos.

▌ **Chatbot do episódio "Volto já" (segunda temporada):** *chatbots* são programas de computador que tentam simular a interação de um ser humano numa conversa (muito usado em centrais de telemarketing hoje em dia). Nessa onda, a engenheira russa Eugenia Kuyda criou um aplicativo chamado Luka, idêntico ao serviço da série. [Ela] usou mensagens e posts das redes sociais de um amigo morto, Roman Mazurenko, para criar um banco de dados a partir do qual a inteligência artificial se alimenta para bater papo com qualquer pessoa, reproduzindo suas palavras, jeitos e brincadeiras ao cruzar dados do histórico.

▎ **Lentes de realidade aumentada do episódio "Toda a sua história" (primeira temporada):** olhos que conseguem filmar, fotografar, passar filmes só para você, mostrar informações sobre as pessoas ao seu redor, analisar o ambiente e, de quebra, transformar a realidade em jogo. A Samsung registrou, em 2016, uma patente para a produção de lentes com microcâmeras integradas e conexão wi-fi, que seriam controladas pelo smartphone e possibilitariam uma experiência de realidade aumentada on-line, idêntica à da série. Os óculos da empresa Snap Inc. conseguem gravar dez segundos de vídeo. Já o Google foi mais fundo (literalmente) e prometeu um chip injetável para os olhos humanos, com as mesmas funções das lentes da Samsung.

▎ **Manipulação de memória dos episódios "Urso branco" (segunda temporada) e "Engenharia reserva" (terceira temporada):** manipulando um neurotransmissor (a acetilcolina), cientistas conseguiram fazer com que memórias assustadoras de ratos fossem apagadas. Outros têm trabalhado para esticar memórias selecionadas para durarem o máximo possível. A ciência acredita também que é possível apagar rastros de sentimentos, como o medo. [...] O laboratório do Pentágono (de onde vieram a internet e o GPS) já trabalha há anos com aparelhos de estimulação magnética que conseguem instigar ou suprimir emoções em pleno campo de batalha.

▎ **Abelhas robôs do episódio "Odiados pela nação" (terceira temporada):** as abelhas estão de fato sumindo. Para contornar isso, um grupo de cientistas de Harvard está trabalhando em uma abelha drone, para ajudar na polinização e evitar um colapso mundial dos ecossistemas (não para matar pessoas, como na série). Por enquanto, o robozinho — batizado de RoboBee — ainda tem problemas para voar e gasta muita energia, mas os cientistas dizem que estão mais perto do que nunca de criar um modelo eficiente de simulação do voo das abelhas.

▪ **Cachorro robô do episódio "Metalhead" (quarta temporada):** há diversos animais robóticos, principalmente cachorros, já disponíveis no mercado para venda — mas não com a finalidade de matar. O mais famoso é o AIBO, da Sony, um cachorro que simula muitos traços de um cachorro real. [...] O robô conta com inteligência artificial para reconhecer rostos e sons. Assim como nós, ganha noção espacial com o passar do tempo.

▪ **Casa inteligente do episódio "Natal" (segunda temporada):** já é possível há algum tempo usar o celular para acender e apagar a luz de cômodos e transmitir comandos a aparelhos eletrônicos. Em 2016, cientistas do MIT e do Laboratório de Inteligência Artificial de Computação e Ciência (CSAIL) criaram uma inteligência artificial capaz de detectar emoções e interagir com elas. Essa tecnologia permite deixar a sua casa preparada para raiva, medo, alegria e até para um consolo quando você estiver triste (imagina!). [...] É a internet das coisas ganhando espaço na nossa vida.

FONTE: Ana Carolina Leonardi e Helô D'Angelo, "Black Mirror: 11 tecnologias da série que já existem na vida real". *SuperInteressante*, 24 out. 2016.

SOMOS OS FILHOS DA REVOLUÇÃO, SOMOS O FUTURO DA NAÇÃO.

"Geração Coca-Cola", Renato Russo

7. Ser mil

Uma imagem vem à mente: um solteiro de 43 anos cheio de problemas psicológicos, morando numa quitinete minúscula cujo aluguel custa 2 mil reais por mês, passando pelos perfis do Tinder obsessivamente e tuitando sobre o último lançamento da Palace para um público de outros *millennials* desesperadamente solitários.

A mente em questão é a de Hannah Ewens, na matéria "O que vai acontecer quando os *millennials* crescerem?", da *Vice*, de outubro de 2016. Na mesma matéria, o especialista geracional Jason Dorsey diz ainda que muita gente da nossa geração vai chegar aos quarenta e entrar em pânico porque não tem o suficiente acumulado para viver quando se aposentar. E, para os leitores da revista, o maior medo é chegar lá e não encontrar um amor.

Bem, eu sou otimista. Nasci em 1980, bem na virada geracional, e por pouco sou um *millennial* e faço parte da geração Y, como todos nascidos entre 1980 e 1999 — os mais novos, pós-virada do milênio, nascidos no começo dos 2000 fazem parte da chamada geração Z. Você sabe por que falam tanto da gente? Por que se preocupam tanto com nosso futuro? E fazem previsões negativas? Vou explicar. Mas antes, preciso comentar:

Quando eu me aposentar, não vai mais existir Tinder ou Twitter. Nem imagino como serão e qual força terão as redes sociais (serão redes de teletransporte ou holográficas?). Tomara que eu não tenha encontrado "o" amor da minha vida, pois quero passar por aqui tendo vivido váááários amores da minha vida. Fato é que não dá para pensar no futuro com a cabeça de hoje. Não dá para usar os mapas atuais para chegar a destinos desconhecidos. Pronto, falei (*millennials* são rebeldes).

Chamam a gente de "geração EU" ("*me generation*"), mas não consigo parar de pensar em "geração NÓS", considerando tudo que está acontecendo. As novas gerações viram o "propósito" deixar o contexto religioso e ser incorporado pela cultura pop. Cresceram ouvindo falar (e cantar) sobre propósito. Ouviram (ou não) Justin Bieber, maior fenômeno musical do YouTube, lançar um álbum chamado *Purpose* [Propósito], e Lady Gaga falar que não quer fazer dinheiro, quer fazer a diferença. Até eu lancei um livro sobre propósito que virou hit nas faculdades (hehe).

Uma pesquisa realizada em 2015, nos Estados Unidos, pela Cone Communications, com *millennials*, descobriu que 91% trocariam marcas por outras associadas a um propósito. No mesmo ano, outra pesquisa, da Deloitte, também nos Estados Unidos, ouviu que 84% deles preferem fazer diferença no mundo a ter reconhecimento profissional. Está vendo, não tem como acabar deitado no sofá ☺.

FORÇA JOVEM

Independentemente do rótulo, as gerações mais novas sempre serão rebeldes a bola da vez. Os jovens têm um papel importante na cadeia de influência, pois representam o espírito de uma época, e são referência para os mais novos e os mais velhos — afinal, a "juventude eterna" é um dos principais mitos culturais que conhecemos, e desejamos.

Eles serão sempre alvo não só de comentários, mas de observação também, pois vivem e são impactados pelas transformações do mundo e formam o mercado consumidor e produtor do futuro. Por isso, é importante olhar para os movimentos geracionais e prestar atenção ao que eles nos dizem, independentemente de concordarmos ou não.

As novas gerações sempre apontam para onde estamos indo. Elas sempre colocam em prova o que pensam as gerações anteriores e causam esse tipo de sensação, de que tudo vai ser pior (rs) ou melhor, dependendo da geração em que você está. Sempre chegam para romper com todos os modelos anteriores. Isso permite que os jovens sejam sempre mais livres, contraventores, transformadores. Mas nem todo jovem é igual. A cada geração eles são impactados pelo contexto mundial e representam o Zeitgeist da época.

Os *baby boomers*, nascidos entre 1940 e 1959, viveram o pós-guerra, a ditadura, a repressão. Por isso eram mais idealistas e revolucionários. Compravam ideologias e marcas. A geração X, nascida entre 1960 e 1979, pegou a transição das estruturas políticas. A hegemonia do capitalismo selvagem, da meritocracia nas empresas. Por isso eram mais materialistas, competitivos, individualistas. Lutavam para sobreviver e consumiam status. A geração Y (*millennials*) nasce entre 1980 e meados dos anos 1990, em meio à globalização e ao surgimento da internet. São mais globalizados, abstratos e questionadores. Buscam mais experiências do que produtos.

RETRATO DOS *MILLENNIALS*

A "geração da transição", como também é chamada, é assim:

Conectada: Por ser a primeira geração a conhecer a internet e conviver desde cedo com tecnologias digitais, está sempre conectada e em redes sociais. Essa característica lhes trouxe a capacidade de lidar com a diversidade e experimentar ou buscar mudanças mais rapidamente (e o tempo todo). São naturalmente especializados em tecnologia e desenvolvem múltiplas habilidades. Jogam enquanto trabalham e trabalham enquanto jogam. Os *millennials* executam múltiplas tarefas e fazem malabarismo.

Consciente: A internet favorece o fluxo de informação. Mostra o que está acontecendo no mundo todo, por trás das marcas e com as pessoas. Isso aumenta o nível de consciência, de engajamento político e com causas. Faz com que eles queiram mais dos produtos, das empresas, das pessoas. Mais produção local, menos hiperconsumo. Mais educação, menos academia. Mais trabalho, menos emprego.

Disruptiva: Testa novas maneiras de se relacionar esteticamente com o mundo. Desafia tendências e padrões para construir uma nova realidade. Subverte conceitos estabelecidos e impõe novos modelos. É ao mesmo tempo criadora e consumidora da nova economia. Uma geração independente que experimenta novas relações de trabalho, educação, produção e consumo. Deseja mais uso, menos posse. Mais fazer, menos dizer. Mais ser do que ter.

Fluida: Transita por vários ambientes. Aspectos como idade, gênero, localização geográfica ou status são tradicionalmente usados na demografia para definir uma geração. A novidade: como *millennials*, somos a primeira geração pós-demográfica — a que não cabe mais dentro desses parâmetros. Ideologia política, fronteiras, relações pessoais e comunitárias... vivemos um momento de fluidez e instabilidade sem paralelos na história.

Sustentável: Nasce e vive em meio a desastres e crises financeiras, ambientais e sociais. Viveu o Onze de Setembro, o Katrina, o tsunami na Tailândia, o Plano Collor, a UPP e a Cracolândia. Por consciência ou instinto, vê a sustentabilidade ambiental, social e cultural não só como uma questão de ideologia, mas como sobrevivência.

Livre: Pessoas de todas as idades, gêneros, raças e credos vêm construindo uma nova identidade com uma liberdade nunca antes experimentada. Desinstitucionalizar o modelo parece estar mais fácil e ser mais aceito pela sociedade. Eles têm mais opiniões e criatividade, mais que qualquer outra geração. Vem daí a liberdade e a inovação.

Propósito: Vida e trabalho se misturam. Cresceram vendo os pais sacrificarem suas vidas pessoais por objetivos profissionais e não estão dispostos a fazer o mesmo. Em geral, procuram propósitos, especialmente no trabalho. Substituem "carreira estável" por "realização profissional" e "siga o seu sonho". Não se impressionam com promessas de crescimento profissional para daqui a dez anos. Querem saber o que farão amanhã e qual será o próximo desafio. Terão várias carreiras ao longo da vida, até que se sintam encaixados com seu propósito. Além disso, vão tentar fazer a diferença.

Alta performance: Trabalham e aprendem não com a cabeça, mas com a ponta dos dedos. Veem a internet como uma extensão do Q.I. Têm acesso a, e sabem instintivamente como achar, qualquer informação. São um desafio para chefes e professores, podem ensinar muito a eles.

Imagéticos: A vida social está na internet, exposta através de fotos, vídeos, textos, *rating*, *likes*. Sabem construir e gerir imagem. Veem valor nisso. São influenciados por elas. E são potencialmente "influenciadores" digitais. Por outro lado são mais criteriosos, vivem a crise de perda de significado das marcas e da propaganda e, por isso, são exigentes com imagens geradas por marcas e outras pessoas.

Além disso tudo, são otimistas com o futuro. Afinal, tem como não ser otimista sendo assim? Mais um ponto relevante a ser observado é que, apesar de nativos digitais, a internet e a conexão (principal influência geracional) não são exclusivas de quem nasceu a partir de 1980. Hoje grande parte da população tem acesso a ela. Isso faz com que estejamos vivendo também o fim das gerações tal como as definíamos. Hoje todo mundo pode ser ou se comportar como um *millenial*.

APROFUNDAMENTO

Para assistir:

O site Guia da Semana (São Paulo) fez uma lista de filmes que vão te ajudar a entender mais sobre a geração Y:

- *Os estagiários* (2013): O escritório do Google usado como ambiente para esta comédia é como um paraíso para a geração Y: ali, computadores já são coisa do passado — a internet está no bolso, na sala de aula, na vida. O filme ainda mostra duas outras características dos Ys: eles atingem cargos altos rapidamente e são vidrados na cultura pop dos anos 1990 e 2000.
- *A rede social* (2010): Ainda no tema internet, *A rede social* traz uma biografia importante para a nova geração — com um personagem que pertence a ela. Mark Zuckerberg, criador do Facebook, sabe tudo sobre informática e nada sobre relações humanas (assim como os garotos de *Os estagiários*). Ele é genial o suficiente para captar o desejo dos seus colegas de faculdade e transformá-lo numa ferramenta mundial, mas tem as motivações mais egocêntricas por trás disso. Típico de um Y.
- *Bling Ring: A gangue de Hollywood* (2013): Usar a internet para satisfazer desejos individuais não é exclusividade do sr. Zuckerberg. Em *Bling Ring*, um grupo de adolescentes ricos combina informações de sites de fofocas para saber quando as celebridades estarão viajando e, assim, assaltar suas casas. A confusão de ficção e realidade que envolve a fama em Hollywood está por trás dessa atitude e é um dos traços mais perigosos dessa geração.

- *VIPs: Histórias reais de um mentiroso* (2009): Mais um exemplo de ficção e realidade que se misturam: Marcelo Nascimento da Rocha construiu sua vida e sua fama sobre uma grande fantasia, fingindo ser parente de pessoas poderosas, como o dono de uma companhia aérea, só para se sentir parte de um universo diferente do seu. A história real, registrada nesse documentário e num livro homônimo, inspirou o filme com Wagner Moura.

- *Em boa companhia* (2004): A lógica é simples: a geração X ganhou muito dinheiro e, com isso, colocou os filhos em boas escolas e ensinou a eles que educação era a chave para aquele dinheiro todo. Além disso, esses filhos tiveram à sua disposição a internet, que passou a exigir um raciocínio cada vez mais rápido. O resultado? Eles ganharam os cargos dos pais — com metade do salário e o dobro da eficiência. No filme, Dennis Quaid vive um chefe de vendas de uma editora que se torna subordinado de um garoto de 26 anos.

- *Ted* (2012): Sabe aquela velha síndrome do Peter Pan? Para a geração Y, isso não é apenas um sonho distante, mas uma questão prática: morar sozinho é caro, e a nostalgia é uma válvula de escape necessária para o excesso de trabalho e informação a que são expostos. Mesmo não carregando seus ursos de pelúcia de um lado para o outro como o protagonista de Ted, os Ys mantêm um olho nos seus heróis de infância e outro nos seus pais, que os sustentam até depois dos 30 anos.

- *Juno* (2007): Quando "desapego" é a regra, isso pode valer até mesmo para mães e filhos. Juno é uma adolescente que engravida por acidente, ao dormir com seu melhor amigo. Prestes a jogar fora sua tão merecida juventude (e com ela os estudos e o próprio amor juvenil), ela decide entregar a criança a outro casal. Moderninha, não?

Toy Story 3 (2010): Nunca foi tão difícil para uma geração se desligar dos seus brinquedos quanto para os Ys. Nostálgicos aos vinte anos, esses jovens parecem ter acelerado tanto pela evolução da internet, dos games e da indústria cultural (com seus gadgets imediatamente obsoletos), que a noção de "passado" se tornou cada vez mais próxima. Assim, lembrar de brinquedos tão simples quanto bonecos articulados se tornou "cult" com a ajuda da trilogia animada.

FONTE: Juliana Varella, "13 filmes para entender a Geração Y". Guia da Semana (São Paulo), 29 ago. 2013.

DE PERTO, NINGUÉM É NORMAL.

"Vaca profana", Caetano Veloso

8. Ser multi

Uma coisa já é fato, temos em média trinta anos de vida a mais que nossos avós. Isso é coisa à beça, considerando que a expectativa de vida já chegou a ser de trinta anos. Independentemente de nos tornarmos ~~deuses~~ transumanos, amortais ou não, já ultrapassamos a terceira idade. Temos mais qualidade de vida e longevidade que as gerações anteriores, temos vigor para produzir por mais tempo, e isso traz grandes impactos para a nossa vida hoje. Logo, podemos ver como ilusão a ideia de que temos apenas uma vida, e com isso uma única identidade.

Antes a vida era dividida em três fases: estudar, produzir e então descansar. Hoje a população que mais cresce é a de idosos; e isso acontecerá cada vez mais com as taxas de natalidade e de mortalidade diminuindo. Considerando que o ritmo de inovações só vai crescer, e para sempre teremos que aprender mais e mais, e o ritmo de vida cada vez mais pesado nos peça cada vez mais respiros para continuarmos firmes, no novo mundo todas as novas fases da vida deverão ser um mix de estudar × produzir × descansar.

Esse será um dos principais diferenciais da geração Z (também conhecida como gen Z, iGeneration, plurais ou *centennials*), que é formada por pessoas nascidas de 1999 a 2010 — sucessora da geração Y (*millennials*). Ela terá mais profissões, mais relacionamentos, mais casas, amigos, viagens... A curadoria de coisas que vão fazer parte da vida dessa geração será cada vez mais múltipla. E isso impacta inclusive na identidade da geração. A busca incessante por diversidade resulta em identidades únicas e múltiplas, que valorizam a personalidade de cada um, em vez de querer agradar a todos.

Nossa identidade e a relação que temos com o outro começam a ser construídas bem cedo. No ensaio *O ego e o id*, Freud fala sobre a anterioridade do visual na nossa vida (em relação ao pensamento em palavras) e sua proximidade com processos inconscientes. Bem antes da linguagem, as imagens já faziam parte do nosso universo e o visual era o que comandava nossa relação com o mundo — bem cedo, ainda quando estávamos no berçário e as pessoas vinham "nos ver".

A partir daí, da primeira troca visual com o outro, começamos a estabelecer, por exemplo, os conceitos de igual, diferente, e a formar a imagem que temos de nós e dos outros. Não é à toa que a relação com a "aparência" permeie toda nossa vida, pois foi através dela que aprendemos a nos relacionar com o mundo.

Com essas escolhas vamos formando nossa identidade, que, segundo o site Wikipédia, é o conjunto de caracteres próprios e exclusivos com os quais se podem diferenciar pessoas, animais, plantas e objetos inanimados uns dos outros, quer diante do conjunto das diversidades, quer ante seus semelhantes. Ou o "mito pessoal que se constrói para definir quem somos", como diz o psicólogo Dan McAdams.

Nos anos 1960 e 1970, o conceito de identidade estava ligado a estruturas tradicionais, e não a escolhas pessoais. Logo, um indivíduo de determinada classe social, política ou religiosa "teria" a mesma identidade das pessoas que faziam parte da mesma classe. Depois se passou a compreender que a identidade é algo construído individualmente, de gostos pessoais, preferências, habilidades e limites, num processo de autoconhecimento que tem início quando nascemos, e recebe influência direta da cultura, das pessoas com as quais nos relacionamos e do ambiente em que estamos inseridos.

A moda imita a vida é sobre isso. E a principal premissa do livro é a de que uma marca passa pelo mesmo ciclo de desenvolvimento e aprendizado que uma pessoa. Com isso, o processo de formação da identidade de uma pessoa é bem semelhante ao processo de uma marca. A cor dos cabelos, o biótipo, o jeito de falar, de se comportar, as roupas que está usando, entre tantas outras coisas, ajudam ao longo do tempo a descrever uma pessoa e definem sua identidade. O mesmo vale para a produção cultural.

Um belo exemplo é a revista *i-D* (com trocadilho). Por mais de quarenta anos, desde seu surgimento, a icônica publicação de estilo apresenta na capa a imagem de alguém com o olho direito fechado ou tampado, escondido de alguma forma, assim como o logo da revista, que sugere um emoticon "piscando um olho". Não importa se é uma foto, uma ilustração, uma pessoa ou um grupo, essa característica se mantém, é a identidade da revista. Existe ali uma intenção clara, percebida através da constância e da coerência, de firmar uma identidade. E assim, suas capas — independentemente das variações — passaram a ser reconhecidas, mesmo que não tivessem mais o logo.

Sempre usei esse exemplo em minhas aulas e consultorias, entendendo que deveríamos manter uma coerência e constância como elemento de nossa identidade. Com o tempo, as capas da *i-D* me inspiraram também a pensar que, durante a vida, devemos ter um olhar individual, sempre com um olho voltado "para dentro" (por isso sempre um olho fechado nas capas), a fim de identificar nossa verdade como pessoa ou marca. E o outro apontado "para fora", de olho nos movimentos do mundo, testando a realidade, a fim de identificar o que tem a ver com ela.

E é esse olho no mundo que hoje me faz pensar de um jeito diferente: sinto cada vez mais que a identidade não deve ser algo tão "determinado". No início da globalização, dos anos 2000, Krauss falou sobre o desenvolvimento da identidade como uma colcha de retalhos, formada pelos variados mundos que cada indivíduo vivia. No cenário atual, muito mais dinâmico, instável, flexível e altamente globalizado, os meios de comunicação e, principalmente, as redes sociais aproximam espaços geográficos, e essa aproximação traz influências culturais, econômicas, política e estéticas, transformando tudo em imagem e espetáculo.

Isso afeta diretamente os processos de construção de identidades. Mais que isso, potencializa a hibridização de identidades. A "nova" produção cultural, que nasce nas redes, cria novos personagens (o que era do mundo da fantasia vai para a vida real e vice-versa), e amplia as ideias de sujeito, de "estereótipos", antes limitados a determinados perfis ou papéis sociais. A "modernidade líquida", falada por Bauman em 2003, veste bem esse contexto, em que a sociedade se torna cada vez mais descentralizada e a identidade individual, mais fluida e múltipla. Existir, humanamente falando, é se construir e desconstruir a todo momento.

Até hoje foi assim que formamos nossa identidade — em mudança contínua, em perpétuo processo de ajuste e reconstrução. O que há de novo é a velocidade com que isso ocorre, dando a sensação de que transitamos por diferentes papéis. Às vezes quase opostos, num curto espaço de tempo. Rotular alguém, definitivamente, é reduzir esse alguém à condição de "partícula". É negar todo o potencial de criatividade que cada pessoa tem. Mas como fazer isso se agora somos potencialmente muitos em um?

RETRATO DA GERAÇÃO Z

A geração multi ou plural (meus principais apelidos para a geração Z) corresponde hoje a 20% da população do Brasil. Apesar de ser uma evolução dos *millennials*, mantendo várias de suas principais características (são conectados, conscientes, fluidos, sustentáveis, livres e imagéticos), apresenta particularidades, por ter vivido três contextos revolucionários ao longo do seu desenvolvimento. Todos potencializados pela internet, o que por si só já abre um abismo geracional.

O *baby gen Z* (nascidos entre 1999 e 2002) viveu a disseminação da informação, possibilitada pela internet, e o poder da autopublicação. O *teen gen Z* (2004 a 2012) viveu o boom das redes sociais, mudando totalmente a relação com o mundo que as gerações anteriores tiveram. O *young gen Z* (2013 a 2017) vive a era da hiper-realidade, na qual convivem múltiplas realidades (presenciais e digitais) ao mesmo tempo. Misturando tudo, temos como retrato desta geração:

Sem definição: Essa geração vai contra qualquer tipo de estereótipo. São religiosos e ao mesmo tempo a favor do casamento gay e da adoção por casais homossexuais. São experimentalistas da sexualidade. Veem menos barreira em se relacionar ou experimentar pessoas do mesmo sexo. O importante é ser fiel a sua verdade.

Questionadores: São globais, abstratos, menos materialistas e mais criativos, como os *millennials*, porém mais questionadores. Vivem num campo muito sólido que permite questionar tudo. Consomem mais o campo da ideia do que o campo da matéria.

Coletivos: As redes sociais (re)estabelecem o senso de comunidade. Mas diferente das "tribos dos iguais", eles agora transitam por múltiplas comunidades, valorizando a troca e a mistura entre elas. Têm alto poder de mobilização e conexão.

Construtores: Seguem a lógica da construção, não da disrupção. Estão descobrindo e transformando a todo momento. São autodidatas, interessados, motivados a se transformar e evoluir a todo momento.

Ativistas: Lutam por causas identitárias (gênero, raça, classe, partido...). Espalham campanhas a favor do que acreditam e contra o que não acreditam. Buscam marcas, pessoas e partidos mais alinhados com suas causas.

MANIFESTO CIBORGUE

A passagem da natureza humana (humanismo) para a vontade tecnológica (pós-humanismo) pode ser percebida como uma vontade de extensão da nossa liberdade, da nossa autonomia, através do aumento da vontade de definir a nós mesmos de modo ilimitado. Isso traz novamente à tona o conceito de "multiplicidade existencial". E me faz lembrar do Manifesto Ciborgue.

Em 1984, a filósofa e bióloga feminista Donna Haraway publicou um de seus trabalhos mais famosos, o *Manifesto Ciborgue: Ciência, tecnologia e feminismo-socialista*. O texto soa como uma crítica aos limites das identidades de gênero e reflete sobre a influência da ciência e da tecnologia no Ocidente, onde a fronteira entre o humano e o animal é transgredida.

"Ciborgue", no conceito de Donna, é um híbrido de máquina e organismo, mas não é exatamente um Robocop. "Meu mito do ciborgue significa fronteiras transgredidas, potentes fusões e perigosas possibilidades" (amo essa parte). Para ela, é alguém que apresenta uma realidade social (real) e que ao mesmo tempo é uma criatura de ficção. "Realidade social significa relações sociais vividas, significa nossa construção política mais importante, significa uma ficção capaz de mudar o mundo."

O texto fala de política, de feminismo, de socialismo. Questiona as identidades e defende rupturas nesse sentido, intuindo que elas nos aprisionam de diferentes maneiras. O ciborgue dá sinal de uma identidade miscigenada em constante transformação. É o símbolo de uma possibilidade emancipatória por meio da qual podemos decidir nos tornar quem somos. Mas, para Donna, as pessoas estão longe de ser assim tão fluidas, pois elas são, ao mesmo tempo, materiais e opacas. Os ciborgues são éter, quintessência.

Hoje, diante de tudo que está acontecendo no mundo, talvez estejamos sublimando e alcançando "matérias mais fluidas" (incoerente assim mesmo). A questão da identidade mutante é talvez uma das características mais importantes (e desafiadoras) da geração Z. Ela está presente nos hábitos de consumo e no remix diário de cada look, em cada peça. Tem à disposição referências de todas as décadas passadas. Transita do minimalismo *normcore* ao estilo antiguinho, com suas sobreposições, avalanches de detalhes e acessórios, no qual o garimpo minucioso vive.

"As coisas que estão em jogo nessa guerra de fronteiras são os territórios da produção, da reprodução e da imaginação. Este ensaio é um argumento em favor do prazer da confusão de fronteiras, bem como em favor da responsabilidade em sua construção." E tem muito do que estamos vendo no mundo hoje.

O desenvolvimento da nossa identidade se dá através da interação com o meio em que vivemos. A construção da identidade apresenta características diversas em razão das diferenças individuais. A cada experiência vivida, a cada problema enfrentado, se alimenta o processo de construção da identidade. A geração Z presenciou o surgimento de indivíduos, grupos e movimentos políticos e sociais não normativos e é totalmente impactada por isso.

As coincidências não param por aí. O ciborgue do ensaio é uma criatura de um mundo pós-gênero. A geração Z (pós-humana) é tida como a geração mais tolerante e empática que já existiu, a mais aberta à legalização do casamento gay, a mais favorável à igualdade de gênero e a menos apegada aos papéis binários de gênero.

Percebe como tem um pouco de tudo que está ao nosso redor? Talvez este seja um dos momentos mais vibrantes da nossa história. E como diz Donna: "Significa tanto construir quanto destruir máquinas, identidades, categorias, relações, narrativas espaciais". E ela decide: "Embora estejam envolvidas, ambas, numa dança em espiral, prefiro ser uma ciborgue a uma deusa".

E COMO FICAM AS MARCAS?

As associações em torno de uma marca são uma espécie de atalho para seu significado, construído através de um trabalho intencional de esclarecimento, curadoria e edição de tudo que a organização deseja que a marca signifique, como ela deseja que a marca seja percebida. Para que sejam interpretadas como elementos de identidade, tais associações devem representar um conjunto de qualidades atemporais que persistirá por muito tempo e que será fixado através da coerência com a qual ele se apresenta, em todos os pontos de contato, em tudo que faz.

Se uma marca segue a mesma lógica de uma pessoa, hoje acredito que o grande desafio seja entender como aplicar a fluidez das novas gerações à sua construção. Principalmente porque sempre se acreditou que as pessoas poderiam "mudar", mas as marcas deveriam ser instituições "fixas", com propostas claras, para facilitar (e atrair) o consumo.

Recentemente participei da cocriação da marca AHLMA. Foi muito difícil para mim definir um caminho único, uma cara única. O processo de construção inicial da marca foi coletivo, em workshops com pessoas de vários perfis, que tinham a ver com o público pretendido, para que pudéssemos ter vários pontos de vista.

Nos encontros percebemos que não existem mais tribos, as pessoas gostam tanto do preto e branco quanto do colorido. Tanto de fazer ioga como de festas. Tanto de modelagens curtas quanto longas. E de acordo com o momento e a situação da vida seus gostos variavam. Questões mais profundas foram discutidas, como a do gênero fluido, e uma vontade de transitar entre roupas de homem e mulher, independentemente da orientação sexual. Além das questões já conhecidas, como a dificuldade de definir uma faixa etária, um "bairro" que representasse uma classe, para a marca nascer, e por aí vai.

Isso se mostrou como um desafio para construir uma marca homogênea, única (no sentido de "fixada"), e definir uma imagem duradoura. Então definimos que a marca teria como principal pilar a colaboração de outras pessoas e marcas para a construção de coleções, imagens, experiências... E as ideias vindas desses parceiros seriam na verdade insumos para um processo de construção discursivo, "biográfico", no qual a fluidez e a multiplicidade se tornariam a própria identidade da marca. Holográfica e além dos limites da vontade da "organização", ou de um diretor criativo, como geralmente acontece.

A @befowz, marca nascida em janeiro de 2018 no Instagram, tem como slogan: "*be a million identities in one*" [tenha várias identidades em uma]. No seu lançamento, se apresentou da seguinte forma:

> Somos uma marca de roupas criada pela e para a geração Z. Em um tempo de *influencers*, enxergamos o mundo diferente. Somos nativos digitais hiperconectados, entendemos que a beleza está nas individualidades de cada um. Não queremos nos encaixar nos padrões, pois somos uma mudança constante. Somos um novo tempo, desejando o impossível. E aí, quem você quer ser hoje?

Independente da vontade de se diferenciar ou integrar, escolhemos determinados produtos e marcas, pois eles representam a forma como nos vemos e como gostaríamos de ser vistos — num exercício de olhar sobre nós mesmos. Daí a concluirmos que ao consumirmos moda, por exemplo, estamos consumindo "identidade" é um pulo. Comprar e se relacionar com marcas pode ser um exercício de busca de si mesmo, de afinamento com o mundo, com o outro, com o social. Tudo que compramos — e usamos — diz algo sobre quem somos.

Colin Campbell, no livro *Cultura, consumo e identidade*, diz que a atividade do consumo pode ser considerada vital para o caminho do autoconhecimento. Mas que, naturalmente, ninguém precisa apenas fazer compras para empreender sua busca por identidade e significado. Qualquer experiência que propicie a oportunidade de uma forte reação emocional pode servir a esse propósito (como viagens, cinema, música).

Nesse processo, as marcas são importantes. Por isso precisam acompanhar essa evolução, pois são elas que dão significados aos produtos. E o consumo então pode ser interpretado como uma espécie de transferência de significados. Quando consumimos buscamos por marcas e produtos que possuem as associações que atendem a nossa expectativa de "autossignificado", e agora das nossas múltiplas identidades.

APROFUNDAMENTO

Uma pesquisa realizada em 2017 pela McKinsey e pela Box1824 desvendou valores e comportamentos dos jovens que fazem parte da geração Z. Aqui você confere um resumo com alguns dados interessantes.

63% afirmam defender causas ligadas à identidade, sendo:
- 61% causas relacionadas a raça/cor (versus 53% na Y).
- 50% direitos humanos (versus 39% na Y).
- 35% LGBT (versus 22% na Y).
- 34% feminismo (versus 24% na Y).

Os números comprovam que eles são radicalmente inclusivos. Mantendo sua identidade única, esses jovens acreditam pertencer e transitar por vários grupos diferentes entre si, reunindo pessoas diversas por uma causa comum.

"Cada um tem seu jeito e seu estilo, o que nos une é o fato da gente aceitar todo tipo de estilo e entender cada um" (homem, dezesseis anos, Recife).

- 52% desses costumam circular em vários grupos diferentes.
- 45% consideram que fazem amigos o tempo todo como se fossem de infância.
- 66% acreditam que a comunidade se conecta através de causas e não aparências.
- 47% acham legais marcas que não classificam seus produtos como femininos ou masculinos.
- 50% estão dispostos a pagar mais por um produto personalizado.

"Tenho necessidade de liberdade, de ser eu, cada dia mais eu" (mulher, 22 anos, São Paulo).

- 20% não se consideram exclusivamente heterossexuais.
- 76% são religiosos (36% se declaram evangélicos).
- 12% dos evangélicos se consideram não heterossexuais.
- 40% acham normal uma pessoa trocar de orientação sexual ou gênero.
- 41% acham natural relações sexuais entre pessoas do mesmo sexo.

São mais realistas. Vivem a vida de forma pragmática. A geração com alta capacidade de cognição vê, absorve e procura analisar suas possibilidades.

"Eu não caio nesse papo de empreender no sonho e tudo mais. Trabalho é trabalho" (mulher, 22 anos, Bahia).

- 60% acreditam que estabilidade profissional é mais importante do que dinheiro.
- 70% afirmam que é importante ter carteira assinada.
- 42% de fato já exercem uma atividade remunerada.

Eles assumem uma lógica de construção, não de ruptura. São mais tolerantes com pessoas de opiniões diversas, dentro da família, com as instituições onde transitam e até mesmo com as marcas.

"Praticamos a tolerância porque precisamos saber ouvir e aceitar as diferenças" (homem, vinte anos, Goiás).

- 73% afirmam escutar e respeitar pessoas com opiniões diferentes das suas.

- 23% se declararam impacientes com pessoas que têm opiniões diferentes das suas.
- 48% acreditam que será preciso romper com o sistema para mudar o mundo.

Sobre a votação de temas polêmicos, disseram:

- 33% são a favor da descriminalização da maconha e cerca de 38%, contra.
- 60% são a favor da adoção de crianças por casais homossexuais.
- 53% apoiam o casamento entre pessoas do mesmo sexo.

São mais conscientes do que as outras gerações. Mantêm uma relação diferente com "as coisas" a sua volta. O consumo colaborativo/compartilhado já se mostra consolidado em algumas categorias.

- 63% dos consumidores acreditam comprar apenas o que precisam.
- 73% dizem que pensam duas vezes antes de comprar para não se arrepender depois.
- 74% dos consumidores de roupas e gadgets afirmam possuir poucos produtos, ou nenhum, em casa que nunca utilizaram.
- 60% dos consumidores já ficaram em casas de desconhecidos/estariam abertos a ficar.
- 57% dos consumidores declaram comprar roupas de segunda mão.

A expectativa de ética e coerência em toda a cadeia produtiva tornou-se um princípio comum. A mesma expectativa de autenticidade e transparência que existe nas relações entre os jovens dessa geração é estendida para a relação entre os consumidores e as marcas.

- 50% afirmam deixar de comprar de uma empresa que não é ética.
- 56% procuram saber a origem, do que é feito e como é produzido, antes de comprar.
- 82% afirmam se lembrar de pelo menos um escândalo ou caso polêmico envolvendo empresas.
- 87% deixam de comprar os produtos destas empresas.

SOBRE A PESQUISA:

Entre junho e outubro de 2017, pesquisadores, psicólogos e cientistas sociais da Box1824 foram a campo para observar como a geração Z se comunica, em que ela acredita e as escolhas que ela faz (e por quê). Como parte da metodologia qualitativa, realizaram:

- cento e vinte entrevistas com jovens da geração Z em São Paulo, Rio de Janeiro e Recife, utilizando técnicas avançadas de etnografia (invasões de cenário);
- *focus groups* em diferentes praças com um total de noventa pessoas da geração Z;
- entrevistas em profundidade com influenciadores dessa geração (betas);
- conversas com alfas (criadores ou experts em tendências).

Adicionalmente à metodologia qualitativa, foram realizadas 2300 entrevistas quantitativas on-line com as gerações *baby boomers*, X, *millennials* e Z para quantificar as atitudes e entender os padrões de consumo entre as gerações.

MEU SONHO É SER IMORTAL.

"Nem luxo nem lixo", Rita Lee

9. Ser Deus

Este livro que você tem nas mãos quase se chamou "Seja Deus". Um pouco influenciado pelo *Homo Deus* de Yuval Noah Harari, confesso (apesar de tratarmos de premissas diferentes), mas também porque, além de achar que tem um pouco de querer ser Deus em tudo que estamos vendo nesse "novo eu", a noção de que somos os verdadeiros criadores da nossa realidade tem batido cada vez mais forte em mim.

Meu primeiro livro começa com a pergunta "Quem somos?". Talvez esse seja um dos principais questionamentos da humanidade. E em todas minhas andanças, a definição de "Quem somos" que mais ressoou em mim foi a da Amelia Clark, uma das fundadoras do Centro Holístico de Realização do Ser, em Piracanga.

Ela acredita que nós somos diferentes pedacinhos de uma grande centelha, uma grande energia, uma grande luz divina, que muitos chamam de Deus (D'eus = reunião de muitos "eus"). Isso mesmo, todos somos pedaços de Deus, manifestados na matéria.

Nós nos materializamos nesta dimensão física para experimentar ser Deus (aqui leia Deus como "a grande força criadora", independentemente de quem Ele é ou significa para você). Viemos para brincar de sentir, de ser feliz, de ter a experiência de criar e materializar. Viemos para esta vida para realizar o Ser Criador que existe em nós.

No processo de expansão de consciência, outra noção importante a ser resgatada é a de que a sua vida é você quem faz; e você está exatamente no lugar que deveria estar, para passar pelo que precisa passar e então revelar seu papel no novo mundo. O mundo é construído por tod@s nós. Nosso destino, pessoal e coletivo, é construído através de cada sonho, pensamento, palavra e atitude que temos. O que fazemos de forma coletiva determina nosso futuro.

Agora te convido a olhar para fora. Repare nas nuvens se mexendo. No mar e nas árvores. Só no nosso planeta, quase 10 milhões de espécies, entre plantas e animais, se organizam em relacionamentos complexos, nos quais todas as conexões são importantes para que a natureza funcione na mais perfeita ordem e coerência.

Já parou para pensar em quem organiza tudo isso? Quem diz ao vento para ventar. À chuva para chover. À arvore para dar frutos, fazer sombra... Eu já. E mesmo sem saber a resposta, percebo que cada um tem um papel e sabe sua hora e seu dever. Tudo tem sua importância. E todos dependem de tudo do todo.

Agora olhe para dentro. Da mesma forma que acontece na natureza, até porque fazemos parte dela, cada um de nós tem um papel, um dom, uma função, uma vocação, um superpoder natural, que encontra alguma necessidade do mundo e, a partir desse encontro, cocriamos tudo que está a nossa volta. Isso é propósito. Assim construímos coletivamente o mundo a nossa volta. Fazemos a roda girar. Cada um com seu propósito. Porque estamos conectados e dependemos um do outro, devemos nos apoiar e apoiar quem está à volta.

No início de 2018 gravei uma entrevista com o Ivo, um ex-aluno, para um projeto de "entusiastas". Ele começou com uma marca de roupas, a Bubas. Daí ele me contou que um dia entendeu que sua onda era documentar entusiastas através de minidocs. Contar histórias de pessoas apaixonadas pelo que fazem e que realizam projetos transformadores. Descobriu isso ao mostrar um vídeo sobre seu processo criativo para uma pessoa. Ele disse que, ao vê-la se emocionando e chorando com o vídeo, entendeu que jamais conseguiria fazer aquilo com uma peça de roupa. E sentiu vontade de mudar, levar isso para mais pessoas, e mostrar mais pessoas fazendo o que realmente amam.

Fico feliz que o propósito esteja na moda; ele reforça a noção de que todos somos importantes, independente do que fazemos. São cada vez mais comuns livros e cursos sobre o tema. Descobrir seu propósito tem a ver com descobrir as coisas que mais importam para você, onde você se sente à vontade. Feliz. Mas principalmente descobrir o que você pode e deve fazer pelo mundo, como pode servir à cocriação do nosso mundo. E olha que demais, não é à toa que é o que você faria mesmo sem receber nada em troca. Sem ninguém precisar pedir. Esse é seu toque divino.

NASCEMOS PARA COCRIAR

Chegamos ao mundo com essa capacidade aguçada, bem conectados com o que viemos fazer aqui. Mas daí com o tempo... nossas escolhas, relacionamentos e vontades vão sendo redefinidos pensando no quanto podemos ganhar, aonde podemos chegar, como vão nos valorizar, como seremos importantes... E com isso vamos nos afastando de nosso propósito. Vamos nos afastando do que podemos fazer por nós e pelo mundo. Vamos desenvolvendo uma lógica especialista de quem está no mundo para solucionar problemas, de acordo com o que aprendemos na escola e como as organizações e as fábricas são preparadas.

Mas hoje uma nova consciência começa a se espalhar, a de que somos promotores de uma realidade construída coletivamente. Substâncias. Células. Comunidades. Cidades. Países. Organizações. Existe colaboração em todos os níveis. Da pedra mais fria à organização mais complexa. Todos só existem porque uma série de agentes isolados que os constituem se dispõe a colaborar, cocriar, para constituí-los.

Como pessoas, profissionais ou marcas, cada um de nós tem a chance de apoiar a crise ou a vida com "o que fazemos". Em tudo que fazemos, considerar como podemos deixar melhor o mundo que encontramos. Sem utilizar mais do que precisamos. Sem prejudicar a vida do outro e o meio ambiente. Pensando sempre em como compensar o que fizermos de mal. A partir da harmonia entre tudo que é "material" e "imaterial". Com troca e apoio entre nossos mundos interno e externo. Reconhecendo que somos parte da natureza, e por isso somos regidos por leis mais profundas, e sublimes, que as leis dos sistemas econômicos.

Há algumas maneiras de encarar nossa passagem por este planeta. Todas têm a ver com o quanto permitimos integrar tais leis, e não as do sistema econômico, na nossa vida, para que elas apoiem a expressão do nosso ser. Vou falar sobre meu aprendizado com duas das mais comuns. De acordo com o nível de aceitação da nossa liberdade, da nossa capacidade de criar, confiar, questionar, da vontade de sonhar e realizar, pode ser uma jornada de vítima ou de cocriador.

QUEM É A VÍTIMA?

A jornada da vítima é a de quem se culpa demais, se arrepende demais, se boicota demais, não acredita que existe espaço no mercado, que se sente coloca inferior ao outro e que, por isso, é sempre a bola da vez das demissões em massa, dos cortes de custos ou das crises da sociedade. Geralmente vive presa ao emprego, contando os dias para o fim da semana do mês. Presa a formatos e relacionamentos falidos. Abre mão da esperança de criar seu nosso futuro de forma autêntica, controlada pelo medo da escassez.

Provavelmente essa pessoa desenvolveu algum tipo de crença depois de viver determinada situação negativa ou de dificuldade, e então ela passa a acreditar que as coisas sempre ocorrerão da mesma maneira. Firma-se a generalização de um padrão de pensamento negativo, e as coisas a partir daí começam a se repetir da mesma forma (negativa).

Alguns ouviram tanto que "o mundo é difícil, injusto ou fechado", que estabeleceram isso como verdade. Alguns, provavelmente os da minha idade, tiveram a infância marcada por grandes crises econômicas, momentos de grande incerteza no país e em casa, que se identificam com isso pelo resto da vida.

Alguns vivem realmente em cenários de dificuldade. Provavelmente se você teve ou tem algum tipo de restrição financeira, física ou intelectual, pode achar que tudo isso é uma grande viagem. Mas vamos ver aqui histórias de muitas pessoas que, por conectarem seus mundos interior e exterior (olharem através de outro ponto de vista), conseguiram mudar suas vidas.

É preciso identificar as crenças que dão sustentação às imagens que nos fazem repetir situações negativas e nos prendem ao velho mundo. Desconstruir o pensamento negativo, com a certeza de que as dificuldades de fato são inerentes a qualquer vida e que elas servem para nos preparar para futuros passos e não para nos bloquear.

QUEM É O HERÓI?

Em *Moda com propósito*, adiantei um pouco desses conceitos, mas chamei o cocriador de "herói". A "jornada do herói" é bem conhecida e inspirou a criação de personagens em vários enredos por aí. Ele, o cocriador, é o fundador do novo mundo. Inventor de processos ou produtos revolucionários que trazem melhorias para as pessoas em suas comunidades e para o mundo.

Mas com o tempo o caráter estereotipado do "herói" como aquele que luta, se esforça para ter o triunfo apenas no final, deixou de ressoar em mim. Não acredito mais numa vida pautada por lutas e esforço, no qual o trabalho é uma maldição e o mercado, algo pelo qual devemos lutar contra. Para viver essa jornada, é necessário compreender que somos nosso próprio destino. Somos nosso próprio Deus, cocriador do planeta que habitamos.

Então passei a chamar de "jornada do cocriador" o caminho de quem confia no processo da vida. Aceita a corrente e se conecta com a energia do fluxo. Acredita no potencial individual e no coletivo. Se coloca como protagonista da criação da sua vida, do seu espaço, das suas forças, da sua imagem, acreditando nos seus superpoderes. "Se o universo me deu esse talento, ele me suporta." Como resultado dessa atitude, todo um fluir de acontecimentos surge a seu favor.

Coincidências, encontros e ajuda. O mundo evolui em torno dessa crença, as coisas se encaixam, se atraem, se conectam e a vida flui e acontece. Mesmo diante das dificuldades.

Diferente de quem acredita no triunfo de uma batalha medieval, em que muitas mensagens externas nos levam a pensar também, vê sempre recompensas ao longo da sua jornada. Até mesmo nos momentos de crise, na falha e na perda. Para percorrer esse caminho, é preciso ter coragem para ganhar a vida com a própria autenticidade, no comprometimento com sua própria rota. Deixar-se levar pelo fluxo, com confiança. Desconectado do olhar do outro, do desejo pelo lugar do outro e das mazelas da vida.

Mas para isso é preciso antes de tudo se aceitar. Aceitar a condição inicial da sua jornada. Ter disposição para aceitar as coisas como são. Aceitar as adversidades, as condições nem tão favoráveis, pois tudo isso pode ser impulsionador para a conquista, até mesmo os defeitos e as falhas. Hoje vejo tudo que está adverso e os problemas que surgem como matérias que preciso estudar, para passar para uma nova etapa, para me preparar sempre para algo maior que está por vir.

Além de aceitar e confiar, o cocriador trilha o caminho da investigação. Anteriormente chamei esse caminho de "perguntar ou indagar". Mas hoje vejo mais como um caminho de investigação do que de reação ou contestação. Tem a ver com manter a atenção em si mesmo. Estabelecer conexão entre os mundos interior e exterior. Perceber de fato se estamos quando estamos passando do nosso limite — e não para se lamentar (isso é da vítima), mas para fazer ajustes. Ouvir mensagens que vêm de todos os lugares. Do corpo, do planeta, do outro, dos nossos sonhos... Seguir de forma livre o coração e não somente o ego, aproveitar as verdadeiras paixões do viver. Investigar o ser para fazer escolhas conscientes e alinhadas. Esse é o único jeito de sentir-se realmente vivo no fluxo da vida. E manter-se energizado.

Existem várias formas de investigar. Alguns buscam respostas em práticas contemplativas, na meditação, no esporte, na terapia... Cada um deve encontrar sua forma de ouvir o coração. Ouvir é o companheiro do investigar. É reconhecer a possibilidade de um novo caminho. Quando estamos na posição de vítima, não ouvimos, pois achamos que já sabemos as respostas habituais e nos recusamos a quebrar os moldes de nossas expectativas. (Para manter a sensação de que estamos certos, abrimos mão de ser felizes.)

A vítima da revolução não pergunta muito. Nem pensa, sente ou investiga. Às vezes age como se estivesse em fluxo, mas segue anestesiada, pois tem medo das respostas e se acomoda numa falsa sensação de comodidade. Para ela é mais fácil afirmar permanecer nas suas certezas do que se abrir a outros caminhos. "Investigar" é manter um estado de energia alerta, com o objetivo de nos desenvolvermos por meio de nossas incoerências.

A jornada do cocriador é a jornada de quem vive com propósito, entendendo sua importância na rede, e cocriando a partir de seus dons e vocações. Servindo como pode. Aceitar é o primeiro passo. Depois confiar. Investigar nos aproxima das perguntas e das respostas que precisamos para seguir. Querer descobrir o que nos motiva é o que gera o impulso na direção certa, nos conecta com o caminho da paixão, da abundância e da produção criativa. A gente sente quando isso acontece.

Comigo não foi fácil. Mas percebi que o mais importante nesse processo — e a chave de tudo — é estar aberto, pois as respostas podem vir de qualquer lado. Aprendi que, quando estamos realmente abertos a revelar nosso propósito ou qualquer outra coisa, quando dizemos ao universo que estamos dispostos a receber, a resposta vem. O caminho vem.

Talvez seu coração já saiba a resposta, talvez ele esteja te falando agora. Talvez ele não te diga exatamente em palavras, mas nós sentimos quando estamos fazendo algo que é bom para a gente e pelo mundo. Talvez ainda não seja a hora de você saber essa resposta, ainda precise experimentar mais. Então aproveite a chance de experimentar.

O quarto passo é a ação. O cocriador não se acomoda no passado, nas dificuldades ou condições ainda imperfeitas. Ele vê valor em começar a construir e é assim que vamos fazendo o mundo. Um passo por vez. Tentando, errando, acertando e ajustando. Mas sempre comprometido com nossos mundos interior e exterior. O que você está esperando?

APROFUNDAMENTO

Para ler:

- *Homo Deus: Uma breve história do amanhã*, de Yuval Noah Harari
  Para tentar entender o que acontecerá com os seres humanos após os avanços da genética, o aumento da expectativa de vida e até mesmo o fim da morte.
- *Ilumine a sua vida*, de Diana Cooper
  Para descobrir como os nossos pensamentos são poderosos e capazes de nos transformar em quem desejamos ser.
- *Você pode curar sua vida*, de Louise L. Hay
  Para encontrar uma série de mantras para o dia a dia que ajudam a mudar nossa relação com o mundo exterior.

Para assistir:

- *A história de Deus — com Morgan Freeman* (série)
  Para perceber como a fé deu forma às nossas vidas — não importa em qual religião ou crença.

Para meditar:

Este é um convite para outra meditação analítica. Leia as questões abaixo e, depois de entrar em estágio de relaxamento, permita que uma delas te escolha e medite sobre:

Tenho sido vítima ou cocriador?
Quanto tenho usado meus talentos a favor do planeta?
Como tenho gastado meu tempo?
A que tenho resistido?
O que preciso elaborar neste momento da minha vida?
Quais são meus maiores medos?
O que impede que eu realize meus desejos?

TERCEIRA PARTE

Novos nós?

É PRECISO ESTAR

ATENTO E FORTE.

"Divino maravilhoso", Caetano Veloso e Gilberto Gil

10. Nós

O que eu quero daqui para a frente? Essa foi a pergunta que me acompanhou no retiro que fiz pela Amazônia. Mas e como chegar à resposta? Comecei analisando tudo que tinha e que perdia sentido na minha vida; o que me trazia paz ou alegria, me realizava ou energizava. Não dependia do meu esforço. Fazia diferença na minha vida e na vida das pessoas. Estava conectado com meu propósito de abrir a cabeça, o coração e os olhos de pessoas e organizações.

Se em Piracanga eu me reconectei com a natureza e minha essência, na Amazônia eu tive a certeza de que precisava mudar meu estilo de vida. Tive a certeza do quanto essa falta de conexão é responsável pelos maiores problemas do mundo. Nosso estilo de vida antropocentrista (voltado para nosso umbigo) pode nos levar ao fim da nossa espécie na Terra, e isso é sério. Ali eu vi que não precisava ter muito. Eu precisava ser mais.

Na simplicidade das tribos que visitei, descobri novas formas de organização. De sociedade, política, trabalho, educação e cultura. E o mais impressionante foi perceber que tudo aquilo está dentro da gente, nós viemos daquele lugar de gentileza, amorosidade e colaboração. Conheci ativistas que me mostraram que, através da organização de pessoas, é possível implementar decisões e novos caminhos de atuação que façam mais sentido.

Conheci movimentos que trazem maior participação, maior autonomia nas tomadas de decisão de um coletivo de pessoas, principalmente em organizações. Diante de tudo isso, questionei muito minha postura política no mundo. Vi que meu estilo de trabalho — fazer algo em que eu não acreditava mais — estava acabando com minha saúde. E que eu precisava cuidar de mim.

Durante um tempo meu trabalho me energizou. Enquanto havia afinidade de propósito. Enquanto eu aprendia e fazia coisas em que acreditava, eu tinha prazer em fazer o que fazia. Até que comecei a sentir como se uma (falsa) sensação de liberdade me aprisionasse. Percebi que estava preso a antigos formatos, aos quais não me encaixava mais. Até que de uma hora para outra parou de fazer sentido. E senti como se estivesse vivendo o fim de um ciclo. Mas mais do que isso, eu senti uma vontade imensa de viver um novo ciclo.

Escrever. Era o que meu corpo pedia. Dessa forma eu não via as horas passarem. Quando escrevo, sinto que estou fazendo algo pelas pessoas e pelo mundo, além de ganhar dinheiro com isso. Para viver de escrever, eu tinha um plano: ia comprar o apartamento onde morava, me dedicar a consultorias e viver com menos trabalho e dinheiro, porém com mais tempo livre e prazer. Agora era só voltar e tomar coragem para viver essa vida.

Sempre sonhei em juntar meu primeiro milhão. E consegui. Antes dos meus trinta anos. Com meu trabalho. Quando sonhei pela primeira vez, a ideia era viver dessa renda. Agora, esse dinheiro me daria a segurança da casa própria para que eu pudesse viver como escritor, em Ipanema, o bairro que escolhi para mim. Estava tudo fluindo conforme o planejado. Dei entrada no financiamento do apartamento. Pedi demissão. Até que...

Um dia fui convidado para um encontro no Templo (espaço de *coworking* no Rio de Janeiro), com um grupo de pessoas que queriam promover uma grande virada na moda. Muita gente acha que fui eu que criei a MALHA, mas não, ela surgiu assim, de rodadas de sonhos, conversas e o entendimento de necessidades e oportunidades por um grupo grande de pessoas. Após alguns encontros e muito aprendizado sobre novas formas de fazer, o sonho estava no papel: o maior espaço de moda colaborativa do Brasil, com áreas de *coworking*, para novas marcas e profissionais de moda, fábrica e estúdio fotográfico compartilhados, um restaurante, uma escola e um espaço para eventos. Faltava dinheiro.

A essa altura eu já estava sentindo tudo de um jeito diferente. O ato de "possuir" fazia cada vez menos sentido. Nem ter um apartamento eu queria mais. Pois olhava para ele e sentia que poderia ser mais livre do que aquilo. Então comecei a questionar se deveria investir o meu milhão em um apartamento. Aquele dinheiro poderia render frutos e se multiplicar, não como uma renda fixa, como pensava antes, mas na realização dos sonhos de muita gente. Foi quando decidi trocar o sonho da casa própria pelo sonho da asa própria. Desisti do apartamento e entrei como investidor na MALHA.

Sou diariamente grato e me sinto muito privilegiado por ter acertado e errado tanto na minha trajetória. Agradeço por todas minhas experiências profissionais, até mesmo as mais frustradas. Não me arrependo nem pelo tempo nem pelo dinheiro ~~perdido~~ investido em projetos em que acreditava, mesmo que a princípio não tenham "dado certo", em algum ponto de vista sempre dá certo. Hoje entendo que tudo foi a favor do meu aprendizado e desenvolvimento.

Quando digo que me sinto privilegiado, é porque vejo à minha volta muita gente que trabalha (muito) sem êxito. Gente que não consegue encontrar seu propósito. Gente que nem tem a chance de pensar sobre isso. Gente que não consegue se sentir parte do mundo. Gente que não consegue "chegar lá". Gente que encontra seu propósito mas também não consegue se estabilizar ou estabelecer. Tanta gente empreendendo negócios sociais ou inovadores a favor do planeta e passando por muita dificuldade, sofrendo muito por isso.

Muitos me perguntam (inclusive eu) por que não é fácil converter nossas ideias em realidade — e lucrar com isso. Principalmente quando estamos "bem-intencionad@s". O que tenho ~~percebido~~

aprendido é que, principalmente quando se trata de negócios inovadores ou "nova era", é preciso não só pensar na marca ou no produto, mas também em como construir uma nova sociedade. Sem uma energia sincera em relação a isso, tudo que produzirmos de novo ainda vai se chocar com o velho mundo.

No dia da inauguração da MALHA, eu olhei para aquilo tudo e pensei: não quero. Isso não é para mim. Durante os seis meses que antecederam a abertura, como sócio, eu tive que aprender a fazer coisas que não sabia: administrativas, jurídicas, fiscais... Vi meu tempo sendo tomado com coisas que eu não sabia fazer e não queria saber. Me vi com falta de tempo para fazer coisas que eu sabia e gostava de fazer e que estavam relacionadas ao meu propósito. Mais uma vez adoeci. E percebi que estava cada vez mais me desalinhando, falando aos quatro cantos sobre propósito e me contradizendo, sentado na cadeira errada, por algo que ainda não entendia muito bem o que era... Depois entendi que o que me prendia era meu ego.

Fato é que existe um incentivo e um *hype* em cima de empreender. É como se você estivesse num lugar especial, "sendo dono" de alguma coisa. Mas poucos avisam que no momento que você começa a empreender, fazer o que você gosta (se não for empreender, porque de fato tem gente que nasceu para isso) acaba se tornando uma parte mínima do seu trabalho. Isso quando as dificuldades, que vão bem além do clichê noites-maldormidas-e-falta-de-horas-por-dia, ainda te impedem de fato de "empreender", e você passa o tempo correndo atrás do rabo (vamos falar mais disso adiante). O foco passa a ser sobreviver e não pensar em novos caminhos.

Estar na cadeira errada estava causando uma tremenda frustração em mim e nas pessoas que haviam confiado no projeto. Então mais uma vez me desapeguei. Abri mão do dinheiro investido e deixei a sociedade. Minha decisão foi (primeiro) por não dar conta de fazer algo pelo qual eu não estava preparado e, além disso, perceber que estava tomando um rumo completamente diferente do que havia me proposto quando saí da FARM. E (segundo) pela constatação de que não nasci para ser dono. Durante anos eu ~~intra~~ empreendi na FARM, sem precisar ser dono. E a experiência na MALHA me trouxe um grande aprendizado sobre isso que vou falar mais à frente. Há diversas maneiras de se engajar em um projeto, sem precisar ser dono dele.

Nossos tempos são de transição entre mundos, mentalidades, hábitos e práticas, e tudo está conectado. Quando alguém ou algum empreendimento não dá certo, pode ser pelo fato de as pessoas simplesmente ainda não estarem preparadas. Ou o planeta não estar preparado. Ou estar esgotado, e de alguma forma ele precisa se defender. A noção que precisa ser estabelecida é a de que não podemos realizar nossos sonhos sem contar com os outros, de fato somos todos pequenos ou grandes "nós" de uma grande rede. E precisamos estar sempre muito conscientes, pois é muito sério mexer com sonhos.

A MALHA não foi perfeita, mas foi uma baita visão de como a moda poderia ser no futuro. Já no presente influenciou enormemente o mercado. Colocamos a sustentabilidade e a colaboração na moda em pauta, motivamos diversas marcas a surgirem e tantas outras a se transformarem. Fomos procurados por todos os grupos de shopping. Vi muita gente ali se divertir, fazer amigos, negócios e sucesso. E tenho muito orgulho de ter contribuído um pouco com isso.

Para mim, ficou a certeza de que só conseguiremos empreender um novo mundo com o apoio das pessoas e do planeta. Logo, negócios, marcas, trabalhos precisam ser construídos, pensando não só em faturar, mas em como podem apoiar a vida. Novos arranjos sociais e novas formas de relacionamento precisarão surgir, para honrar — mas não isolar — os indivíduos, fortalecendo a interdependência e a individualidade de tudo e de todos. Com a noção de que cada um tem um propósito e, através dele, ajuda a cocriar este grande mundo.

Há alguns anos a ciência evolutiva reconhece isso no que diz respeito à nossa evolução. Sempre acreditamos que evoluímos de acordo com a seleção natural de Darwin, o que nos levou a dar muita importância à competição. No entanto, estudos da biologia celular realizados por Lynn Margulis e sua equipe constataram que evoluímos tanto da competição quanto da cooperação. Margulis foi uma bióloga que passou a vida estudando a simbiose — quando duas espécies diferentes vivem em contato físico.

A simbiose está em toda parte. Desde as bactérias que ajudam a fixar nitrogênio nas raízes das plantas até fungos que transmitem a comunicação entre diferentes árvores e as flores que são polinizadas por insetos. Nosso corpo humano é outro exemplo. Olhando bem de perto, Margulis descobriu que o primeiro passo da evolução da célula unicelular para a multicelular aconteceu não através de mutações, mas sim de combinações de microrganismos, da simbiose entre eles. Ou seja, a vida complexa surgiu da cooperação.

Margulis chegou a esses insights na década de 1960, quando suas ideias foram consideradas totalmente radicais e contra as crenças científicas da época. Hoje, apesar de pouco difundido, seu trabalho é reconhecido e aceito no meio acadêmico. E o que isso tudo tem a ver com o novo momento em que estamos vivendo? A evolução a partir da simbiose é uma comprovação na ciência de que a vida é interdependente e requer cooperação mútua entre diferentes formas de existência.

Hoje essa consciência tem se expandido cada vez mais. Não é à toa que se tenha falado tanto em cooperação e colaboração. Não é à toa que "culturas vivas", como probióticos, kombucha e kefir, tenham se popularizado tanto. Tudo isso se relaciona com o conceito de simbiose. Precisamos da relação entre seres vivos para viver. Não apenas nós, mas a maioria dos animais, plantas e até bactérias, e nós com eles também. Os microrganismos exercem funções essenciais para a existência da vida na Terra, assim como nós impactamos a existência deles.

Mais uma vez podemos concluir que (somos natureza) na natureza cada elemento se apoia. Organismos e organizações evoluem em conjunto, e não independentemente. Cada um tem seu papel para fazer esse grande ecossistema funcionar. Agora por aqui vamos ver novas formas de organização de pessoas, que visam apoiar a construção de um novo mundo.

APROFUNDAMENTO

Para ler:

- *A visão sistêmica da vida: Uma concepção unificada e suas implicações filosóficas, políticas, sociais e econômicas*, de Fritjof Capra e Pier Luigi Luisi
Para ter uma visão sistêmica unificada que inclui e integra as dimensões biológica, cognitiva, social e ecológica.
- *As conexões ocultas: Ciência para uma vida saudável*, de Fritjof Capra
Para pensar sobre as crenças e os valores necessários para a sobrevivência e a sustentabilidade da humanidade como um todo.
- *Introdução à visão holística: Breve relato de viagem do velho ao novo paradigma*, de Roberto Crema
Para refletir sobre um novo modelo de existência, baseado na integração entre ciência, filosofia, arte e tradição espiritual.

Para assistir:

▎ *Amanhã* (documentário)
Para ter uma visão otimista do quanto cada um de nós pode realmente contribuir para criar o futuro na educação, na política, em casa...
▎ *Ponto de mutação* (documentário)
Para ter uma introdução à teoria de sistemas, ao pensamento sistêmico, à mecânica quântica e à física de partículas.
▎ *Efeito borboleta* (filme)
Para questionar as consequências de pequenas ações em um universo caótico.

Para acessar:

Curso on-line The Systems View of Life. Disponível em: <capracourse.net>.
Metodologia Dragon Dreaming. Disponível em: <dragondreaming.org>. (e-book)

VAMOS PEDIR PIEDADE, POIS HÁ UM INCÊNDIO SOB A CHUVA RALA.

"Blues da piedade", Cazuza e Frejat

11. Nova ecologia

Fico um pouco sem jeito de chamar de "nova ecologia" um movimento que se importa e se conecta verdadeiramente com o mundo natural. Afinal, ecologia no sentido de "cuidado com a vida" sempre existiu, principalmente nas culturas e nas sabedorias ancestrais. Mas não podemos negar que, da Revolução Industrial para cá, houve uma guinada expressiva ao materialismo exploratório da natureza, em um sentido muito funcional, para atender necessidades e desejos humanos.

Assim, se importar com o mundo natural — que passamos a ver cada vez mais como algo que está fora de nós — foi perdendo importância. E tudo começou a se desequilibrar. Para resgatarmos ou construirmos o novo, vamos precisar reconhecer que, se somos parte da natureza, todas nossas relações precisam privilegiar o cuidado com a vida. Como um todo. Pessoas, plantas, animais... todo ecossistema.

Então, se olharmos para o que tem acontecido na sociedade hoje, o movimento de nova ecologia pode sim ser considerado revolucionário, pois significa um reencontro, um entendimento mais profundo e uma conexão com tudo que vive, de forma mais integral, mais completa. Tem a ver com uma nova forma de olhar para a Terra, transformar nossa relação com o mundo e nos levar de volta a nossa verdadeira natureza.

Podemos também considerar este movimento novo pelo aspecto combinatório de ciência pós-moderna, movimento ambientalista, ecologia profunda, eu ecológico, teorias dos sistemas vivos e tradições espirituais ancestrais como ecobudismo. Caminhos que têm se aberto e se encontrado cada vez mais, como era bem pouco provável de imaginar no velho mundo. Por causa disso, decidi falar dessa relação, antes mesmo de falar sobre trabalho, educação ou política.

A ECOLOGIA PROFUNDA

É difícil perceber intelectualmente uma inter-relação com toda a vida, se estamos submersos em uma cultura centrada no homem. É preciso mudar valores e mergulhar em outras experiências que ampliam nosso senso de identificação com outras espécies e outras existências. As experiências para essa mudança de olhar podem ser das mais diversas. Podem surgir de dentro, de um movimento de autoconhecimento, ou de fora, de contato com projetos, comunidades e escolas sob a visão do novo paradigma ecológico.

Para o filósofo e montanhista Arne Naess, existem duas formas de se relacionar com o meio ambiente: na forma de um "movimento de ecologia profunda" ou de "ecologia superficial". Esse foi o tema do seu livro *Deep Ecology*, de 1973, responsável por disseminar o conceito de ecologia profunda, movimento que compreende uma série de princípios que ajudam a formar uma combinação de visão, ações e hábitos que respeita todas as formas de vida.

Ele usa "profundo" para abordar o nível de questionamento de propósito e valores quando se trata de conflitos ambientais. Envolve questionamentos profundos com causas fundamentais à vida, enquanto o movimento dito "superficial" fala sobre questões ambientais para serem resolvidas rapidamente, como limpar um rio, reciclar ou melhorar a eficiência de um carro.

A abordagem profunda pede um redesenho dos sistemas como um todo, com base em uma mudança de valores que preservam verdadeiramente as diversidades ecológicas e culturais do sistema natural. No movimento da ecologia profunda, a visão e a atitude deixam de ser antropocêntricas e passam a ser ecocêntricas, em que toda forma de vida é priorizada, todo ser importa.

Mas isso não significa que a humanidade perca a importância. Ela é tão importante quanto as outras formas de vida. Assim, aqueles que trabalham por mudanças sociais baseadas no reconhecimento do valor de todos os seres vivos são motivad@s por amor tanto à natureza quanto aos humanos.

O projeto Tamera em Portugal (ou Biótopo de Cura I) é um exemplo. Uma das maiores comunidades autossustentáveis da Europa é também um projeto de investigação que tem como propósito criar um modelo de sociedade futura (pós-capitalismo) que seja livre de ódio, mentira e medo, e sem violência ou separação entre seres humanos, animais e natureza. É também uma comunidade que investiga toda a potência da energia solar, contribuindo com a autossuficiência energética. O amor livre também chama a atenção lá, sendo considerado uma nova forma de se relacionar, mais transparente e evoluída.

O Schumacher College (que falarei mais à frente) se conecta com esta parte do livro também. Não posso deixar de destacar seu fundador, Satish Kumar, um ativista, pacifista, educador e ecologista no melhor sentido da ecologia profunda. Ele ainda é editor-chefe da revista sobre ecologia e ativismo *Resurgence* e autor de diversos livros sobre nossa relação com a Terra e os problemas causados pela mentalidade do hiperconsumo dos últimos tempos. Um dos últimos livros é *Solo, alma, sociedade*, que fala da importância de o ser humano cuidar da tríade solo (representando a Terra), alma (o lado espiritual) e sociedade (sobre as relações com outros seres humanos).

EU ECOLÓGICO

Do inglês *"ecological self"*, esse termo cunhado por Arne Naess tem como premissa um senso de identidade expandido, conectado com a natureza algo maior que compreenda toda vida que existe. Para Naess, não somos apenas nosso eu, o eu individual, somos ou deveríamos ser também um "eu social" e um "eu ecológico". Quando expandimos esses nossos círculos de identificação, passamos a não focar apenas em nossos interesses, provocando também mais alegria e significado para a vida (aqui tem um pouco do que tratamos na segunda parte deste livro, em "Novo eu?").

Uma característica interessante dessa forma de percepção é a de que a necessidade de falar de responsabilidades morais em relação ao meio ambiente perde sentido, pois essa é uma forma de pensar baseada ainda na crença da separação, que considera quem faz o "bem ao outro" altruísta — ou seja, favorece e é generoso com o outro, em detrimento de si mesmo. Na concepção do eu ecológico, quando a percepção está ampliada e aprofundada, além de essa concepção de "fazer pelo outro" não fazer mais sentido, as ações e o cuidado fluem naturalmente, já que proteger a natureza é sentido como proteger a si mesmo.

Com esse pensamento surgem projetos que têm em comum uma manifestação de respostas e ações humanas e criativas que ajudam na transição da Sociedade Industrial para uma Sociedade que Sustenta a Vida. O ponto central é se juntar e trabalhar junto para agir em favor da vida na Terra. Há também projetos que se dedicam a ensinar e fornecer experiências de conexão com o mundo natural, a própria essência e a regeneração da vida como um todo, que seguem essa filosofia.

O lugar em que mais tive essa (auto)percepção foi em Piracanga, como já disse anteriormente. Toda comunidade é organizada para que haja comunhão entre pessoas, alma, natureza e a expressão de potenciais criativos e talentos. A vivência na comunidade acontece com todo o cuidado com o impacto de resíduos e o impacto do ser humano na região. O Instituto Inkiri é uma organização comunitária sem fins lucrativos que já possui 25 projetos. Todos os recursos movimentados são reinvestidos nas atividades da comunidade, que se baseiam nos pilares natureza, comunidade, criação, crianças, artes, autoconhecimento e alimentação. Um dos principais propósitos de Piracanga é o crescimento integral do ser humano a partir de uma visão ecológica e socialmente responsável.

Há algumas pessoas que defendem esse novo paradigma ecológico que vale a pena destacar. Joanna Macy é ecofilósofa, ativista, educadora e estudiosa de budismo, teoria dos sistemas, teoria de Gaia e ecologia profunda. Ela é reverenciada e respeitada por ser uma voz a favor dos movimentos de paz, justiça e ecologia. Também é conhecida pelos seus livros, programas de imersão e workshops que trazem profundidade para os movimentos. O Trabalho que Reconecta (em inglês *The Work that Reconnects*), um de seus principais workshops, mergulha nas principais questões ecológicas através de dinâmicas e trabalhos de grupo, que fornecem ferramentas para transformação pessoal e social.

Vandana Shiva é física e possui décadas de ativismo em favor dos direitos da Terra, da biodiversidade, da soberania alimentar, de proteção das sementes e movimentos contra a biopirataria e transgênicos. Escreveu dezenas de livros, entre eles *Democracia da Terra* e *Ecofeminismo*. Ela é uma das fundadoras da Navdanya, uma organização não governamental, na Índia, que promove a proteção e a conservação da biodiversidade, a agricultura orgânica e principalmente a proteção das sementes nativas.

Esse espaço é também um santuário para pássaros, borboletas, insetos e microrganismos do solo. Nele foi criado um centro de aprendizado, o Bija Vidyapeeth — Earth University (Universidade da Terra), em parceria com o Schumacher College. Ambos os centros de aprendizado são inspirados em Rabindranath Tagore, que criou a Shantiniketan, no século XIX, uma universidade que se baseava em viver e aprender a partir da natureza.

A TEORIA DOS SISTEMAS VIVOS

A Revolução Industrial e a ciência moderna nasceram juntas. Por isso, a visão da vida que até então era holística e orgânica passou a ser encarada de forma analítica, mecanicista e reducionista. As máquinas criadas para ampliar nossas capacidades se tornaram um modelo para todo o (velho) mundo e nossa forma de compreensão da vida. Nossas concepções e instituições se formularam em análises de partes, objetos, quantidades, categorias, fatos isolados, corpos isolados de mentes e pessoas analisadas de forma isolada do contexto global.

Claro que essa visão de realidade permitiu incríveis avanços tecnológicos e ampliou o progresso industrial, mas o que cientistas começaram a perceber há algumas décadas é que pensar e analisar a vida como máquina não explica os processos de autorrenovação e recuperação da vida. Viver como uma máquina também não.

Felizmente a ciência já não é a mesma (que bom!). De cara nova, ela vem acreditando cada vez mais na sensibilidade, na intuição e na emoção, e tudo que a princípio não se pode comprovar de forma racional. Sua compreensão sobre significados da vida na Terra e no Universo se expandiu. Com isso, vem conseguindo comprovar cada vez mais que o ser humano e toda forma de vida na Terra são seres integrais e únicos.

Nenhuma novidade para algumas religiões e culturas orientais e ancestrais, mas por aqui parece que a consciência de que somos o TODO, e não partes do todo, está começando a se estabelecer. Já falei algumas vezes, mas vou repetir: somos um todo integral, interdependente e interconectado com outros todos integrais e com o grande todo da vida, e o grande todo chamado Terra. E tudo não é uma soma de partes, mas sistemas complexos dinâmicos que se inter-relacionam e correlacionam.

Essa compreensão deu origem aos estudos da Teoria Geral dos Sistemas, criada pelo biólogo austríaco Ludwig von Bertalanffy. Mudando a percepção de partes separadas para relações, cientistas descobriram que a natureza se auto-organiza. O que de fato parece ser novidade e em breve será estabelecido como nova consciência/realidade é que a Terra está viva e, como nós, se autorregula através da interação com tudo que existe nela. Essa é a hipótese de Gaia, ou teoria da Terra, como alguns cientistas preferem chamar, e foi criada por James Lovelock, que conseguiu provar sua crença através de modelos científicos (e hoje a ciência aceita a teoria da autorregulação dos sistemas).

Recentemente surgiram novas conclusões ainda mais radicais e fora da curva da racionalidade. Lovelock percebeu que a Terra também tem consciência, inteligência e "alma". Não é uma máquina, como era vista por pensadores de séculos anteriores. Nós seres humanos somos também parte desse todo que ajuda a Terra a se autorregular.

Antonio Nobre fala bastante sobre isso. Cientista, ambientalista e ativista da Amazônia, expõe a importância da Amazônia para o mundo, através da observação dos chamados "rios voadores", ou seja, as águas do solo da floresta são transmitidas para a atmosfera através das árvores, impactando nos ciclos de vida e água no mundo inteiro. Através da luz do sol, as árvores da floresta colocam bilhões de litros de água na atmosfera através da transpiração. Esse rio de vapor, que sai da floresta e vai para a atmosfera, é maior que o rio Amazonas.

As árvores atuam de diversas maneiras no ciclo da chuva, aumentam a umidade do ar e ainda estocam carbono — o que é ótimo para combater o efeito estufa. Se hoje não chove, por exemplo, em São Paulo, é por causa do desequilíbrio que vem ocorrendo lá. Sozinha, a Amazônia é responsável por um sistema natural de evapotranspiração que forma espécies de "rios voadores" (carregados de água) que vão em direção aos Andes levando chuva e umidade para o planeta. O desequilíbrio desse sistema afeta o planeta e todos nós.

Para explicar a importância da floresta para o mundo, Antonio Nobre faz analogia da Terra com o corpo humano mostrando que diversas funções do nosso corpo, como bombeamento de sangue, limpeza do ar, filtragem, sistema endócrino e regulação hormonal, também acontecem da região da Amazônia para equilibrar o resto do mundo. Ele fala da necessidade de olharmos para a floresta e nos encantarmos com ela e cuidarmos dela, mais do que olhar para o Universo. Mostra que tudo que ele e outros cientistas passaram anos estudando sobre os efeitos devastadores do desmatamento da floresta, por exemplo, os povos indígenas já haviam aprendido com a sabedoria e a espiritualidade de seus ancestrais.

ENSINAMENTOS ESPIRITUAIS ANCESTRAIS

Toda essa forma de enxergar a realidade da teoria dos sistemas e da ecologia profunda que estamos (re)descobrindo sintoniza-se incrivelmente com os ensinamentos de sabedorias de nossos povos ancestrais. Todas as tradições espirituais de leste a oeste e de norte a sul do planeta têm trazido ao longo do tempo o conhecimento de que está tudo dinamicamente interconectado. Podemos observar no taoísmo, no hinduísmo, no budismo e em povos indígenas do mundo todo. Também vemos essa sabedoria na raiz de religiões mais tradicionais do mundo, como cristianismo, judaísmo e islamismo.

E assim chegamos ao esperado encontro entre ciência e religião, nesse momento de transição. Junto à convergência de percepção, as filosofias tradicionais exercem um papel essencial sobre esses conhecimentos: de trazer para a matéria e manter a conexão viva, de forma que essas sensações se tornem reais e práticas na nossa vida.

Afinal, não somos feitos apenas de intelecto, mas também de carne e osso. Daí a importância de rituais, celebrações e experiências — que nossos ancestrais sempre cultivaram e valorizaram —, expandindo a mente através da ioga ou de tendas do suor e som de tambores de rituais indígenas, por exemplo. São importantes também para nos ajudar a nos manter estáveis, nesses momentos de crises e mudanças drásticas.

O budismo foi fundado na Índia e é a principal religião do Japão. É uma filosofia de vida baseada integralmente nos profundos ensinamentos de Buda para todos os seres. É importante ressaltar que Buda não era um deus, foi um ser humano que alcançou a iluminação por meio de sua própria prática, pelo exercício de conexão entre os mundos interior e exterior.

A religião nos ajuda a entender o novo paradigma ecológico e incorporá-lo na nossa realidade. A doutrina central do budismo ou Buddha Dharma se relaciona com filosofia, psicologia e ética, pela concepção da interdependência. Tem também um pouco da relação de causalidade mútua que a teoria dos sistemas aborda, mas concebida alguns milênios atrás.

De forma geral os ensinamentos e as práticas budistas tratam da conectividade com toda a vida, e nos ajudam a experimentar o mundo em relação a processo, e não a coisas estáticas às quais nos apegamos ou que rejeitamos. Através de meditações como a da bondade amorosa ou da compaixão, conseguimos nos descondicionar de padrões de medo e competição, nos tornando mais compassivos e atentos à interdependência.

Representante da prática monástica e budista, o Plum Village, no interior da França, foi fundado pelo mestre zen Thich Nhat Hanh. É um espaço que cultiva um ambiente acolhedor, saudável, em que as pessoas são convidadas a dar atenção plena a todas as atividades e podem aprender a arte de viver em harmonia com os outros e com a Terra. É a vivência prática da concepção de "inter-ser" e ser interdependente com as pessoas e o mundo natural.

APROFUNDAMENTO

Para conhecer:

Projeto Éden

Imagine um complexo constituído por palcos, restaurantes, jardins e duas gigantescas estufas que chegam a cem metros de altura. Assim é o projeto Éden, localizado em Cornualha, Reino Unido, que tem como propósito: "Promover a compreensão e a gestão responsável da relação vital entre plantas e povos e dos recursos voltados para um futuro sustentável para todos".

Uma das estufas abriga a maior floresta tropical em ambiente controlado do mundo. As espécies vegetais que constituem esse bioma são trazidas de diversas partes, onde ainda há florestas tropicais. Assim eles buscam demonstrar a importância das plantas para o mundo e promover a cultura da sustentabilidade vegetal, criando um elo mais forte entre plantas e seres humanos.

Por lá, há programas de pesquisa e educação, através da arte ou da ciência. O local tornou-se uma atração tão desejada que, desde sua inauguração, já ultrapassou a casa de 10 milhões de visitantes. Com quase 1 milhão de visitantes por ano e cerca de 2 milhões de plantas para cuidar, é necessário bastante água. Para isso, são utilizadas torneiras que desligam automaticamente, captação de água da chuva e um sistema de drenagem que permite reutilizar a água que seria desperdiçada.

Para saber mais do projeto, acesse: <edenproject.com>.

Green School

Considerada a escola mais verde do mundo, a Green School, em Bali, foi criada pelo canadense John Hardy e sua esposa, a americana Cynthia Hardy. O projeto atrai educadores e pesquisadores do mundo todo que se interessam não só pela impressionante e belíssima estrutura, feita quase totalmente de bambu, mas pela metodologia de ensino, que oferece uma formação baseada na visão holística, no aluno e na consciência ambiental.

O bambu é o principal material usado na construção da escola. Em formato de espiral, é alimentado por fontes de energia renováveis. Oitenta por cento da eletricidade utilizada pela escola vem de painéis solares. Os banheiros são de compostagem e todo o lixo é reciclado ou composto. Os sacos de lixo são de tecido e as refeições são servidas sobre folhas de bananeira. A água é reaproveitada, os jardins são hortas. Toda comida vem da produção própria ou de agricultores locais.

A escola procura integrar os conteúdos acadêmicos tradicionais com a aprendizagem ambiental e experiencial, baseada em práticas sustentáveis e centrada no aprendizado individual do aluno. As crianças são ensinadas a criar animais. A lousa é feita de bambu, pintada com tinta apropriada para quadro-negro.

Disponível em: <greenschool.org/>.

Schumacher College

Fundada na Inglaterra, em 1991, pelo indiano Satish Kumar, a escola propõe um aprendizado que integra "mãos, mente e coração", tendo se tornado um centro internacional de reflexão e prática de uma vida sustentável.

São oferecidos programas focados em crises ecológica, social, econômica e espiritual, e na natureza, interconectada com essas crises. Os programas incluem cursos de pós-graduação em economia para a transição, pensamento ecológico do design, ciências holísticas, além de cursos curtos e certificados.

Elementos importantes da filosofia da escola incluem uma visão de mundo ecológica, prática e reflexiva. Nos últimos 25 anos a escola tem recebido uma rede global de professores inspiradores, como Bill McKibben, Vandana Shiva e Fritjof Capra, e colaborado com organizações que compartilham visões de mundo como a Transition Network, o Sustainability Institute na África do Sul, o Centro da Felicidade Interna Bruta no Butão.

Disponível em: <schumachercollege.org.uk/>.

EI, PROFESSOR, DEIXA AS CRIANÇAS EM PAZ.

"Another Brick in The Wall", Roger Waters

12. Nova educação

As mudanças de paradigma organização social vêm acontecendo de diversas formas. Alguns movimentos que veremos aqui são de ruptura, quebram totalmente o anterior e se dão na forma de inovação. Outros são uma espécie de continuísmo "melhorado", representam uma evolução natural do que existe. E há aqueles que voltam ao passado para resgatar o que existe de verdadeiro e essencial em culturas ancestrais.

Agora é a vez da educação, não só porque ela é a base de tudo, ou porque, como falei anteriormente, seremos eternos aprendizes nesse novo mundo, mas porque vejo nos modelos de ensino que estão (res)surgindo referências que podem ser aplicadas em diversas outras áreas da nossa vida para resgatar nossa capacidade cocriativa.

Nos últimos anos, passei por algumas experiências bem enriquecedoras, como aluno no Gaia (falei sobre isso em *Moda com propósito*), colaborando com o IED e a escola de Piracanga, e visitando a Green School em Bali. Em todas essas experiências, percebi que as coisas mais importantes da vida não são aprendidas na escola — ou pelo menos não nas que ainda seguem o modelo educacional consolidado no século XIX.

Por mais que educação e escola sejam coisas bem diferentes, elas vivem juntas no nosso imaginário. Assim a "indústria da escola" é sustentada como sendo nossa única forma de aprender. E pior, o prolongamento desse processo de consumo do serviço escolar pode atrapalhar o aprendizado, como disse em 1971 Ivan Illich, pioneiro em propor uma vida sem escolas.

Recentemente começaram a surgir novas ideias, novas teias sociais, com alternativas para aprender o que queremos. Mais ou menos assim:

DESESCOLARIZAÇÃO

No Gaia tive o privilégio de aprender sobre o tema com a educadora Ana Thomaz, que hoje é referência em desescolarização no Brasil. O termo pode assustar à primeira vista. Ou antes de conhecer a educadora você pode achar que ela é contra a escola. Nada disso, "desescolarizar" é entender que a escola está dentro de cada um de nós. Que o processo de aprendizagem não acontece de fora para dentro, independentemente de onde você estiver.

Mas Ana Thomaz é contra sim alguns paradigmas escolares que a instituição ajuda a sustentar, como competição, comparação, controle, verticalidade, uniformização, depreciação, acúmulo de informação... e tantos outros que aprendemos ali e levamos para o resto da nossa vida como verdades absolutas. Para ela tudo isso é do sistema, não é da vida.

O processo da vida é criador, nós somos criadores. O aprendizado deve acontecer de forma viva e livre, no qual cada um tem um próprio fluxo. "Já está dentro de nós", como diz Margaret Wheatley, em *Leadership and the New Science*. "Foi de algum impulso instintivo, pré-programado em nossas mentes, que surgiram ciência e arte, religião e magia, os rituais, a música. Mozart, Bach e Einstein. Frankenstein", complementa.

Com treze anos, o filho de Ana pediu para sair da escola, desestimulado, achando que lá não tinha mais o que aprender. Veio dele a sensação de que na escola era diminuído e não conseguia ser ele mesmo. Então ela propôs que ele usasse seu tempo livre para descobrir quem ele era e o que gostaria de aprender.

Seu desenvolvimento então veio do tempo vago — mas longe do videogame, da TV ou mesmo de algum tipo de trabalho imposto. Ana ajudou a organizar algumas atividades de apoio ligadas a arte e música, que sempre lhe interessaram. Para ela, dessa forma ele seria estimulado a aprender algo que realmente gostasse de fazer.

Assim Guto se descobriu mágico. Rodou o mundo para aperfeiçoar a técnica e, de quebra, aprender a viver. Ao retornar foi campeão em um campeonato brasileiro de mágicos. A mãe foi uma espécie de "facilitadora" desse processo (que funcionou para ele, mas que também não deve ser tomado como verdade para todos, vale dizer).

Esse é um dos casos de quem conseguiu traçar novos caminhos de aprendizagem. Não é necessariamente preciso sair da escola para viver essa experiência. Já existem algumas escolas com crenças bem próximas a essas. Para mim fica a mensagem da importância da "mãe" nesse processo.

As interações que temos com nossos pais, educadores, mestres ou seja lá quem tiver autoridade sobre nós determina, em larga escala, que aspecto nosso poderá se desenvolver. Nossas relações determinam o que poderemos vir a ser como pessoas. Determinam se seremos mágicos ou palhaços. Ator ou plateia. Mestre ou aprendiz.

Relações horizontais, não autoritárias, em que estejamos mais propensos a buscar a liberdade e haja estímulo à harmonia, a ouvir, dialogar e deixar fluir, sem imposições ou rótulos, levam a uma possibilidade maior de manifestação de nossos aspectos mais cocriativos.

FACILITAÇÃO

As novas correntes de pensamento da educação relacionam a figura do "professor" a um aspecto de ensino institucional mais pasteurizado e programado. Em contrapartida, o "facilitador" é aquele que facilita experiências e conduz ao aprendizado, em vez de "impor" o conhecimento.

A facilitação ocorre como uma experiência de aprendizagem focada na transformação do ser humano, e não na mera transmissão de conhecimento. Ela busca despertar o poder de criação nato, de conhecimento e aprendizado, a partir do que já existe vem de dentro.

Na prática, o processo combina momentos expositivos de conteúdo com vivências (atividades individuais ou coletivas). Há espaço e momento para o grupo (comunidade) se unir, se escutar e falar. Momento em que se estabelece uma relação de troca com todo mundo.

Em 2015 me formei em design para sustentabilidade pelo Gaia Education. Mais que um curso, posso dizer que ali tive uma experiência bem transformadora, que mudou o rumo da minha vida. Principalmente pelas vivências, com cantos, danças circulares, biodança e meditações, além das trocas profundas entre os participantes, nos trabalhos de grupo, partilhas, ioga e banhos de cachoeira.

Desde então tenho buscado trazer um pouco disso para minhas aulas e palestras. Cada vez menos tenho vontade de chegar e falar. Sempre que abro espaço para falas, saio do encontro mais enriquecido e tenho certeza de que o mesmo vale para o grupo. Mesmo assim, ainda há quem prefira somente aulas expositivas, já que estamos ainda em transição (hehe).

Abrindo espaço para o outro, tenho descoberto que ensinar é a melhor maneira de aprender, e vice-versa. Compartilhar é o caminho. Na dúvida do outro, na necessidade de afinar o discurso, eu penso, desconstruo minhas verdades e encontro novas perguntas dentro de mim.

Uma das minhas práticas preferidas é a constelação, na qual faço uma roda com o grupo, para canalizar a energia, e, depois de um momento de silêncio, para estabelecer a presença, peço que eles se movimentem sem pensar, seguindo a vontade do corpo para os locais correspondentes. Por exemplo, "quem sente que está no velho mundo vá para o lado direito", "quem sente que está no novo mundo, para o lado esquerdo da roda".

É impressionante como de fato isso se parece como uma radiografia. Em todos os lugares a que vou, a proporção de pessoas em cada lugar, de acordo com a resposta, é a mesma. Depois convido as pessoas a falarem sobre suas experiências "nos lugares" que se encontram. É uma excelente forma de estimular a participação, de um jeito diferente.

No dia a dia, como "gestor", penso a todo momento como posso trazer a experiência da facilitação para o ambiente de trabalho. Seja realizando vivências entre a equipe, ou mesmo estabelecendo uma ideia de que ali sou alguém apenas para guiá-los e não necessariamente para mandar ou ensinar algo.

EDUCAÇÃO NÃO FORMAL

As "novas escolas" são espaços livres, abertos — físicos, presenciais ou não —, e têm como foco a experiência, o autoconhecimento e o processo de (auto)aprendizagem de maneira mais independente. Hoje se encontram em alguns formatos/espaços que têm como propósito criar indivíduos melhores, não somente distribuir diplomas.

No dia 18 de agosto de 2015, nasceu no Rio de Janeiro o Espaço ßeta, um espaço de resgate do sentido original da palavra "escola" como tempo e local de encontro sem pressão, sem imposição, desenhado para aprender em vez de decorar. À frente do projeto estava Dominic Barter — com as maravilhosas Carol e Sissi —, que conheci no IED quando fui coordenador de lá.

Assim como Ana Thomaz, Dominic viveu em casa a experiência de uma filha que não via mais sentido na escola. Ao perceber que além dela havia várias outras crianças na mesma situação, sentiu necessidade de montar uma "nova escola" fundamentada no convívio e na inteligência relacional, inspirada nas experiências da sua filha e das amigas dela, bem como nas histórias ouvidas nas varas de infância, em secretarias de Educação e movimentos sociais.

Na prática, adolescentes de catorze a dezoito anos, seus pais ou responsáveis e quem mais quisesse eram convidados a ocupar o IED para trocar conhecimento prático. As salas de aula não se limitavam ao grande prédio onde um dia funcionou a TV Tupi, um dos primeiros polos criativos do Rio de Janeiro. Eram a praia, o laboratório de costura, o comércio local...

Em vez de professores, uma lista de cadastro com pessoas dispostas a compartilhar conhecimento em diversas áreas, que eram acionadas de acordo com a necessidade ou a vontade de cada "aluno". Em vez de aulas de matemática ou física, aulas de corte e costura ou culinária. E através da prática as "matérias" eram aprendidas.

Para mim, ver aquilo num primeiro momento foi muito louco. Não ter matéria, programa de aula, PowerPoint... Lembro que um dia passei por um espaço onde estavam todos reunidos em roda e em silêncio. Um par de horas depois voltei e continuavam na mesma. Intrigado, perguntei a Dominic o que estava acontecendo, e ele disse "aula". Na minha cabeça um ponto de interrogação. Ele continuou: "Essas crianças chegam tão machucadas da escola, onde foram tão invadidas, podadas, atoladas de informações, que é preciso dar o tempo para cura". E com o tempo comecei a me curar também entender.

Outro movimento que pretende essa liberdade e questiona a instituição formal escolar é o Uncollege, criado pelo norte-americano Dale Stephens e coordenado no Brasil por Lucas Coelho, que mantém uma filial em Ilhabela. Um dos programas da escola, o Gap Year, uma espécie de ano sabático, oferece um ano imersivo para jovens entre dezoito e 28 anos buscarem (descobrirem) o que faz sentido antes de definir qual caminho profissional seguir. A ideia é viver experiências em países diferentes como forma de crescimento pessoal e profissional. Na última etapa, são convidados a criar um projeto que traduza todo aprendizado: uma exposição, um livro...

Mas às vezes não é preciso ir tão longe. As melhores, e mais necessárias, viagens são para dentro. A internet viabiliza muito isso. Além das escolas que estão aumentando seus cursos on-line, faculdades, com formação on-line, há os informais, que inspiram e disseminam conhecimento, de graça ou quase. O TED é o principal exemplo de formato de palestras com grandes pensadores que se tornaram acessíveis pois são compartilhadas gratuitamente, em vídeos na rede. As palestras são focadas em temas de inovação dos mais variados ramos de pensamento e estudo científico, para todas as idades.

Eu acredito bastante no conteúdo disseminado on-line. Minhas maiores pesquisas têm sido através de documentários no YouTube e na Netflix, e tive uma experiência com um curso on-line que montei no Saibalá. Em casa tenho o exemplo de uma irmã que se formou em administração à distância. Um amigo, Carlo Guaragna, tem um curso on-line de ioga, o Prána Yoga, que tem uma adesão absurda. Conversando uma vez, ele me disse que o maior obstáculo para expandir o negócio era o medo de as pessoas fazerem errado ou não fazerem (por falta de disciplina). Reparem como são alguns paradigmas da escola "tradicional".

A instituição Afeto Escola é uma escola de moda 100% on-line dedicada a conteúdos que não são lecionados em escolas convencionais e faculdades. Tem como propósito empoderar as pessoas e qualificá-las com novos conhecimentos para a transição de mundo — como Moda com Propósito.

O formato de conteúdo e aprendizado é diversificado e adequado ao tipo de público das aulas, podendo incluir vídeos animados, *podcasts*, fóruns para debates e testes de conhecimento. Em alguns casos há a possibilidade de encontros físicos, para promover interação e vínculo entre professores e participantes. Como viés social, estudantes da rede pública de ensino têm acesso gratuito aos cursos da plataforma. Além disso, em aulas predeterminadas, o usuário pode escolher o modo de pagamento via contribuição consciente, em que o valor da aula é estipulado pelo próprio usuário.

PROTAGONISMO

O ensino individualizado, com incentivo à autonomia e à criação que comentei nos exemplos anteriores, parece ser o ponto comum entre todos esses novos movimentos. Outra crença muito forte entre os novos educadores é a de que respostas não podem ser oferecidas (prontas) antes de as perguntas chegarem. Com isso o processo de aprendizagem se dá através do estímulo real ao surgimento de perguntas, como faço em meus livros, em vez de estabelecer respostas prontas, organizadas em grades de séries ou matérias.

Nesses lugares o foco está no aprendizado orgânico. Provas e exames não acontecem, pois não são considerados relevantes para mensurar aprendizados. Atividades tidas como paralelas em outro lugar fazem parte do currículo fixo, como gastronomia, oficinas de arte e circo. O conteúdo vai sendo buscado e oferecido de acordo com o tempo e a evolução de cada aluno. É possível que um aluno de dez anos se depare com conteúdo que só seria estudado no ensino médio, por exemplo.

A escola de Piracanga funciona assim. Baseada na criatividade espontânea, permite que a criança escolha as atividades que deseja desenvolver — seja pintura, teatro, marcenaria ou uma soneca. Não propor tarefas é o caminho encontrado para uma educação viva, na qual o facilitador possui um papel mais de tutor dos alunos, ajudando na obtenção do conhecimento e no desenvolvimento sistêmico das quatro dimensões do ser: espiritual, física, mental e emocional, facilitando assim a expressão natural dos dons e dos talentos de cada criança.

Por lá alunos de várias idades convivem juntos, não existe uma divisão de séries. Certa vez, o Guga, um dos professores, me ~~escreveu~~ mandou um áudio dizendo que duas crianças, Nadia (dez anos) e Bianca (oito), estavam interessadas em saber mais sobre moda, e me convidou a gravar vídeos com respostas para perguntas como "A moda pode ser um vício?", "A moda pode fazer bem ao planeta", "A moda tem a ver com consumo", "A moda respeita a individualidade?". Durante uma semana eles conversaram, e aprenderam, sobre temas relacionados a sustentabilidade, expressão, capitalismo consciente e comportamento humano.

Uma das inspirações para a escola de Piracanga foi a Escola da Ponte, em Portugal, idealizada pelo educador José Pacheco, com quem também tive algumas aulas. Lá, a base para educar é composta de três ciclos de aprendizagem, de acordo com o nível de autonomia de cada aluno. Juntos os ciclos formam o tal ensino fundamental. Existe um currículo a ser cumprido, mas a forma e a ordem vão se adequar às necessidades e aos interesses dos alunos. Cada um tem liberdade para escolher o melhor caminho e o questionamento que vão levá-lo a buscar informações por conta própria.

Além de individualizar, "empoderar" é uma *tag* importante para essa nova escola. Explorar novas formas de pensar, estudar e conhecer, de uma perspectiva mais ampla, com diferentes pontos de vista — o ponto de vista de cada um —, com o intuito de não gerar estereótipos ou modelos formatados de identidade. Há também um caráter individualizado, no que diz respeito ao foco nas questões e nos desafios acadêmicos de cada estudante.

No projeto Riverside, na Índia, essa é a principal premissa. Há um empoderamento da criança como ~~herói~~ cocriador, para que ela acredite que é capaz de mudar o mundo. Tem como proposta ser um espaço em que as crianças são as protagonistas e o conhecimento aprendido é uma ferramenta de transformação da realidade à sua volta. Há total apoio à individualidade, na criação de um espaço para autoescuta e percepção da intuição e da criatividade que vem de dentro. Momentos de pausa e meditação são elementos fundamentais na agenda escolar. Por mais que pareça "o certo" quando lemos, é o extremo oposto do que o modelo tradicional faz.

Ao tomar a homogeneidade como parâmetro — uniformizar os alunos e estabelecer uma média de notas iguais a todos, sem pesos diferentes por disciplina de acordo com as habilidades e interesses —, a escola estimula a comparação de desempenho em vez de ajudar a florescer e a despertar o que há de melhor em cada um. Quando definimos um tempo igual para todos — o mais rápido é elogiado, e o mais lento é punido —, também estamos indo contra o protagonismo. Todo ser humano é diferente, e precisa ser tratado como único. As diferenças devem ser respeitadas. Todos devem ser elogiados, apreciados e reconhecidos no que fazem de melhor.

COM-UNIDADE

O Schumacher College, situado no Reino Unido mas já com algumas atividades no Brasil, é uma escola com cursos rápidos, pós-graduação e mestrado, orientados a um novo paradigma de mundo, que foca no cuidado com a vida como um todo. O caráter de transformação e diferenciação, em relação à escola tradicional, acontece tanto pelo tipo de conteúdo quanto pela experiência. O principal foco é (re)estabelecer a conexão do nosso ser (único e individual) com o outro e com a natureza.

Na escola, a natureza é viva e presente — o Schumacher College fica em uma imensa área rural do sul da Inglaterra, no estado de Devon, com floresta, rio, campo e jardins. O convívio e a relação com a natureza estão nas caminhadas, na horta e no cultivo dos alimentos. O senso de comunidade é fortalecido com os encontros matinais. Lá os membros sabem o que cada turma vai fazer, quais são os grupos de trabalho de que alunos e voluntários fazem parte na semana. A intenção é estabelecer mais uma comunidade do que um lugar com hierarquias.

O Schumacher é também um espaço livre pra experimentar, criar e ter a oportunidade de oferecer para a comunidade suas experiências, talentos e conhecimento (fortalecendo a rede). Ou seja, a escola é aberta e livre para alunos, voluntários e funcionários oferecerem o que quiserem compartilhar: dança, meditação, artes, rodas, práticas, atividade física, conhecimento, debate, sessões de cinema e o que mais brotar.

A natureza também é protagonista na Green School, em Bali, a escola mais sustentável do mundo, construída quase totalmente de bambu. O propósito lá é oferecer uma formação baseada na visão holística, sobre o aluno e a consciência ambiental. Visitei a escola em meados de 2017 e pude perceber de perto a diferença na formação de quem vê a natureza como professora também. Ela é substancial para o desenvolvimento da educação das crianças.

As "salas de aula" não parecem salas, sequer têm paredes, são inclusive externas. O objetivo é não provocar separação entre o indivíduo e a natureza. As carteiras não são quadradas e até mesmo o quadro-negro é feito de bambu. Quase toda energia vem de painéis solares, os banheiros são de compostagem e todo o lixo é reciclado. Hortas orgânicas e criações de animais permeiam o campus e a comida servida vem da produção própria ou de agricultores locais.

A escola incentiva que os alunos desenvolvam projetos relacionados à sustentabilidade, para que possam aprender na prática. A verba vem de um fundo que eles chamam de Banco, formado de doações e receitas geradas pelos próprios alunos em feirinhas e outros eventos. Lá conheci dois meninos que criaram o projeto de um galinheiro com galinhas felizes. Eles pegaram dinheiro no Banco, construíram todo o espaço e se responsabilizaram pela venda dos ovos. Com o lucro, devolveram o dinheiro. Além desse, projetos maiores, como implantar energia renovável na ilha e abolir o uso de sacolas plásticas em Bali, vieram de alunos de lá também.

Respeito pelo outro e tolerância à diversidade também fazem parte das premissas da escola, que, por ser internacional, atrai alunos de diversas nacionalidades. Mas cerca de 20% dos estudantes são balineses e não pagam a mensalidade. Ou seja, não somente a diversidade de etnias faz parte do programa, mas também de classes, completando a visão de respeito à natureza e ao outro.

APROFUNDAMENTO

Para ler:

- *Um mundo, uma escola: A educação reinventada*, de Salman Khan
  Para ter uma visão radical sobre o futuro da educação.
- *Alfabetização ecológica: A educação das crianças para um mundo sustentável*, de Fritjof Capra
  Para compreender a necessidade de estabelecermos uma parceria com os sistemas naturais.
- *Eu sou Malala: A história da garota que defendeu o direito à educação e foi baleada pelo Talibã*, de Malala Yousafzai
  Para repensar o ensino na escala global, inspirando-se nessa ativista vencedora do Nobel que prega o acesso à educação para meninas do mundo todo.

Para assistir:

O site ClipEscola sugere uma lista de palestras do TED que vão transformar sua visão sobre educação:

- *Toda criança precisa de um campeão*, de Rita Pierson
  Para compreender a importância da conexão real entre professores e alunos, levando a dinâmica na sala de aula para outro nível.
- *Como escapar do vale da morte da educação*, de Ken Robinson
  Para descobrir os princípios fundamentais para que a mente humana floresça — e como a cultura educacional atual funciona contra eles.
- *Professores precisam de feedback real*, de Bill Gates
  Para entender a necessidade de um sistema que possibilite esse acompanhamento junto à comunidade docente.
- *Três regras para acender o aprendizado*, de Ramsey Musallam
  Para perceber que cultivar a criatividade e a imaginação dos alunos é o fio condutor no processo de ensino. Pensando nisso, Ramsey Musallam desenvolveu três regras básicas para nortear suas ações em sala.
- *O ensino de matemática precisa de uma reformulação*, de Dan Meyer
  Para descobrir dicas sobre como alguns métodos simples podem tornar o ensino da matemática mais interessante e significativo para os alunos.

FONTE: "Essas 7 palestras TED Talks podem transformar sua visão sobre a educação". ClipEscola, 7 jun. 2017.

Para fazer:

Cada um de nós tem um papel importante e insubstituível na cura do planeta. Cada um tem dons únicos a oferecer, mas muitos ficam adormecidos dentro de nós, são podados na nossa infância. Muitas qualidades que você deseja já estão dentro de você.

Um exercício que tem me ajudado bastante é, ao acordar e algumas vezes ao longo dia, chamar para que despertem também algumas destas qualidades e habilidades que sinto que ainda estão adormecidas dentro de mim, repetindo: "ACORDO minha concentração. ACORDO minha capacidade de focar...". E por aí vai.

E você, o que sente que precisa acordar dentro de você? Experimente.

ESSE É O NOSSO MUNDO, O QUE É DEMAIS NUNCA É O BASTANTE.

"Teatros dos vampiros", Legião Urbana

13. Novo trabalho

Na (antiga) divisão da *timeline* da nossa vida, o trabalho ocupa o meio, está entre o aprender e o descansar, tomando a maior fatia. Mesmo assim, a insatisfação com "o que fazemos" parece ser algo natural. Muitos vivem num paradigma de separação do mundo interior com o exterior, no qual o trabalho é apenas uma forma de ganhar dinheiro para viabilizar a sobrevivência e compensar as frustrações de uma vida cansada e sem energia. Mas será que é preciso perder nossa essência para conquistar o que queremos?

A maioria das empresas contribui, numa escala massiva, para o esgotamento de recursos naturais, destruindo ecossistemas e modificando o clima. Funcionários contribuem com isso em seus afazeres, na maior parte das vezes, sem ter noção. Ao mesmo tempo, reclamam da estrutura tradicional (carga horária, local de trabalho fixo, hierarquia verticalizada), falta de propósito, comunicação, transparência e muita pressão. Os patrões reclamam de custos, burocracia, impostos e produtividade. Ao que tudo indica, essa é mais uma bomba-relógio prestes a explodir.

Mas o trabalho tem o potencial de ser nossa contribuição genuína a esse mundo que está surgindo. Para isso, é preciso entendê-lo como ferramenta de cocriação do mundo. Entender que cada um, com seu papel (que vai muito além de produzir e consumir), desempenha uma função importante nessa grande rede. Logo, em vez de abrir mão dos nossos sonhos para pagar contas, ou ver o trabalho como uma prisão diária cuja única finalidade é o "ganha-pão", devemos permitir que nossa autenticidade direcione nossas escolhas profissionais.

Assim como no sistema educacional, muitos estão perdendo a fé nos formatos tradicionais de emprego. Chefes e funcionários. Uns estão saindo para empreender; outros para ser autônomos. Enquanto poucos estão dispostos a mudar o local em que estão. Para os que ficam, a forma mais provável de segurá-los é a transformação — como as novas escolas —, criando ambientes que formem indivíduos melhores e não só distribuam salários, com foco na cultura e no empoderamento de funcionários. Com apoio à individuação, incentivo à autonomia e à criação.

Um "novo trabalho" nasce com a necessidade de uma nova economia, a "economia do serviço", em que organizações e pessoas estão à disposição da comunidade e do planeta. Mas não de forma altruísta-romântica-ingênua, ou de forma negativa, autoindulgente, que em vez de elevar diminui o indivíduo. Muito menos com uma visão servo × senhor, que ao longo da história suportou dogmas destrutivos como a escravidão, o fanatismo e a hierarquia de classes. Estou falando sobre servir a própria verdade, e colocar essa verdade a serviço do mundo.

> Cada um de nós é uma expressão única da força criadora e, portanto, cada um de nós tem seu próprio dom, único, com o qual servir ao mundo. O desenvolvimento da disposição de servir nos pede para criar modelos sociais de cooperação que possibilitarão que nosso projeto, que é a nossa forma de servir, venha a se realizar.

Quem fala isso é Rick Jarow, autor de *Criando o trabalho que você ama*. Para ele, o trabalho amado é o que serve o planeta e nossa existência.

"Trabalhar", como aprendemos, tem perdido cada vez mais sentido. "Sair para trabalhar", então, nem se fala. Hoje todos os processos de trabalho chegam a nós pelas possibilidades de comunicação que a tecnologia permite, independentemente de onde estejamos. Trabalhos que demandam a presença física serão cada vez mais substituídos por máquinas e robôs. Essa nova lógica muda o trabalho como um todo, se apresenta como possibilidade para redução de fluxo nas cidades, para a noção de separação entre trabalho e vida pessoal, entre tantas vantagens.

Nosso trabalho será cada vez mais o próprio trabalho. Confuso? Vou explicar melhor, "o que fazemos" e que será valorizado pelo mercado terá cada vez mais a ver com a *forma* como fazemos do que com o produto final. Este, mesmo que seja tangível como uma roupa ou um carro, será menos importante que o processo usado para produzi-lo e vendê-lo. A tecnologia coloca à disposição tudo que é preciso para produzir o produto certo, com qualidade certa, para a pessoa certa, no momento certo. O diferencial, e a necessidade, será se adaptar a uma nova forma de fazer.

Olhar para o mundo de forma mais aberta tem se tornado essencial para o sucesso econômico. Nossas vocações devem se voltar para a construção desse novo mundo que precisa surgir para suportar nossa sobrevivência, criar uma economia de serviços, na qual o cuidado com o planeta está incorporado. E encontrar uma forma de colaborar com novas maneiras de restaurar nosso relacionamento com o planeta e os danos que causamos, pois qualquer ato realizado tem repercussão em toda parte. Quando fazemos isso, ganhamos um grande aliado, o próprio planeta.

ERA ESTABILIDADE, VIROU IMPERMANÊNCIA

Outro dia estive em uma roda de apresentações, e uma pessoa disse: "Eu sou Mércia e *estou* relações-públicas na empresa...". Aquilo mexeu na hora comigo. Comecei a pensar sobre o que realmente "sou" e onde "estou" em termos profissionais. Decidi me apresentar dizendo: "Sou escritor e estou diretor cocriativo da AHLMA".

A cena me fez ~~lembrar~~ pensar que pessoas vão mudar de emprego várias vezes na vida daqui para a frente. Empresas vão se transformar e quebrar. Tantas outras vão surgir. Assim como profissões e postos de trabalho. Mas o mercado cósmico não muda. No meio disso tudo, a quem devemos ser fiéis? O que de nós vamos levar para todas nossas experiências?

Devemos ser fiéis a nós mesmos. Aceitar o que trouxemos ao mundo. Desenvolver projetos, produtos ou serviços que reflitam nossa natureza interna. Minha onda é contar histórias. Não importa como nem onde. Posso ser escritor, arquiteto, estilista. É sempre isso que vou fazer (pelo menos é como penso hoje). É o que levo para o mundo. Taí, talvez em vez de escritor eu deveria dizer que sou um "contador de histórias".

No mercado, um dos maiores desafios e necessidades é criar um ambiente de trabalho que permita que o serviço de cada pessoa seja concebido e recebido, com integridade (ser você mesmo no trabalho). Honrar todas nossas facetas: cognitiva, física, emocional, espiritual, racional, intuitiva... valorizando a liberdade individual de cada ser, entendendo a carreira profissional como um caminho (ou vários) a ser percorrido. Uma rede de interconexões com base em nossas paixões.

A ideia de um emprego para a vida toda é tão improvável quanto a de os dinossauros voltarem ao planeta. Pode acontecer, mas será uma relíquia do velho mundo. Teremos mais tempo e experimentaremos cada vez mais profissões, realizando uma série de serviços em direções complementares ou simultâneas. Será uma eterna busca por quem somos, através do que fazemos. As vocações vão surgir conforme experimentamos projetos.

ERA CARREIRA, VIROU ANTICARREIRA

Assim como a desescolarização, o movimento anticarreira tem como objetivo desconstruir o formato tradicional e valores ultrapassados como competição, rigidez, perfeição, meritocracia... e todo *workaholic way of life*. A era da internet, e da expansão da consciência, vem contribuindo para uma nova visão de mundo, na qual a inteligência é distribuída e o propósito parece não sair da moda. Com isso as hierarquias e as estruturas perdem cada vez mais sentido. O trabalho vazio perde sentido (literalmente). "Instintivamente sabemos que a gestão está desatualizada. Sabemos que seus rituais e rotinas parecem levemente ridículos no raiar do século XXI", disse Gary Hamel.

Construir uma "carreira sólida" deixou de ser objeto de desejo. Afinal, como ser sólido, em um mundo cada vez mais fluido? Nem a aposentadoria é mais objeto de desejo. E mais, já está comprovado que a vida no topo das organizações não é tão gratificante como se pensava. Quantos saíram, ficaram doentes ou até morreram... Somos constantemente apresentados a "modelos de sucesso", pessoas que parecem trazer grande progresso para o mundo, mas que têm uma vida pessoal desastrosa.

A anticarreira parte da premissa de que o trabalho não deve substituir a vida (a individualidade, a autoestima ou a espiritualidade). Isso tem a ver com levar a integralidade, ser o mesmo dentro e fora do trabalho, para as organizações. Tem a ver também com acreditar na colaboração em vez da competição, na criação de ambientes seguros — para errar e ser livre — nos quais todos se apoiam. Cada um é seu próprio gestor e se reconhece como uma peça importante, propósito, em uma rede interdependente. Em vez de uma vocação egocêntrica, uma participação consciente no mundo.

A herança familiar, com o peso da expectativa dos pais ou da carreira dos pais, é a primeira coisa de que devemos abrir mão. Não querer sucesso para agradar alguém. Ter coragem de ser quem se é, com disposição ao risco de investir em si mesmo. Confiança na carreira tem a ver com confiança em nós mesmos. Ninguém nasce sob o mesmo conjunto de circunstâncias que o outro, logo, ninguém pode dar ao mundo o mesmo que outra pessoa. Ver o trabalho como forma de vida, fluidez e liberdade, em vez de aprisionamento. Sentir-se bem no que faz, sem se comparar a nenhum outro. Criar o trabalho que te faz bem tem a ver com criar a vida que te faz bem. "Como posso servir a minha felicidade enquanto sirvo ao mundo?" é a pergunta que deve ser feita.

E ninguém faz nada sozinho hoje em dia. Empresas estão criando riquezas e conhecimento como nunca, graças à colaboração. Pense no Google ou no Facebook. Tem noção da quantidade de funcionários? A sede do Google ocupa uma área tão grande, que virou um bairro com seu nome. E o impacto na vida das pessoas? É maior que muitas instituições políticas. Redes de empresas farmacêuticas, médicas e de tecnologia contribuíram para o aumento considerável de quase trinta anos na expectativa de vida, com a redução de 90% da mortalidade infantil e 99% da mortalidade materna. Pense: "Com o que quero me conectar? Qual é minha rede?".

Agora, é necessário dizer que nada disso é ~~fácil~~ garantia de sucesso rápido. O caminho é de aprendizado. Errar faz parte e é muito importante. Pois o erro nos prepara para dar passos maiores, com mais segurança. No Brasil, nossa cultura nos estimula a ver o fracasso como demérito, enquanto em boa parte do mundo o fracasso e seus produtos são escadas para o sucesso. "Falhe rápido" é o mantra das maiores startups lá fora.

Em uma de minhas visitas ao Vale do Silício, na Califórnia, conheci a d.school, a escola de *design thinking* da Universidade Stanford. A ~~filosofia~~ metodologia deles é bem direta: "É preciso encontrar algo com que você tem empatia, definir qual é o problema, idealizar um projeto, criar protótipos, testar e verificar os resultados". Pelas paredes estão frases como: "Não existe erro. Não tem ganhar ou perder. Só existe o fazer".

Eles acreditam que, quanto mais rápido você falhar, menos dinheiro vai perder. Mais rápido você vai aprender e evoluir. Hoje me desafio muito a criar esse ambiente nas minhas equipes. Ter a tranquilidade de deixá-los errar e celebrar o erro, para que o aprendizado venha de dentro. Eu os estimulo sempre a pensar: "O que aprendi com isso?" (em vez de punir ou criticar).

A cultura ocidental não tem o hábito de valorizar o erro. Muito pelo contrário. Por isso, muitas estruturas organizacionais são baseadas no controle e na observação. "Crescer" tem a ver com aumentar a capacidade de controle. Mas, quando olhamos para fora, vemos que a vida organiza ecossistemas de forma incrivelmente bela. Na natureza, as mudanças acontecem o tempo todo, de forma auto-organizada, sem um comando central. Descentralizar a gestão, (autor)responsabilizar cada um por seus atos e estabelecer uma rede interdependente na qual o crescimento venha como mérito ao desenvolvimento e apoio ao grupo, isso deve fazer parte de uma anticarreira. "Qual é o meu papel, o meu lugar aqui?" É o que devemos nos perguntar sempre.

ERA OCUPAÇÃO, VIROU OBRA DE ARTE

Pensar em autenticidade. Em prosperidade em vez de lucro. Em compaixão em vez de ansiedade. Em trabalho e felicidade pautados na abundância, sem ego, sem controle, sem poder. Não seria isso uma obra de arte? Pois é assim que vejo a "anticarreira" de alguns profissionais que, obviamente, admiro.

Conheci a dra. Fátima antes mesmo de me conhecer. Com oito meses, fui levado até ela pela minha mãe, que acreditava que a homeopatia poderia ser uma melhor alternativa de saúde. Uma jovem recém-formada, sem muitas condições, que costumava faxinar a casa para se exercitar porque não tinha como bancar academia, que batalhou para se formar em medicina. Sempre inconformada com o mundo, preocupada com o ~~todo~~ outro, chegou a ser presa na época da ditadura. Conquistou seu próprio consultório, mas nunca abriu mão de trabalhar na rede pública, ganhando muito pouco ou quase nada, para fazer mais por aqueles que não podiam bancar o tratamento homeopático. Foi lá que a conhecemos.

Ao longo do tempo ela desenvolveu uma (anti)carreira única. Juntando a medicina oriental com a ocidental. Técnicas de meditação e alinhamento energético tibetanos fazem parte da sua consulta. Mais que uma consulta médica, é um encontro do "paciente" consigo mesmo. (Saio de lá sempre com algo muito importante para pensar, uma receita de remédio e a dica de livro para ler.) A evolução foi orgânica, num ritmo próprio, alinhada com sua própria evolução e história de vida. Especializada também em psicanálise, se tornou minha terapeuta e uma espécie de mentora.

Com ela aprendi a abrir mão da consciência da vítima e me tornar dono da minha vida. Aprendi a manter, e alimentar, uma relação com a intuição, com as novas ideias, com sonhos coletivos e minhas fantasias. Tudo que ela construiu foi seguindo a riqueza da sua orientação interior. Quando fazemos isso, nossa vocação se torna mais que um trabalho, se eleva ao estado de arte. Essa arte está dentro de nós. Ela me inspira a construir um trabalho (único) com significado também.

Quantas vezes vi a dra. Fátima atender por quase dez horas, se alimentando muito pouco e mesmo assim mantendo um cuidado afetuoso com todos (que tem a ver com a disposição de servir). Uma vez conversamos sobre cansaço ao final do dia, e ela me disse "fisicamente, é claro", mas certamente sua alma é nutrida pelo serviço ao mundo. Seu compromisso com algo maior atrai pessoas que também possam nutrir sua energia (tornou-se sagrado). Tem realização maior do que essa?

ERA PRODUTIVIDADE, VIROU CRIATIVIDADE

> Se você viver e trabalhar como um trem-bala, jamais saboreando as paradas ao longo do caminho, vai chegar ao final da sua vida esgotado. Afinal, o fim é um reflexo do começo. Se começar a procurar um emprego alinhado com sua integridade, satisfação e alegria, seu trabalho florescerá.

Quem disse isso foi Rick Jarow em uma palestra a que assisti. A diferença entre as duas formas de ~~trabalhar~~ viver é sutil, mas faz toda diferença mesmo.

A economia industrial se desenvolveu supervalorizando a produtividade. Mais tarde, trabalhar horas a fio, fazer hora extra e a tal "gotinha de suor a mais" eram fatores relevantes para o crescimento nas empresas. Ser *workaholic* era motivo de orgulho, e quase status social. O chefe, o herói sobrevivente, era aquele que detinha o poder e mantinha as tropas na linha. O foco era sempre no curto prazo: no *job* de hoje ou na entrega de amanhã...

Nisso tudo, a mensagem não escrita é a de que há nobreza em sacrificar a própria vida para servir (e ganhar dinheiro), que o sistema nos recompensa isso. Mas não há. Nossa vida não deve ser sacrificada por nada nem ninguém. E o sistema parece que começou a entender colher o que plantou. O trabalho esquema "padaria" — que toda hora precisa de pão quente — definido e controlado demais por metas, sem respiro, não deixa espaço para o criativo se desenvolver. Nem para a cocriação acontecer. O piloto automático é uma das principais causas deste momento planetário a que chegamos.

Muitos conceitos relacionados ao mercado de trabalho estão mudando. A produtividade é uma delas. O aplicativo Fair Work Ombudsman (www.fairwork.gov.au) tem como objetivo informar e ajudar na fiscalização do trabalho. Ele ajuda a calcular as horas de trabalho do funcionário, através de geolocalização, identificando o tempo que o funcionário permanece na empresa. Mas eu me pergunto, hoje em dia, horas de permanência na empresa significa horas de trabalho? E todas as outras horas que de casa, no caminho ou até mesmo dormindo (sonhando) estamos trabalhando?

Com o tempo compreendemos que o valor da experiência é muito maior do que a riqueza material acumulada (no padrão de qualquer outra pessoa) ou as horas trabalhadas. Por isso, costumo questionar alguns formatos de meritocracia de algumas organizações. A regra não escrita é a de que você merece ganhar mais de acordo com seu desempenho individual; o dinheiro é a finalidade de tudo. Mas em minha trajetória percebi o valor de "perder" dinheiro em prol de experiência. (Foi o que aconteceu com minha saída da sociedade da MALHA.)

Empresas como Apple, Netflix, Google encabeçam a lista das mais "produtivas", chegando a ter 40% mais de produtividade do que outras empresas, de acordo com pesquisa realizada pela Bain & Company. Entre as causas estão programas internos, políticas de reconhecimento e benefícios, mas principalmente o fato de não ver os funcionários como "números isolados". Além dos espaços de "recreação", áreas que favorecem a liberdade, o ócio e o cuidado com corpo e mente. E essas empresas investem em bonificações da equipe, e não individual. Isso estimula a cocriação.

Outro ponto a discordar é a burocracia, inventada para controlar e alinhar funcionários e que hoje se prova como um grande atravessador. Uma pesquisa realizada por Michael Mankins e publicada na *Harvard Business Review* mostrou que ela custa mais de 3 trilhões de dólares por ano em perda de produção. Os processos mais comuns são relacionados ao gerenciamento de despesas. Nessa pesquisa, a Netflix diz: "Aqui não há política de despesas. A única política é 'aja pelo interesse da Netflix'. Não vamos criar processos que custam capital humano, tempo e energia".

Se somos capazes de compreender bem que os fins não justificam os meios e aceitamos que a "criação" é algo natural, entramos no fluxo da (co)criação, de modo que nossas ações inspiram e são inspiradas pela vida. E quando Rick Jarow fala sobre o trabalho florescer, ele quer dizer que as coisas acontecem de forma espontânea, sem esforço. Mas atenção, isso não significa que não devemos nos dedicar ao trabalho, que em determinados momentos vamos trabalhar mais ou menos horas. Só que nada pode ter a ver com ~~sacrifício~~ esforço. Se você está se esforçando demais, pode apostar que tem algo fora do lugar.

Ser guiado pelo fluxo da criação também não significa que você vai ficar rico de uma hora para outra ou que jamais vai perder, se arrepender ou falhar. Até mesmo pessoas que trabalham em serviços sociais, com causas "nobres", não estão salvas de problemas e desilusões. Muito pelo contrário, tenho visto que pessoas que empreendem negócios "nova era" talvez sejam as que passam mais aperto hoje. A diferença é que muitas delas fazem o que acreditam. E de alguma forma há uma compensação para isso. É melhor do que abrir mão de um sonho.

Uma matéria da *Época Negócios*, de março de 2017, diz:

> Um trabalhador engajado é 44% mais produtivo do que um funcionário satisfeito. Um empregado que se sente inspirado no trabalho é quase 125% mais produtivo do que um satisfeito.
>
> [...]
>
> A Dell é uma empresa que reconheceu a diferença entre equipes inspiradas e equipes satisfeitas, segundo [Michael] Mankins. "Os times de

vendas que tinham um líder inspirador eram 6% mais produtivas do que as que tinham um líder médio. Fazendo as contas, você estima que 6% representam uma receita extra de US$ 1 bilhão por ano."

Bem, com a promoção de todas as ideias — e a constatação dos impactos no bolso — que estamos vendo aqui e o tanto de gente que tem sentido tudo isso na pele, é provável que daqui para a frente as pessoas busquem cada vez mais trabalhos voltados para o bem-estar próprio e para o desenvolvimento de uma comunidade mais sustentável (em oposição a produtividade cega, esmagada por cotas, metas, reuniões...). Essa me parece a forma mais coerente de sermos felizes com o que fazemos e de construirmos um (novo) mundo melhor. Quem sabe, um dia, todos entenderão a importância do servir, em vez de ter a "produtividade" como único paradigma de sucesso para o mercado.

ERA TRABALHAR, VIROU EMPREENDER (OU NÃO)

"Faça o que você ama e o dinheiro virá." Dizem por aí. Mas e quando não vem? Ou quando você não sabe o que ama? Ou quando a felicidade não vem? Isso parece ser bem mais comum do que imaginamos, pois as insatisfações estão por todos os lados. Muitas podem ser percebidas no aplicativo brasileiro Love Mondays, disponível em <www.lovemondays.com.br>, que traz a avaliação de empresas pelo ponto de vista dos funcionários.

O emprego perfeito é um mito cultural (perfeito para quem?). E geralmente muita gente que se (des)ilude coloca como meta ou sonho deixar de ser empregado. Daí o meme "Faça você mesmo", que hoje corre por todos os lados, soa como um incentivo a se lançar no mundo e empreender. "Ser um empreendedor não é esperar a felicidade acontecer, mas conquistá-la." E essa acaba sendo mais uma armadilha, de solução rápida para o combo dinheiro/felicidade.

Assim empreender virou o *hype* e a neura do século. Cursos, palestras, livros, gurus aclamados. Altares com fotos de Jobs, Zuckerberg e Silvio Santos. A indústria do empreendedorismo movimentou o mercado. "No futuro todos seremos empreendedores" é o que dizem. Mas peraí, todo mundo nasceu para empreender? (O que é empreender?) Talvez sim, todos nós tenhamos a capacidade de empreender — mudanças, transformações, ideias, negócios... Mas todos nascemos para ser dono?

Não estou querendo dizer que há algo errado em empreender. Muito pelo contrário, prefiro encarar todo trabalho como um "empreendimento" e acho que, se todo mundo virasse essa chave, seria maravilhoso (o mundo precisa de empreendedores). O problema é que muita gente confunde empreender com abrir seu próprio negócio, e o *hype* e o status em volta disso, somados à ilusão de que a liberdade e o dinheiro virão rápido, acabam fazendo com que muita gente se lance na proposta, mas se dê mal. Muitas empresas fecham as portas antes mesmo de completar um ano de existência.

A Wikipédia diz que "empreender é o modo de pensar e agir de forma inovadora, identificando e criando oportunidades, inspirando, renovando e liderando processos. Tornando possível o impossível e entusiasmando pessoas, combatendo a rotina, assumindo riscos". Não seria incrível se todos fossem empreendedores? E eu acredito que são. "Empreender" é uma característica natural de quem se vê como cocriador. Em geral refere-se à prática de iniciar novas organizações ou novos negócios, mas sinto que empreendi mais nas empresas em que trabalhei do que quando tive meu próprio negócio.

Meu grande aprendizado tem sido que não é preciso deixar o lugar que estamos para empreender. Qualquer profissional pode ser um empreendedor. Um ator, um garçom, um advogado. Um funcionário público pode ser um empreendedor, se ele se incomoda ou se preocupa com o ambiente interno e externo que interfere. Se vê novos caminhos e propõe maneiras de otimizar recursos, melhorar processos, inventar outros, de forma interdependente e comprometida. Empreendedorismo é a prática geralmente em resposta a oportunidades identificadas.

Dentro de qualquer organização todos podem ser empreendedores — no caso intraempreendedores. São os que possuem a capacidade de atuar como donos de projetos, ajudando sobretudo a movimentar a criação de ideias dentro das organizações. São os que vivem no futuro. Estão em constante observação do local de trabalho e nunca satisfeitos, pois acham que é sempre possível encontrar uma (nova) maneira melhor de fazer as coisas. Mas, para isso, a cultura da organização precisa permitir, acolher esse tipo de atitude.

Os "empreendedores corporativos" são hoje os maiores responsáveis por inovar e dar continuidade aos sonhos de Jobs, Zuckerberg... Costumo dizer que, se existe um sonho, existe um empreendedor. Aprendi isso também no Gaia, com a metodologia Dragon Dreaming criada por John Croft (um dos fundadores do Gaia Education), com o objetivo de engajar equipes. Ele acredita que cada projeto nasce dos sonhos de cada um dos envolvidos. Ou seja, se a ideia não agrega algo que é muito precioso — o sonho de todos os participantes —, dificilmente poderá se manter viva e forte. Além do mais, no Dragon Dreaming só se levam adiante ideias que façam sentido para a comunidade e para o planeta.

Durante muito tempo fui estimulado a abrir um negócio. Talvez por eu sempre ter passado um "sentimento de dono" nas organizações que trabalhei. Pela minha capacidade de realização ou pelos projetos que criei. Então após dez anos sendo funcionário, eu decidi tomar esse passo. Foi talvez um dos passos mais importantes da minha vida, mesmo que aparentemente não tenho dado certo. Ao comunicar minha saída da MALHA, fiz um textão no Facebook falando de forma aberta sobre os motivos. Mais ou menos assim:

Nem todo mundo nasceu para ser dono. Eu não nasci para ser dono. A cada dia estou mais comprometido com o meu propósito de abrir a cabeça, o coração e os olhos de pessoas e organizações. Achei que a melhor forma de fazer isso seria empreendendo, mas (no meu caso) não é. Investi todo o meu dinheiro em um sonho coletivo, um projeto que queria repensar o futuro da moda. Com o tempo, vi que minha força, minha energia e meu tempo estavam sendo canalizados para resolver "problemas" que eu não sabia resolver. Percebi que estava ocupando uma cadeira distante dos meus dons e talentos. Me colocando a serviço de um cargo que não consigo entregar e que estava gerando frustração e sofrimento — em mim e nas pessoas. Depois de somatizar isso no corpo físico, ficando doente, deprimido, com problema nas costas... decidi deixar a sociedade da Malha, entregando todo investimento que fiz e ficando apenas como parte do conselho, onde posso trazer conexões, olhares externos e crítica — sem o vício de saber da dificuldade real de se resolverem os problemas. Sigo como cofundador, título de que muito me orgulho.

Foi muito difícil e importante para mim tomar esse passo (acho que mais até do que começar o negócio). Assumir o erro. A falha. Viver na pele tudo que estou escrevendo aqui. Ver que na prática as coisas não são tão coerentes quanto na teoria. Assim como assumir que não tenho todas as respostas. Talvez essa tenha sido minha maior experiência pessoal e profissional. De maior crescimento. Perceber que, quando nos lançamos em nosso fluxo, coisas boas acontecem. A AHLMA só existe graças à MALHA. E isso para mim foi uma grande prova de que existem leis mais profundas que as dos sistemas econômicos. E são elas que regem nossa vida.

Muitas vezes, o maior fracasso ou tragédia da sua vida é também o maior golpe de sorte que poderia ter-lhe acontecido — se você o enxergar assim. Através dele, reinventamos e temos a chance de reescrever nossa história. Perdi 1 milhão, todo dinheiro que havia juntado em busca de estabilidade. Ganhei a AHLMA, minha maior realização até hoje. "O fim é o começo" é um dos ensinamentos de Buda e vale para esse ponto de vista também. De lá para cá passei por grandes apertos, entendi o quanto a dificuldade, a liberdade e a colaboração são capazes de mudar tudo, e que todos nós estamos aqui para evoluir juntos e cocriar este mundo. Recebi muitas mensagens de apoio que me emocionaram demais. Uma delas foi do Bruno Magalhães:

Desde que nos conhecemos no TEDXJB em 2012 acompanho de perto a sua trajetória como profissional e nunca me canso de aprender com o amigo que tenho. A última vez que nos cruzamos foi na MALHA em maio, muito rapidamente por sinal, e percebi que seus passos eram apressados, seu olhar perdido, mas principalmente, seu semblante estava triste e soturno, muito diferente do André que (re)conhecia. Não dei muita bola na época, afinal, todos temos dias bons e ruins. Mas aquele olhar angustiado ficou guardado na minha memória. [...] Empreender não é fácil, não é divertido, muito menos saudável. Digo isso de coração com mais de dez anos empreendendo e construindo negócios. Se não fosse minha família ao meu lado, creio que teria já perecido ou surtado pelo caminho. É necessário um tipo específico de pessoa para empreender um negócio, capaz de olhar para os desafios e para a vida como um jogo de tabuleiro: "você foi preso, volte duas casas", "você caiu no hotel do outro jogador, pague a hospedagem", e assim por diante. [...] entre a teoria e a prática, o que atrapalha é a realidade.

Detalhe, eu vi o Bruno três vezes na minha vida. Que sensibilidade de perceber o que eu não tinha coragem de reconhecer. Como toda ação gera uma reação, me abrir estimulou que outras pessoas se abrissem, falassem um pouco das suas dores e delícias. Milhares de pessoas compartilharam histórias com esse post. Deixo aqui outras que também me marcaram:

Isabella Wiltgen Cunha
Empreender não é fácil. A única certeza que você tem é que vai errar e aprender. Quando criei o Mais Asas há quatro anos, meu propósito era empoderar o maior número de pessoas a viverem fazendo o que amam. Nossa ideia era ser uma plataforma de experiências únicas feitas por pessoas apaixonadas pelo que fazem nas principais cidades do mundo. Ao ver essa possibilidade chegar mais perto no ano passado, percebi que eu não estava sendo feliz, estava trabalhando enlouquecidamente sem ganhar dinheiro e sem conseguir me manter focada no meu propósito inicial. A conclusão a que cheguei é que ser menor e me manter fiel ao que eu acredito era a melhor solução. Hoje, sigo caindo e levantando, aprendendo e transformando os meus sonhos em novas realidades possíveis de se materializar agora. Continuo conhecendo gente que ama o que faz, conectando pessoas, abrindo e fechando portas e acima de tudo percebendo como todas as respostas que buscamos estão dentro de nós mesmos. O autoconhecimento é o caminho para a evolução. Outra fonte

de aprendizado que tem me ensinado muito ultimamente é a natureza; a forma devagar e constante que as árvores crescem, o impulso do mar com seu ir e vir infinito e desigual, as estrelas que lááááá de longe nos mostram o quanto somos pequenos e impermanentes...

Bruna Calegari

Os desafios reais de empreender vão bem além do clichê noites-maldor-midas-e-falta-de-horas-por-dia e passam muito mais por autocrítica, por enxergar os próprios erros e admiti-los. Pelo gosto amargo quando se vê que errou, que se perdeu dinheiro, que o feeling lá de trás foi equivo-cado... e a conta-corrente no vermelho é resultado ingrato disso. Além de corajoso e honesto, o depoimento do André Carvalhal é necessário para um mundo onde surgem cada vez mais "donos". Por conta desse mesmo "fazer" que ele sugere, realizar um sonho na prática, não apenas me tornei uma pessoa mais agressiva como desenvolvi uma LER que se intensifica conforme meu nível de estresse. Para compreender algumas coisas, dei um tempo da minha vida em Curitiba, tomei certa distância para observar e entender o meu mundo vs. o mundo que me cerca.

Camila Carvalho

Um texto que coloca pra fora muitas inquietações minhas ao empreen-der um negócio "nova era". A diferença entre expectativa e realidade. A compreensão de que, na hora em que você fizer o que dá pra ser feito na realidade e não o que você gostaria ou esperava, as pessoas vão te julgar e criticar muito mais fortemente do que simplesmente quem empreen-de um negócio tradicional. Ter que diariamente fazer coisas que você não sabe fazer, e tomar decisões que você não sabe se foram as certas. A depressão e o caminho solitário de levar o risco nas costas e colocar sua própria grana. Ter que fazer a empresa dar certo financeiramente de algo que não tem fórmula e nem foi feito antes ou foi feito num contexto não Brasil. Ter que fazer a empresa dar certo enquanto se mantém fiel aos ideais e não se "corromper". Isso só se consegue à custa de MUITO sacrifício pessoal, é que nem nadar contra a correnteza. Olhar diaria-mente pra realidade concreta do que você tá empreendendo, ouvir o tempo todo tudo que falta e que você não tem, ver a conta no vermelho e ainda seguir acreditando e trabalhando pro negócio dar certo é um exercício mental fortíssimo. Sigamos imperfeitos, porém botando a mão na massa e fazendo.

Mas o que pode ser extremamente pesado para mim e para as meninas desses comentários pode ser extremamente fácil e prazeroso para algum outro tipo de empreendedor. Passaram pela minha vida pessoas que tinham prazer com o risco (financeiro muitas vezes), com a adrenalina de ter e resolver problemas burocráticos. Mas assim como eu, talvez essas meninas sejam empreendedoras de ideias. Não de negócios. A máxima de que, quando você começa um negócio a partir de algo que ama, e então o que você menos passa a fazer é o que ama, parece ser verdade em muitos casos. Então para ser dono de um negócio, você precisa amar ser dono, antes de tudo. Como a Flávia Brêtas:

> Texto necessário! Todo empreendedor no Brasil é um guerreiro. Os custos são inúmeros e enormes. Eu amo empreender, nasci para isso. Quero ajudar a cada dia mais pessoas a não terem um processo tão duro para conseguir realizar seus projetos. Com certeza aqueles que têm novos valores e empreendem estão mudando o mundo para melhor.

Se empreender já passou pela sua cabeça alguma vez, acredito que esteja aí pensando: "Mas qual maneira é a mais (ou menos) adequada para identificar qual tipo de empreendedor eu sou?". Tenho compreendido que para mim a melhor maneira não é PENSAR sobre isso, e sim OBSERVAR. Observe também. Quais experiências e atividades te realizam mais? Quais problemas ou necessidades você se sente mais à vontade para resolver?

A cartilha do empreendedorismo diz que ser perseverante, não desistir no primeiro obstáculo, é o primeiro passo de qualquer empreendedor. Bem, desisti de ser dono nos primeiros obstáculos, mas não de empreender. A AHLMA é o lugar no qual me apaixono pelos problemas. Sinto que é onde posso ajudar a resolvê-los, enquanto faço algo relevante para o mundo e para a vida de muitas pessoas. Para mim, isso é mais que trabalho.

APROFUNDAMENTO

Para assistir:

▌ *Tony Robbins: Eu não sou seu guru* (documentário)
Para assistir e tirar suas próprias conclusões sobre os métodos polêmicos de Tony Robbins.
▌ *Chef's Table* (série)
Para descobrir um pouco do que se passa na cabeça de alguns dos melhores cozinheiros do mundo e os motivos que levaram seus respectivos restaurantes ao topo.
▌ *Happy* (documentário)
Para autorreflexão sobre felicidade, através da apresentação de fontes científicas de vários estudos sobre o tema.

Para ler:

▌ *Criando o trabalho que você ama: Coragem, compromisso e carreira*, de Rick Jarow
Para sair da rotina atordoante e criar o trabalho que você ama.
▌ *O maior vendedor do mundo*, de Og Mandino
Para encontrar sua melhor versão e adicionar muita sabedoria a diversas áreas da sua vida.
▌ *Como fazer amigos e influenciar pessoas*, de Dale Carnegie
Para se tornar mais admirado e capaz de influenciar pessoas e fazer amigos.
▌ *Propósito: A coragem de ser quem somos*, de Sri Prem Baba
Para questionar a nossa existência e a nossa missão enquan-

to estamos vivos e seguir em busca da nossa liberdade e autenticidade.

▍ *O milagre da manhã: O segredo para transformar sua vida (antes das oito horas)*, de Hal Elrod
Para rever sua rotina matinal de forma a melhorar todos os aspectos da sua vida pessoal e profissional.

▍ *Qual é a tua obra? — Inquietações propositivas sobre gestão, liderança e ética*, de Mario Sergio Cortella
Para quem está sem saber muito bem o que fazer com relação ao trabalho e à carreira.

Para meditar:

Este é um convite para outra meditação analítica. Encontre um lugar tranquilo, fique à vontade em uma posição confortável. Tenha consciência do seu corpo tocando no chão. Mantenha a coluna ereta. Sinta a força e a flexibilidade do seu eixo. Comece a respirar e inspirar de maneira suave e imagine uma tela branca na sua frente com a questão: "Como posso servir a todos?".

Peça ao futuro que venha. Deixe-se filtrar pelo filtro do coração. Que forma toma essa tela? Onde você encontra prazer e felicidade? Onde se sente energizado?

Deixe-se levar por possibilidades. Nenhum julgamento é necessário.

CHEGOU A HORA DE ESSA GENTE BRONZEADA MOSTRAR SEU VALOR.

"Brasil pandeiro", Assis Valente

14. Nova organização

As plantas crescem. Cristais se formam. Óvulos são fecundados e se desdobram e desdobram e desdobram... miraculosamente, até que... seres de altíssima complexidade são produzidos. Não há contradição. Esses sistemas na natureza nunca estão isolados. Nunca estão "por conta deles próprios". Estão sempre em processo de troca com seu meio ambiente. E mais: muitos desses sistemas usam distúrbios do meio ambiente para evoluir a níveis cada vez mais altos de auto-organização.

Esse trecho, que a mim soa como poesia quântica, é do livro *Em busca da empresa quântica*, de Clemente Nóbrega. Eu já havia acabado de escrever este livro aqui, quando o encontrei entre minhas coisas e, após ler, voltei para escrever este capítulo. Assim como falei em *A moda imita a vida*, prefiro ver "empresas" como organismos vivos, e encontrei no Clemente alguém que pensa como eu. O livro é genial. Faz uma comparação com a ciência, e diz que, da mesma forma que ela evoluiu para um nível quântico (mais subjetivo, complexo, misterioso porém certeiro), as organizações do novo mundo precisam dar um passo além, também.

Continua:

> Insisto em dizer "auto-organização" porque essa dinâmica (na natureza) ocorre por si própria. Não há ninguém mandando, no controle. É lidando com a flutuação e a instabilidade de forma criativa, que os organismos auto-organizadores crescem e evoluem [...]. Auto-organização lembra autorreferência: uma estrutura evoluindo e tornando-se mais complexa sem deixar, porém, de se referir a si própria. Sem deixar de ser ela própria.

É assim também com as organizações. Elas seguem uma lógica mais orgânica que mecânica. Não são máquinas.

Para mim a analogia faz muito sentido. O grau de complexidade a que chegaram as coisas no mundo sugere claramente que busquemos uma (nova) linguagem que supere o padrão mecanicista, hierárquico e rígido das organizações "newtonianas" (como ele chama as empresas do passado), que vem dando certo desde os anos 1920, mas que não darão mais certo no futuro. Vamos ter de fazer em nossas empresas algo análogo ao que os físicos fizeram. Buscar uma nova lógica.

Estar vivo hoje não é o ponto. A questão que cerca as organizações atualmente é plantar as sementes que garantam a permanência no futuro. Cada vez há mais modelos de excelência do passado lutando para não quebrar. Ser capaz de manter-se evoluindo criativamente é outra característica dos dois mundos — o da ciência e o dos negócios. Organizações também têm que aprender novas linguagens a cada fase de sua evolução. Para Clemente:

> Todo negócio bem-sucedido está associado a um processo de aprendizagem. A ciência evolui porque o processo de construção de uma teoria científica embute, dentro de si mesmo, critérios claros para eliminar automaticamente o que não é ciência. No processo de se fazer ciência, estar permanentemente em diálogo com o novo — expor-se aos desafios do novo — é fundamental. Todo processo evolutivo é movido a desafios. Vencê-los é a condição para que o sistema continue a evoluir. O contrário é a morte.

ORGANIZAÇÕES MUTANTES

No mundo dos negócios, a competência se mede pela capacidade de lidar com mudanças. A capacidade de se adequar, de ter uma mente mutante, uma cabeça (r)evolucionária, sem a ilusão de esquemas que sejam válidos para sempre. Nada de novo sob o sol. Enquanto a taxa de mudança era razoável e as coisas evoluíam em um ritmo em que pessoas normais conseguiam acompanhar (rs). Hoje, a necessidade de se desconstruir o que se construiu é contínua. A necessidade de mudar o que "sempre deu certo" é a principal regra do jogo.

Nossas construções terão que ser mutantes por princípio. Terão que ser feitas não "para durar", mas para mudar. As novas organizações aceitam e incorporam em ~~seus valores~~ sua estrutura a capacidade de mudar dinamicamente. Não são simplesmente organizações que aprendem. São organizações que aprendem desaprendendo, a todo momento. E estão tranquilas com isso, pois estão programadas para desaprender.

Para isso será necessário estabelecer uma nova lógica nas organizações. Clemente sugere que nos inspiremos no que os físicos foram forçados a fazer em seu campo durante a revolução quântica do início do século xx. A mudança não será uma revolução tecnológica. Isso já aconteceu, está aí. Será uma revolução de modo de pensar, de perspectiva mental — na empresa e na vida. A maneira de superar a crise instaurada no mercado começa com a reinvenção do pensamento.

ORGANIZAÇÕES REDE

O modelo atual, em muitas organizações, ainda é baseado em uma lógica antiga, desenvolvida na idade da máquina, na era industrial. Esse modelo não reconhece a complexidade nem das pessoas nem das organizações, pensa de forma setorizada. E até hoje muitos esperam soluções salvadoras de especialistas em marketing, finanças e recursos humanos para resolver problemas de marketing, finanças e recursos humanos. Só que hoje os problemas são interligados. As soluções já não são isoladas, mas sistêmicas e integradas. Todos na empresa precisam ser especialistas em marketing, finanças e recursos humanos, independentemente da área de atuação.

Essa dinâmica está mudando rapidamente. É necessário ~~aceitar~~ estabelecer uma nova lógica de cooperação. Nada como o poder do coletivo e de trabalhar junto para chegar a esse objetivo. Mas esse "trabalhar junto" é bem desafiador (principalmente em relação a eficácia e abertura para a participação de todos). Para começar, é preciso ser capaz de atrair colaboradores talentosos, clientes talentosos, parceiros talentosos, fornecedores talentosos, pois todos vão trabalhar em rede.

Se formos capazes de criar relações tão fortes com esses agentes a ponto de que todos sejam um organismo único, poderemos dizer que estamos numa nova organização. Assim os setores vão morrer. O marketing terá a ver com a personalidade da empresa como um todo, e não mais com uma pessoa encarregada dessa função. Todos terão mentalidade financeira de dono, e as necessidades humanas de todos serão preservadas.

O cliente comprará uma ideia ou produto levando em conta a percepção de valor que tem dessa rede. Essa percepção não será mais construída pela propaganda, e sim pelo nível de envolvimento com a organização — através da vivência de experiências, na cocriação de produtos, na troca através da transparência e da abertura ao diálogo, e por aí vai. Para administrar isso, vamos precisar saber articular processos, e não "coisas" ou eventos. Não atividades separadas. O mundo quântico é um mundo de processos, não de coisas. De relações criativas, não de estruturas rígidas.

A nova realidade é que seremos capazes de fazer brotar, deixar brotar, da dinâmica da interação entre os agentes envolvidos a organização (a marca). Clemente sugere: "Não é um pouco como a coisa do cérebro, da consciência? A emergência de uma realidade que não estava lá — nossa consciência, nosso senso de *self* — surgindo da própria dinâmica das interações entre os neurônios?" (vamos falar mais sobre criação de realidade no final do livro). Sim, é uma criação coletiva e participativa ao meu ver.

ORGANIZAÇÕES FLEXÍVEIS

Além disso tudo, as organizações do futuro precisarão de outras características não tão pragmáticas. Lucro é uma condição necessária, já falamos disso. Não se discute. Porém não é mais suficiente. Lucro só garante que você se mantenha no jogo, não pode ser somente a finalidade do jogo. Assim como a economia precisa encontrar novos indicadores que complementem ou substituam a métrica de produto interno bruto (PIB), é preciso testar outras hipóteses nas organizações. As novas organizações darão resultados baseados em outra forma de ver o mundo. Clemente sugere como caminho:

> A empresa quântica terá de ser também mais feliz, terá de saber superar as neuroses do poder, terá de reconhecer mais as verdades individuais e se apoiar nelas, terá de ser mais flexível, operar segundo bases menos autoritárias, menos esquemáticas, terá de ser mais baseada em inteligência e sensibilidade do que em hierarquia e poder, terá de ser mais organismo coletivo, em que o conhecimento compartilhado e a capacidade de aprender continuamente serão mais importantes do que o controlar e o dominar. Menos newtoniana. Menos máquina e mais coração. Menos estrutura e mais fluxo. Menos burocracia e mais processo. Menos mais valia e mais significado humano.

A métrica do PIB é uma herança da era industrial e prevalece desde a Segunda Guerra Mundial. Corresponde ao valor da produção econômica de um país. A maioria das organizações mede seu sucesso com base em métricas com os mesmos princípios: a quantidade de dinheiro que possui. Isso deve mudar em breve, pois já se percebe que outros indicadores nas organizações podem converter em ganhos financeiros. Ou seja, é possível chegar ao resultado, sem que todos virem máquinas de fazer números.

Adotado pela primeira vez no Butão em 1972, um pequeno país da Ásia considerado o mais feliz do mundo, o conceito de felicidade interna bruta (FIB) promete revolucionar a forma como se mede o desempenho de uma nação. No conceito original, acredita-se que as coisas mais importantes que um país pode oferecer a seu povo são equilíbrio, saúde e felicidade. Recentemente esse conceito foi validado pela ONU para complementar a análise de todos os países. Por que não adotá-lo também como indicador de sucesso para organizações no novo mundo?

Os elementos básicos para medir o FIB dos países têm a ver com bem-estar econômico, bem-estar ambiental, saúde física, saúde mental, satisfação no trabalho, felicidade social e bem-estar político. A avaliação é quantitativa e feita através de perguntas distribuídas nessas dimensões, cujas respostas são sempre sim ou não. Quanto maior o número de respostas positivas, melhor o índice.

O conceito de felicidade no trabalho deixou de ser algo romântico faz tempo (se é isso que você está pensando). Já está mais do que comprovado que gera retornos reais e financeiros. Os colaboradores permanecem mais tempo nas organizações quando estão felizes (o que reduz os custos de recrutamento), normalmente apresentam maior produtividade, se engajam e se empenham mais, costumam ter melhores avaliações de desempenho, melhores salários, são mais contagiantes e efetivos em vender ideias, buscam soluções de forma espontânea, se mostram mais inovadores, adoecem menos e vivem mais. Comparando com os índices do FIB nos países:

Força econômica: Como estão os salários da empresa? Acima ou abaixo da média?

Bem-estar ambiental: O ambiente de trabalho é saudável? Como os colaboradores se relacionam com o espaço?

Saúde física: Quanto tempo os colaboradores ficam doentes? O que a organização faz para contribuir com o bem-estar e a saúde deles?

Saúde mental: Quão estressante é a rotina das equipes?

Satisfação no trabalho: Os colaboradores amam o que fazem? Como o trabalho pode ser ajustado para que isso aconteça?

Bem-estar político: As equipes se sentem ouvidas? As pessoas percebem que as decisões são tomadas pelo bem da organização ou apenas visando lucro pessoal?

Felicidade social: Os colaboradores se gostam e respeitam as pessoas com quem trabalham?

ORGANIZAÇÕES HORIZONTAIS

Na nova lógica, a organização reconhece, e aplaude, o fato de que somos seres humanos, relacionais, que só nos definimos perfeitamente em função de relações que nos transcendam e complementam, ao mesmo tempo que reforçam nossa individualidade (como na nova política, educação e trabalho). A "nova organização" é flexibilidade à procura de significado, não de força ou poder.

Todo esse papo tem muito a ver com o novo conceito de sociocracia — uma das ferramentas que ajudam a implementar novas possibilidades de mundo nas organizações. Chamada de Sociocracia 3.0 ou S3, a nova sociocracia é uma evolução da sociocracia criada por Augusto Comte em 1851. Atualizada em 2015 por Bernhard Bockelbrink e James Priest, está disponível sob licença Creative Commons (falaremos mais sobre isso na última parte do livro), para que todos tenham acesso.

Segundo a Wikipédia:

> Sociocracia 3.0 é um conjunto de princípios, processos e práticas que podem ser rapidamente ativados/acessados para ajudar você e sua equipe a desenhar melhor a sua organização, aprimorar as tomadas de decisão com agilidade, incentivar a auto-organização e aumentar a sua capacidade de resposta aos constantes desafios.

O termo original vem de "socio" (aqueles que trabalham juntos) + "cracia" (que decidem juntos) e significa uma forma de governo em que a soberania é exercida por todos, um parente próximo da democracia. Presente há trinta anos na Europa, está começando no Brasil em algumas instituições e pequenos coletivos. O objetivo máximo é tornar a organização mais resiliente, flexível e humana, já que as pessoas são escutadas. Dentre os princípios da sociocracia em organizações estão:

> *Horizontalidade*: criação de equipes formadas por círculos de autoridade ou domínios, com equivalência dentro dos círculos — todos decidem igualmente. Aprendizado coletivo.

Resultado: tem como foco a eficácia através da descentralização, redução de burocracias, distribuição de autonomia.

Transparência: todas as informações devem estar disponíveis a todos da organização, incluindo valores e salários de todos, por exemplo. Conversas constantes sobre os rumos da empresa e sobre todos os aspectos relativos à vida da empresa.

Consentimento: em busca de trabalhar o consenso, que pode ser muito trabalhoso ou utópico, a sociocracia utiliza-se do consentimento como mecanismo mais eficaz e mais ágil no processo de tomada de decisão.

Empirismo: testar e experimentar novas ações e decisões de forma a chegar a melhores resultados, sem buscar o perfeccionista a priori. Processos que estimulam o aprendizado coletivo permanente dentro da empresa.

Mas veja bem, nada disso que estamos falando é para motivar mudanças por modismos ou com base em alguma "nova espiritualidade". Será dessa forma porque será do interesse de todas as partes envolvidas. Será naturalmente assim. Porque, se não for assim, os funcionários não vão topar. Os clientes não vão topar. Os fornecedores não vão topar.

ORGANIZAÇÕES COM PROPÓSITO

Em *Capitalismo consciente: como libertar o espírito heroico dos negócios*, de 2014, John Mackey (co-CEO do Whole Foods Market) e Raj Sisodia falam que esse novo momento dará origem a um capitalismo mais consciente. O livro é fruto do projeto que leva o mesmo nome, uma organização sem fins lucrativos, criada em 2009, com o objetivo de mudar o pensamento predominante nas organizações, de despertar a consciência delas sobre seu papel e importância, de falar sobre propósito. Com uma visão mais holística que a dos livros de economia.

Os autores reconhecem que o capitalismo e os negócios carregam a fama de vilões, são acusados de ludibriar clientes, explorar trabalhadores, fragmentar comunidades e destruir o meio ambiente. Nesse novo programa, buscam reverter essa imagem, construindo uma sociedade na qual todos vivem com liberdade, transparência, propósito, amor e criatividade, para criar um novo mundo de compaixão e prosperidade.

Na era do capitalismo consciente, quanto mais as organizações realizam seus propósitos, mais elas faturam. No entanto, se uma organização busca maximizar seus resultados apenas para encher o cofre, sem se preocupar com a saúde de todo sistema, essa negligência pode retornar de forma negativa a longo prazo. Com a insatisfação dos clientes, falta de comprometimento e felicidade da equipe, os lucros são insustentáveis. O negócio também. Isso é o que estamos vendo acontecer com algumas organizações. Enquanto em outras — as que continuam tendo sucesso — começa a manifestar uma energia de cuidar dos outros e do planeta, através da promoção de causas que estão acima dos interesses individuais.

Pouco vai adiantar ter um alto Q.I., sem uma forte inteligência emocional (com empatia), inteligência intrapessoal (com trocas profundas), inteligência moral (ética), inteligência espiritual (revelação de metas mais elevadas) e inteligência de sistemas (pensamento sistemático). Tudo que conquistamos através do autoconhecimento.

APROFUNDAMENTO

Para ler:

▎ *Teoria U: Como liderar pela percepção e realização do futuro emergente*, de C. Otto Scharmer
Para aprender a enfrentar desafios em um futuro cada vez mais complexo e imprevisível.

▎ *Reinventando as organizações: Um guia para criar organizações inspiradas no próximo estágio da consciência humana*, de Frederic Laloux
Para aqueles que trabalham para construir impacto positivo na sociedade e buscam uma nova forma de administrar negócios.

Para assistir:

▎ *O futuro dos negócios é o "mesh"*, de Lisa Gansky (TED)
Para aprender a lidar com os novos cenários de compartilhamento, entre eles a recessão e o crescimento urbano.

▎ *O que nos faz feliz no trabalho?*, Dan Ariely (TED)
Para se surpreender com a importância do reconhecimento como um dos principais combustíveis que move todo tipo de pessoas profissionalmente.

▎ *A marcha dos pinguins* (documentário)
Para ter uma verdadeira lição de trabalho em equipe.

▎ *Enron: Os mais espertos da sala* (documentário)
Para questionar empresas onde executivos e gerentes transpõem para a cultura organizacional a personalidade do principal líder.

Para meditar:

Quais obstáculos impedem que eu viva um novo mundo?

PEDIA A CADA ESTRELA FRIA UM BRILHO DE ALUGUEL.

"O bêbado e a equilibrista", Aldir Blanc e João Bosco

15. Nova política

Acordei assustado no meio da madrugada. Vento forte, chuva, portas batendo. Uma sensação estranha me impediu de continuar a dormir. Pego o celular e vejo "O Rio de Janeiro está chorando a morte de Marielle" (nem a chuva é à toa). Criada na Favela da Maré, militante de causas negras, feministas e LGBT, quinta vereadora mais votada do Rio de Janeiro, Marielle Franco era defensora dos direitos humanos e crítica à intervenção federal na Segurança Pública. Na véspera de ser assassinada, 13 de março de 2018, tuitou: "Quantos mais vão precisar morrer para que essa guerra acabe?".

O assassinato, com características perversas de execução, fez da sua morte um evento de repercussão explosiva. "É a volta da ditadura", li no meu Facebook. "É o fim do mundo", outro disse no Instagram. A sensação que fica é de retrocesso. De volta para trás. Mas não. Esse é mais um movimento a favor da expansão da consciência. Milhares de pessoas foram às ruas no Brasil. Marcas se posicionaram a seu favor nas redes sociais. Tenho certeza de que até então muitos não conheciam a fundo sua trajetória nem os problemas que defendia. Eu era um deles. Muitos se emocionaram. Nas ruas se reconheceram. Na minha timeline, um post de seu amigo Marcelo Freixo, sobre o velório e as manifestações, nos fez lembrar:

> [...] Mari. Como eu queria que você estivesse comigo hoje na Alerj e na Cinelândia. Você sempre esteve ali comigo. Foi a primeira vez que fui sem você. Não é que você estava lá!? Estava nos sonhos de toda uma geração! Que coisa bonita, amiga. Quanto orgulho sinto de você! Você sabe! Seu nome estava em todos os lugares do mundo! Lembrei das inúmeras reuniões que fizemos com o povo da comissão, dos casos que atendemos, das visitas nas prisões e nas conversas nas favelas. Seus olhos sempre brilharam. Hoje, vi que aquilo tudo que você fez virou referência no mundo. Nenhum covarde vai te calar. Seu sorriso, seu abraço e seu amor vou carregar para sempre. Muito obrigado por tudo. Hoje fui forte, como sempre combinamos. Agora, em casa, desabo. Você foi uma das melhores coisas que tive na vida. Vou ficar perto da sua família. Te prometo.

Assim como ~~na vida~~ na educação e no trabalho, nossa atitude política pode ser passiva, como a da vítima, ou ativa, como a do co-criador. Ao nosso redor vemos as pessoas se organizando entre as que acreditam que "não dá mais, não tem jeito" ou que "políticos são todos iguais" (vítima) e um grupo que entende que ainda temos chance de nos unir e fazer diferente, salvar a política da "política" (heróis/cocriadores). Acharam que Marielle ia desaparecer, ela se multiplicou.

O brasileiro há muitos anos vinha sendo chamado de passivo e alienado no que diz respeito a seus direitos. Eu sou um deles, confesso. Apesar de muito ativo em várias áreas da minha vida, sempre achei que não conseguiria mudar nada, e por isso preferia não me envolver. Não buscava notícias e não conversava sobre. De uns tempos para cá essa história mudou. A internet uniu aqueles que pareciam ser minoria e estavam insatisfeitos e conseguiu levar milhares às ruas.

E a política foi entrando cada vez mais na vida das pessoas, sendo algo compreendido além do voto e que extrapola partidos. Cada vez mais pessoas passaram a entender que o consumo pode ser um ato político e também a música, a poesia, a moda, o serviço voluntário. Vimos celebridades apoiando candidatos publicamente, a moda também tomando partido — e tudo virando meme.

Enquanto lá fora, Beyonce e Jay-Z organizaram eventos para arrecadar fundos para a campanha "Yes We Can" de Obama, por aqui, a marca Sergio K parodiou essa campanha e fez camisetas para um político com a frase "Uai We Can", em 2014. Ao mostrar seu apoio a um candidato em 2012, Regina Duarte disse em canal aberto "eu tenho medo" (referindo-se a outro candidato) e virou o maior meme do ano. A política caiu na graça do povo, no momento em que a linguagem de memes virou a linguagem universal da internet.

Por mais que, aos olhos de quem se faz de vítima, "nada aconteceu", a internet contribuiu muito também para aumentar a consciência política (nem que seja no mural do Facebook, onde todos precisam ter opinião). Mas fato é que muitos viram com ela a chance de trabalhar para mudar o sistema político aos poucos, pelas beiradas. Independentemente da forma de ativismo, o novo cenário se caracteriza por uma tomada de poder pelas pessoas e uma vontade grande de democratizá-la. Marielle sempre repetia "Ocupar a política é fundamental para reduzir as desigualdades que nos cercam".

Estourar a bolha, para a inclusão de novos perfis, tem sido o propósito dos novos ativistas. É muito louco pensar que os Estados Unidos elegeram Obama, sendo um país com apenas 12% da população negra. E no Brasil onde a maioria da população é negra ou parda e 40% deles representem toda riqueza do país, apenas 4,1% do Congresso é de negros. Não para por aí. Também é muito baixa a representatividade no Congresso de mulheres, gays, trans, índios...

Eduardo Mufarej é daqueles que quer servir à política. Ele veio do mercado financeiro, da considerada elite. Tem participação em grandes empresas como Arezzo (calçados) e BRF (alimentos), mas junto com outras quarenta pessoas fundou o "Renova Brasil", um ~~movimento~~ acelerador de lideranças políticas disposto a encontrar, selecionar, capacitar e financiar pessoas comuns com potencial e disposição para concorrer a cargos públicos no Brasil.

Do lado oposto da pirâmide, está Celso Athayde, com o propósito de expandir a participação e a influência do negro na sociedade brasileira. É fundador da Central Única de Favelas (CUFA) e do *hub* de empreendedorismo para a comunidade, o Favela Holding. Está à frente da criação do partido Frente Favela Brasil. Bem antes, foi morador de rua e abrigos públicos, e serviu ao tráfico do Rio de Janeiro.

Foi na favela do Sapo que Celso descobriu sua vocação para a política. Migrou para a arte, vendo nela uma forma de ativismo. Se envolveu com o rap. Dirigiu com o rapper MV Bill o documentário *Falcão, meninos do Rio*, do *Fantástico* (TV Globo). Sua trajetória era muito improvável. Diferente de Mufarej, que aprendeu política em casa, com a mãe ativista sindical e militante do Partido dos Trabalhadores, ele aprendeu na marra.

Na favela do Sapo conheceu Rogério Lemgruber, fundador da facção criminosa Falange Vermelha (que depois virou Comando Vermelho). Um cara extremamente politizado, que falava para "os moleques do tráfico" sobre Ação Libertadora Nacional (ANL) e o Movimento Revolucionário 8 de Outubro (MR8). "Eu tinha catorze anos, não sabia ler, e ele deu para mim e alguns meninos um livro do Tolstói, o *Guerra e paz*. Deu para todo mundo seis meses e faria arguição. Se a gente não respondesse, ia tomar tiro na mão", disse Celso à revista *Trip* de março de 2018.

Seja numa posição de vivência ou de empatia, assim começou a ganhar corpo uma nova política no Brasil. Surge com gente inconformada com a situação, que está hackeando o sistema, disseminando informações importantes para os cidadãos, educando a gente sobre os direitos na Constituição, estimulando a participação cívica, fazendo uma ponte para a entrada de sangue novo nas urnas, mudando leis e promovendo a transparência acima de tudo. Fazendo política com as próprias mãos — no bom sentido ☺. Iniciativas que contribuem com algo que é muito importante na última linha, a democratização da política.

CIBERATIVISMO

A Primavera Árabe, em 2010, talvez tenha sido o movimento mais emblemático da nova onda política. Foram protestos, revoltas e revoluções populares contra governos árabes e as graves crises políticas, econômicas e sociais que vinham ocorrendo. Atingiu Egito, Tunísia, Líbia, Síria, Iêmen e Barein como uma reação do povo também à falta de democracia (já que a maior parte desses países vivia uma ditadura).

Ela marcou a era do ciberativismo, pois foi possível organizar movimentos, comunicar e sensibilizar a população graças ao uso de mídias sociais (apesar das tentativas de repressão e censura na internet por parte dos governos ditatoriais). O resultado dessa onda catalisada pelas ferramentas sociais digitais foi a queda de quatro governantes na região: os ditadores da Tunísia, do Egito, da Líbia e do Iêmen.

Na mesma linha, surgiram projetos que mobilizam pessoas para pensar juntas soluções para os problemas enfrentados na cidade ou país. Eles favorecem a formação de comunidades que colaboram para fortalecer redes de pessoas e entidades que atuam em temas comuns. Geralmente organizam encontros presenciais, mas toda mobilização é através de site e redes sociais. São projetos sem fins lucrativos, que não aceitam financiamento público ou privado, e funcionam através de financiamento coletivo. Todos os organizadores são voluntários.

No Rio de Janeiro, o movimento Se a Cidade Fosse Nossa tem como foco trabalhar com a população e trazer uma solução concreta para os bairros. O Meu Rio tem como propósito tornar a cidade um lugar democrático, inclusivo, sustentável. É articulado para pressionar e fiscalizar os políticos da cidade. Também reage com urgência e traz a público ações de políticos e governantes que afetam os direitos e os interesses dos cidadãos. Através do site, cria material de abaixo-assinado para que qualquer pessoa possa pressionar o governo.

Em 2016, esse movimento detectou que o projeto de lei Mesada vitalícia entraria em votação na Câmara, para que vereadores recebessem aposentadoria especial, na forma de salários para o resto da vida quando não fossem reeleitos. Em menos de 24 horas, pessoas sensibilizadas pela página <naovaitermesada.meurio.org.br> (criada pelo Meu Rio) foram responsáveis por 40 mil e-mails enviados a vereadores. Quando o projeto foi à votação, em uma sessão com acompanhamento ao vivo do Meu Rio, os vereadores constrangidos com a pressão não tiveram coragem de votar a favor do projeto. No site <vitorias.meurio.org.br>, encontra-se a relação de outras dezenas de vitórias alcançadas.

Com maior repercussão ainda, o #TodosPelaAmazonia, impulsionado pela World Wild Foundation (wwf), era contra a extinção da Reserva Nacional do Cobre e Associados, uma reserva ambiental na Amazônia, que abriga imensa biodiversidade e fornece proteção aos povos indígenas locais. Em 2017, essa reserva estava ameaçada de ser liberada por Michel Temer para exploração de empresas mineradoras. O que não se esperava é que haveria uma enorme pressão popular através das mídias sociais, viralizada por artistas e ambientalistas, como Gisele Bündchen, Caetano Veloso e até Leonardo DiCaprio. Uma semana de intensos protestos depois, e o presidente Temer decidiu recuar e anular o decreto.

HACKERS DO BEM

A política é uma ferramenta importante de transformação da realidade. Mas, para isso, o acesso à informação é fundamental. Se você domina o código, é capaz de modificá-lo e alterá-lo. Esse pensamento hacker tem motivado diversos movimentos, que hoje servem como instrumento de ação para cidadãos comuns, gestores públicos, parlamentares, grupos sociais e entidades.

Podemos dizer que esse movimento é "primo" da desescolarização e da anticarreira, pois também tem como propósito desconstruir o que está dado como convencional. Hackear a política tem a ver com conhecer e decifrar seu código (funcionamento), expor/explicar para o maior número de pessoas e assim transformar o sistema através de suas brechas.

O movimento tem sido disseminado por "hackers do bem", que invadem sistemas para denunciar crimes e abusos e proteger pessoas. Na política, tem criado ferramentas de monitoramento contra a corrupção e contra o mau uso do dinheiro público. O grupo Operação Serenata de Amor é um exemplo. Financiado por meio de *crowdfunding*, o coletivo formado por onze profissionais das áreas da ciência da computação, sociologia, administração e comunicação criou um software para monitorar as despesas mensais de parlamentares relacionadas a compras de roupas, comida e até mesmo salários e divulgar na internet.

O Monitora Brasil é um aplicativo com acesso ao Congresso Nacional. A ideia é que qualquer pessoa possa monitorar o que os deputados federais estão fazendo na Câmara. Reúne informações importantes como presença, gastos e projetos, além de mostrar todos os políticos envolvidos na Lava-Jato. Já o Cidade Democrática levanta e analisa dados e compartilha conhecimento para alavancar o poder da sociedade civil.

O Ônibus Hacker, por sua vez, leva oficinas sobre leis e desenvolvimento de software a pequenas cidades, onde estimula a população local a resolver os problemas locais, independentemente de resoluções de Brasília. É a chamada transformação política direta. E o GABINETE 56 é um "gabinete hacker" que atua promovendo transparência e participação direta dentro da Câmara. Ambos foram criados por Pedro Markun, primeiro candidato cívico independente do Brasil para vereador de São Paulo.

Outro movimento desse tipo que tem crescido muito é o de hackers a favor de causas sociais. Há cada vez mais mulheres praticando o ativismo digital para trazer mudanças relevantes para questões feministas cujo lema é "hackeando o patriarcado". Elas criam ambientes seguros para troca e discussão, invadem computadores e celulares de quem compartilha indevidamente *nudes* de mulheres e apagam todos os arquivos. Também invadem sites com mensagens machistas e de abuso.

Já o Anti-Child Porn Organization, fundado por Natasha Grigori, reúne hackers do mundo todo dispostos a caçar digitalmente distribuidores de conteúdo pornográfico, desvendando perfis falsos e denunciando. São grupos e pessoas que atuam politicamente, para modificar a internet como conhecemos hoje.

JOVENS PELA POLÍTICA

Em Bali, conheci o movimento Bye Bye Plastic Bags, liderado por duas meninas, de dez e doze anos, que criaram uma petição para que o governo desenvolvesse políticas para reduzir o uso de sacolas plásticas. Elas mobilizaram amigos da escola para irem ao aeroporto recolher assinaturas para entregar ao governo. Depois de milhares de assinaturas recolhidas, a organização ampliou os modos de atuação, realizando palestras de conscientização e falando diretamente com comerciantes locais e escolas. No site <byebyeplasticbags.org>, elas ensinam a montar uma equipe para buscar mudanças e a fazer sacolas com camisetas velhas (alternativa de baixo custo para comunidades mais carentes).

Essas meninas são apenas um exemplo de um movimento que surgiu com jovens e chegou a ganhar uma agenda exclusiva antes da COP-22, a Conferência Internacional dos Jovens pelas Mudanças Climáticas (COY-12). Por aqui, uma pesquisa realizada em 2014 pelo projeto Sonho Brasileiro da Política mostrou que a maioria dos jovens (65%) gostaria de aprender sobre política na escola. Isso mostra uma grande virada. Lembro que aprendi muito pouco sobre o assunto nessa fase, e o que aprendi foi de maneira desinteressante. O que talvez tenha contribuído para minha falta de interesse depois de adulto. Surgem então plataformas e grupos que querem educar e trazer alfabetização política, usando a tecnologia e seus atrativos. Várias plataformas usam a metodologia Open Source, que estimula e permite a disseminação gratuita dos conteúdos.

O Politize é um portal de educação política on-line que surgiu com o propósito de formar educadores líderes que possam atuar como agentes de mudança nas eleições de 2018. Oferece conteúdo através do site, com fontes de informação no formato de *podcasts*, e-books, cursos e também aplicativo *mobile*. Conta ainda com vídeos educativos, com o objetivo de estar sempre mantendo as pessoas atualizadas com as questões mais recentes do mês.

Na onda da nova educação, surgem as plataformas que usam a "brincadeira" e a gamificação para educar sobre política. O Jogo da Política é um conjunto de três jogos que simulam os poderes Executivo, Legislativo e Judiciário. Ele cria uma experiência na qual os participantes se colocam no papel de um deputado, prefeito ou juiz, levando o jogador a viver na pele a complexidade da política.

O Fast-Food da Política é uma plataforma para promover a compreensão sobre o Estado e a política brasileira de maneira dinâmica e criativa. Trabalha com três tipos de projeto: o jogo tradicional, que decodifica o funcionamento dos três poderes, três esferas e conjuntura governamental; o molho especial, que dá visibilidade a regras, direitos e legislações relacionadas a representatividade feminina; e o *slow-food* da política, com o objetivo de trazer uma formação política integral em um programa continuado.

APROFUNDAMENTO

Para assistir:

▎ *The Square* (documentário)
Para ter uma visão social e política das manifestações da Primavera Árabe de 2011.
▎ *Sweet Micky for President* (filme)
Para entender os desafios da política haitiana após o terremoto de 2010, ao acompanhar o rapper internacional Michel Martelly (conhecido como Sweet Micky).
▎ *Winter on Fire: Ukraine's Fight for Freedom* (documentário)
Para conhecer mais sobre os protestos ucranianos que culminaram na deposição do então presidente Viktor Yanukovych.
▎ *A 13ª emenda* (documentário)
Para questionar o aprisionamento em massa e compreender que o aumento da população carcerária não aumenta a segurança de uma nação.
▎ *O invasor americano* (documentário)
Para entender políticas públicas de diversos países e os efeitos positivos que elas podem ter na sociedade.
▎ *Oriented* (documentário)
Para descobrir as dificuldades de ser homossexual em meio a uma cultura que valoriza casamentos arranjados.
▎ *Cartel Land* (documentário)
Para conhecer as particularidades da fronteira entre México e Estados Unidos, em especial grupos que buscam justiça com as próprias mãos contra os traficantes que atuam na região.
▎ *Deep Web* (documentário)
Para entender o site Silk Road, que se tornou um mercado paralelo on-line de drogas e toda sorte de produtos ilegais.

▎ *E-Team* (documentário)
Para acompanhar o difícil trabalho da equipe de emergência do Human Rights Watch.
▎ *We Are Legion* (documentário)
Para descobrir a realidade do grupo de hackers Anonymous.
▎ *She's Beautiful When She's Angry* (documentário)
Para entender as origens do feminismo nos anos 60 e o ativismo de hoje, analisando suas vitórias e tudo o que ainda falta conquistar.

Para acessar:

Sites de informação e conteúdo de aprendizagem:

▎ Jogo da Política: <jogodapolitica.org.br>
▎ Politize: <politize.com.br>

Para pensar:

Limite, disciplina e socialização: podemos recusar as relações de poder?

QUARTA PARTE

Novo mundo?

ANDAR COM FÉ

EU VOU.

"Andar com fé", Gilberto Gil

16. Nova

ÍNDIA

Carnaval de 2015. Meu amigo Renan e eu decidimos fazer algo diferente. Até que, depois de quase catorze horas de voo até Dubai, mais oito horas até Deli e mais seis horas de carro, chegamos a Rishikesh — mais conhecida como a capital mundial da ioga, ou onde os Beatles se refugiaram em 1968 para compor e meditar.

A cidade, situada aos pés do Himalaia, é banhada pelo rio Ganges e considerada sagrada há milênios. Sua origem está ligada aos primórdios da religião hinduísta. Mas não pense que, por isso, há calmaria (a viagem de carro foi enlouquecedora). Pedestres, carros, *tuk-tuks*, motos, macacos e vacas sagradas tentam se organizar no trânsito, onde buzinas não param, parecem querer dizer "oi" a cada carro, pessoa, moto, macaco ou vaca que passa.

Em meio a esse caos, vejo Shiva. Não foi uma "visão", era uma grande estátua de concreto mesmo, tal qual um Cristo Redentor. Aprendi que Shiva é aquele que traz o bem. É o deus supremo do hinduísmo, conhecido como o "transformador" — que destrói para construir algo novo, em movimento circular. Representa a energia criativa. A criação da ioga — prática que produz transformação física, mental e emocional — é atribuída a ele.

À noite fomos visitar o Sachcha Dham Ashram, que recebe a temporada do Sri Prem Baba, motivo de nossa viagem. Uma vez por ano, Baba passa de três a cinco meses nesse local. Seus ensinamentos e bênçãos são transmitidos através de *satsangs* (palestras) e práticas espirituais (como ioga e meditação), *seva* (serviços voluntários), canto de mantras e *pujas* (cerimônias védicas). Fomos para fazer o processo de iniciação com ele, para que ele se tornasse nosso guru.

Descemos uma ruela estreita, entre casas de aulas de ioga, meditação, sessões de astrologia e massagem e logo chegamos. De repente um carro grande buzina e alguém nos chama. Uma devota nos pede que ajude a carregar caixas com tangerinas. Da posição do motorista sai Baba, enrolado numa espécie de túnica, descalço e logo se junta a nós na missão. (Foi engraçado, me lembro que estranhei e pensei: "Guru dirige?".)

No dia seguinte, as atividades começaram cedo. Às sete da manhã, com ioga, seguida de uma sessão de meditação e mantras. A rotina se repete por toda temporada até o momento mais esperado: o *satsang*, um encontro de Baba com todos, no qual ele responde perguntas aleatórias do público (nada é à toa). Na hora marcada, ele é anunciado, "*Baba is coming*", todos se levantam. Chega lentamente, caminha na frente de todos, sorrindo e olhando nos olhos do maior número de pessoas possível. A música sobe.

Todos com as mãos juntas em posição de prece olham com amor, fascínio e devoção. As músicas são lindas, misturam várias línguas e tradições — gravei várias e compartilhei com alguns grupos de WhatsApp como forma de trazer meus amigos para perto. Aquilo é poderoso. Grande parte do público começa a chorar, sensibilizada pela avalanche de sentimentos que estão no ar, tão densos que é quase possível tocá-los. É bonito demais.

Do ponto de vista de negócio, Baba é um *case*. Inovador. De professor de ioga e terapeuta a *head* de multinacional, com sedes em vários lugares do mundo, canais próprios de comunicação, cursos presenciais e on-line, palestras, livros publicados, e-commerce e eventos que atraem multidões. Apesar de questionado por alguns, o sucesso de sua doutrina atrai celebridades (na ocasião, Gianecchini foi meu colega de retiro) e mundanos de todos os tipos, de todos os lugares. Qual seria o segredo?

O "negócio" como um todo fascina. É onde Freud e o hinduísmo se encontram. A psicologia ocidental somada a lições e histórias milenares (muitas tiradas das leituras sagradas dos vedas) estimulam o surgimento de boas perguntas e respostas, muito atraentes a pessoas que não encontram eco para suas ansiedades existenciais nas religiões tradicionais, nos grupos de WhatsApp, no trabalho, na política... Some a isso uma preocupação séria com a salvação do nosso planeta, embasada por conceitos de autorresponsabilidade. Taí, o *Zeitgeist* dos nossos tempos.

Carismático e afetuoso, Baba gosta de fazer rir (e ri deliciosamente) em suas falas. Brinca com as palavras, enquanto deixa claro que seu propósito tem a ver com o despertar da consciência coletiva, com a criação e a propagação de uma nova maneira de viver a vida, mais amorosa e conectada com o outro e a natureza. Segundo ele, a (bendita) crise que vivemos é um chamado para nos responsabilizarmos por tudo que estamos promovendo e para participarmos da mudança que queremos ver no mundo. Para nos libertarmos dos impulsos inconscientes que têm nos levado a destruir a natureza e nossas relações.

Ele fala sobre fenômenos naturais, como terremotos, furacões e tsunamis, e os relaciona com nossa incapacidade de lidar com nossos impulsos destrutivos. Adverte que a forma como nos organizamos socialmente é o que gera esses tipos de fenômenos. Eles são resultado de nosso consumo, nossos hábitos e estilo de vida. Diz que em nossas vidas, quando nos distanciamos da nossa natureza, adoecemos (o mesmo acontece com o restante do planeta). Por isso surgem desafios que são como verdadeiros furacões — como perdas, fracassos, acidentes... Tudo é para ajudar a rever a forma como vivemos.

"A natureza clama para que nos harmonizemos com ela", diz. "Precisamos fazer as pazes com o feminino, com a mãe terra. Com o sublime. Precisamos fazer as pazes com a nossa vida. Somente assim vamos chegar a uma nova era."

E assim sugere a revisão (e atenção) do que comemos, fazemos, pensamos. Sugere uma dieta sem carne, como forma não só de reduzir a cultura da morte e do sofrimento, como também para o equilíbrio ambiental. Fala sobre a importância de preservar a Amazônia, sobre a importância de perceber o que está a nossa volta. Fala sobre *seva*, prática de trabalho voluntário e desinteressado, que nos aproxima da descoberta de nosso propósito. Fala sobre a importância de uma vida com propósito, em oposição a uma vida alienada. Em um dos encontros, comparou o processo de expansão da consciência com uma autoescola que faz do corpo o carro. Uma alegoria para despertar a urgência de tomarmos controle sobre nossas vontades, nossa consciência, nossa vida, em vez de permanecer na sombra num ciclo permanente de sofrimento, sendo governado por outros.

"A pessoa nasce, transa, faz uns filhinhos, compra umas coisinhas e depois morre. Volta e faz tudo igual de novo." Ele repete isso algumas vezes. A primeira colocação causa gargalhadas. Mas, conforme ele vai repetindo, o público vai ficando mais sério. Alguns começam a chorar. A identificação é generalizada. A falta de sentido na vida de muitos é palpável. (Na hora, lembrei dele chegando dirigindo seu próprio carro. Pensei em mim, que nunca tirei carteira de motorista [rs].)

Ali olhei para minha vida. Pensei nas minhas insatisfações, nos meus últimos atos, nas consequências dos meus atos, nas minhas (não) escolhas. Lembrei do meu velho mundo (tudo dentro de mim que quero/preciso deixar para trás). Senti a vida passando em alta velocidade. Lembrei dos meus dezoito anos, quando pensei "tiro carteira depois". Me vi com quase 38. Fechei os olhos, e (re)vi Shiva. Decidi recuperar o controle.

DUBAI

Depois de uma temporada comendo pouco (na Índia segue-se a dieta vegetariana), dormindo pouco, trabalhando pouco... Renan e eu chegamos a Dubai, templo do "quanto mais melhor" (ou quase). Da janela do quarto tínhamos a vista do prédio mais alto do mundo, do maior shopping do mundo — que, por sua vez, tem o maior aquário do mundo e o hotel mais luxuoso do mundo... E meu corpo voltou a experimentar tudo em excesso — comida, calor, sexo e tantos outros estímulos.

Mas, quanto mais eu recebia, mais triste eu ficava. A alegria, leveza e tranquilidade, experimentadas há pouco na Índia, experimentadas lá atrás em Piracanga, foram indo embora. Na primeira refeição tivemos uma superdor de barriga (como se nosso corpo avisasse: "Por favor, não me alimente disso de novo"). Passei um dia descansando no hotel, quando conheci um cara que me contou sobre um lado de Dubai que ninguém comenta.

"Terra do Nunca ou Ilha da Fantasia, você escolhe", disse olhando bem sério para mim. Em Dubai tudo é absolutamente falso. Palmeiras, água, ilhas, praias, sorrisos. Tudo não passa de uma grande miragem, forjada sobre um imenso deserto, que nem água tem — e as tempestades são de areia (é sério, por lá não chove). A água consumida vem do mar e é dessalinizada. Por causa disso, o consumo de água é até três vezes maior do que em qualquer outro lugar do mundo.

O petróleo é uma das maiores fontes de renda da cidade (se o mundo deixar de depender dele, Dubai desmorona), e financiou grande parte das construções, num esquema quase medieval. Por trás de tanto luxo e glamour, incontáveis mortes e tristes histórias de vida de quem fez a cidade com o próprio suor (tanto suor que muitos "trabalhadores" costumam perder a capacidade de urinar), em condições análogas às de trabalho escravo.

Sonapur é onde ficam os imigrantes que diariamente fazem tudo ficar de pé. Milhares de homens moram amontoados, em acampamentos sem energia elétrica, saneamento e qualquer tipo de dignidade. Diariamente vão e voltam para a cidade, em caminhões de transportar animais, onde trabalham por quase catorze horas. Fazem isso por obrigação, pois muitos tiveram seus passaportes confiscados e não têm outra opção. Tentei ir até lá, mas soube que eu poderia correr risco de vida, caso desconfiassem que eu teria algum objetivo jornalístico com a visita.

Desisti, pois já estava correndo risco demais. Ser gay é considerado crime em Dubai, com pena de até dez anos. Além da possibilidade de ser preso, há gangues extremistas responsáveis por crimes de homofobia. Bem, dito isso, dá para entender um pouco da minha tristeza, não? Como "ser feliz" assim? Muita gente acharia uma loucura, se eu legendasse as fotos nas redes sociais, com meus sentimentos reais. "Tá maluco?", ~~alguns~~ muitos diriam. "Como você pode estar triste aí?" E eu só pensava: "Como alguém pode ser feliz aqui?".

ÍNDIA OU DUBAI?

A humanidade sempre viveu repleta de mitos. Seria o "novo mundo" mais um deles? O que caracteriza o novo? Seria um avanço, como Dubai, ou um resgate ao passado, como a Índia? O que pode derrubar o novo? Questões ambientais são mesmo as primordiais? E as sociais e culturais? E as econômicas? Qual é o preço do novo? Quem paga a conta do novo?

> A Índia é um dos países mais intrigantes que visitei. Para entender isso aqui é preciso tirar os olhos críticos. A Índia é um país para se olhar com o coração e com a alma. É um país para sentir, não para ranqueá-lo ou colocar nas categorias mentais de gosto ou não gosto. É um país que se conecta com quem sabe olhar através do caos. Não tem infra, higiene e organização. Mas tem uma espiritualidade louca. Um respeito à cultura e um ritual único. Não adianta vir para cá e querer olhar da janela, e enxergar luxo ou miséria. Não vai valer a pena a viagem.

O trecho acima foi postado pela Natalie Klein, da NK Store, em seu Instagram, quando ela passou pela Índia. Representa muito meu sentimento. Concordo com ela que muito mais do que criticar ou procurar solução para a Índia (e tudo que acontece lá), é um lugar para viver e aprender. E o que sinto é que todas essas viagens que fiz, longas ou curtas, me levaram a lugares muito distantes dentro de mim. O distanciamento foi bom para eu ver que muitos mundos são possíveis. Esse foi meu maior aprendizado.

Dubai para muitos é a materialização do futuro. Tecnologia, riqueza, abundância. Mas, como tantos outros lugares, sobrevive da insustentabilidade do mundo, da alienação, da permanência de padrões antigos, hoje tidos como equivocados (felizmente) para um número cada vez maior de pessoas. Sobrevive não só do petróleo, mas também da exploração da natureza e do homem. Da exploração do mais fraco e da exaltação do que é falso e passageiro. Mesmo assim, ainda é objeto de desejo de muitos — afinal, estamos em transição.

Apesar disso tudo, e por isso tudo, Dubai também comprova a lei da ação e reação. Por contribuir tanto para o "fim do mundo", a cidade será um dos primeiros lugares a sofrer com o aquecimento global. Se o nível do mar continuar a subir, em decorrência das geleiras que estão derretendo, suas ilhas serão inundadas. Hoje suas praias já sofrem as consequências do crescimento desordenado, poluídas por hotéis de luxo, que não têm esgoto adequado. (Quanta loucura e incoerência, não é mesmo?!)

Apesar de tanta ostentação, a crise financeira também chegou a Dubai. Nos anos que antecederam minha viagem, vários empreendimentos faliram. Imensas pirâmides de vidro, hotéis faraônicos, lojas e mais lojas, grandes construções foram abandonadas por falta de investimento e fracasso da comercialização de espaços comerciais e imobiliários. A cidade se caracteriza por lugares lotados e outros quase fantasmas. Por diversas vezes me perguntei: "Seria uma miragem?". Uma visão do fim ou de um novo mundo?

APROFUNDAMENTO

Para assistir:

- *Awake: A vida de Yogananda* (documentário)
  Para ver como foi a infância e a juventude de Yogananda até ir, relutante, para o Ocidente, com sua passagem pelos Estados Unidos e todos os problemas que enfrentou lá.
- *Isso existe* (documentário)
  Para conhecer a trajetória do mestre espiritual brasileiro Sri Prem Baba.
- *Gandhi* (filme)
  Para se inspirar a mudar, veja esta bela cinebiografia de Gandhi, que retrata desde o trabalho do indiano como advogado até a liderança das revoltas contra o colonialismo britânico.
- *Wild Wild Country* (série)
  Para entender como Osho criou não apenas um fenômeno cultural, mas um grande negócio, com consequências (no mínimo) desastrosas.
- *Sete anos no Tibet* (filme)
  Para conhecer mais sobre o Tibet, a cultura do local e as dificuldades históricas da luta desse povo pela independência.

Para meditar:

Energia física: Você está em dia com sua saúde?
Energia emocional: Você está feliz?
Energia mental: Você está conseguindo criar e se concentrar?
Energia espiritual: Você sabe por que está aqui?

QUANDO TUDO ESTÁ PERDIDO SEMPRE EXISTE UM CAMINHO.

"A Via Láctea", Legião Urbana

17. Nova realidade

A esta altura do livro eu gostaria de estar em alguma rede social, fazendo uma enquete para saber o que estão achando. Mania de hiper-realidade (em algum momento eu fiquei pensando em como fazer isso mesmo). É que hoje todos transitamos tanto em territórios virtuais, que a mistura e a sobreposição das realidades física e virtual fazem até com que às vezes seja difícil dizer onde estamos. Onde está a realidade. Até mesmo dizer o que é a realidade.

Para a Wikipédia, "realidade" (do latim *realitas*, isto é, "coisa") significa em uso comum "tudo que existe". Em seu sentido mais livre, o termo inclui tudo que é, seja ou não perceptível, acessível ou entendido pela filosofia, ciência ou qualquer outro sistema de análise. A realidade é o mundo a nossa volta. Seja ele real, seja virtual.

Comecei o livro falando sobre o fim das coisas, e ao longo dele apresentei novas histórias que têm ajudado a moldar um novo mundo que faça mais sentido para a vida humana e todos os seres que co-habitam o planeta com a gente. Mas, ao mesmo tempo, não podemos negar notícias que muitas vezes nos desanimam e fazem pensar se não é uma utopia esse tal de novo mundo.

Falar de amor e felicidade é muito legal. Mas e quando precisamos ganhar bem a qualquer custo? "Lutar para ser feliz", como diriam as "vítimas da criação". Ser livre é legal. Mas e a angústia que rola toda vez que preciso me definir ou fazer uma escolha? Sem contar com a pressão de viver (tenho certeza de que essas seriam coisas que vocês me diriam se pudessem).

Para alguns, criar um mundo novo pode parecer uma ilusão. Mas estou aqui para lembrar que foi isso o que sempre aconteceu, várias vezes ao longo da história da humanidade. Passamos por uma série de etapas, relacionadas a níveis de consciência que mudaram as coisas a nossa volta. Estamos vendo aqui elementos claros que apontam que uma nova mentalidade vem surgindo e por isso (também) ouso dizer que um novo mundo é possível sim.

A cada etapa surge uma nova maneira de colaborar (como vimos anteriormente). Diante disso, o importante é aceitar que um novo mundo é questão de escolha. O futuro não está ali na frente. Ele já está misturado com o presente. É fruto de nossos/novos hábitos e atitudes, que possam contribuir para melhores cenários. Para uma nova qualidade de vida da/na Terra.

A humanidade já chegou a acreditar que a Terra era plana, que estávamos sozinhos no Universo e que algo mais pesado que o ar não poderia voar. Até que surgiu uma nova informação e mudamos a maneira de olhar para as coisas e, como resultado, a realidade mudou. É sempre assim que acontece. A evolução está relacionada à expansão da consciência.

Nossa "consciência" inclui uma série de coisas. Por definição, é a forma como percebemos nosso mundo, nossos pensamentos, nossas intenções e muito mais. Parece que estamos falando de realidade, não? Não só parece. Vários cientistas acreditam que a consciência cria a realidade. A nova física está apontando para o fato de que cada observador molda sua própria realidade.

O físico John Archibald Wheeler diz que o Universo é resultado do ato da observação. Só é possível falar da realidade que é observada. Se não há ninguém olhando, não é possível dizer que a coisa está lá. Para ele, o Universo é participativo. Como se, sem nossa partici-

232

pação, não tivesse sentido falar em "realidade". Nosso papel, como observadores conscientes, é fazer emergir uma realidade que exista embaralhada com outras.

Nossa forma de pensar e perceber desempenha um papel vital na construção física que vemos diante de nós. "O fluxo de conhecimento está caminhando em direção a uma realidade não mecânica. O universo começa a se parecer mais com um grande pensamento do que com uma grande máquina", disse R. C. Henry, em *O universo mental*.

Isso significa que nós, como indivíduos (e em um nível coletivo como humanidade), podemos moldar e criar qualquer realidade que gostaríamos para nós mesmos, e assim quebrar padrões para abertura de novas possibilidades e até mudar nossa direção. Criar uma nova realidade de mundo é possível. Para isso precisaremos mudar ~~de lógica~~ a mentalidade industrial especialista em solucionar problemas e adquirir uma nova consciência, a de que somos promotores de uma realidade construída coletivamente, através da expressão dos talentos individuais de cada um.

Uma forma de entender isso é pensar que duas pessoas veem a mesma situação de forma completamente diferente, de acordo com seu nível de consciência. E ambas podem mudar de ideia. O nível de consciência atua como um filtro sobre o que vemos e faz parte da nossa vida. Você já deve ter vivido isso. Quando estava grávida e todos a sua volta pareciam estar grávidos também. Ou quando estava procurando apartamento e passou a ver placas de "aluga-se" por todos os lados. Quando desejou algum produto e todos a sua volta pareciam usá-lo. Quando ficou a fim de alguém e deu de cara com a pessoa.

O rio Ganges, em Rishikesh, é tão verde, paradisíaco e sagrado quanto sujo. Dubai é tão terra de sonhos, prosperidade (para uns), quanto pesadelo e prisão (para outros). Fato é que em tudo há polaridade. Luzes e sombras. O que determina o meio são nossas escolhas individuais e coletivas. Somos o resultado do que fazemos (nosso corpo, nossa casa, nosso trabalho, nosso bairro...). E por mais que às vezes seja difícil acreditar, é possível viver no mundo que quisermos. Seja em Dubai, seja na Índia, seja em qualquer lugar. E quem diz isso não sou eu.

O biólogo Bruce Lipton é tido hoje como uma das principais vozes da nova biologia, responsável por cruzar questões da biologia das células com a física quântica. Suas pesquisas o levaram a descobrir que a membrana externa das nossas células possui características de armazenamento de informações semelhantes a um chip de computador (hiper-realidade de novo?).

Tá, mas e daí? Daí que ele descobriu que o ambiente externo influencia as características fisiológicas e comportamentais dessa membrana, podendo acionar ou desacionar os genes. Essa descoberta vai contra a ciência convencional, que sempre acreditou que somos fruto da nossa genética, vai contra o pensamento de que seguimos um manual imutável.

Batizado de epigenética, esse fenômeno se caracteriza pela habilidade de o ambiente e o estilo de vida do ser humano influenciarem suas características celulares e genéticas. Ou seja, nossos pensamentos, emoções e alimentação são capazes de influenciar não só nossa realidade externa, como também a saúde do nosso corpo (até a autocura a partir de melhores condições mentais e de estilo de vida, por exemplo).

Outro especialista que também fala sobre a relação entre pensamento e corpo é o farmacêutico David Hamilton. Quando trabalhava na indústria farmacêutica, ele ficava fascinado com o efeito placebo — como as pessoas melhoravam ao acreditar que estavam recebendo um medicamento. Assim começou um estudo sobre as interações mente-corpo, abandonando a área farmacêutica e trazendo conhecimento sobre essa relação para as pessoas, ajudando-as a acreditar mais em si mesmas.

Hamilton também tem observado em estudos o quanto a meditação e a bondade (práticas do hinduísmo) trazem a cura para o corpo. Ele percebeu que a bondade amorosa possui efeito anti-inflamatório. Na pesquisa, pessoas que praticaram a meditação, cultivando sentimentos de bondade e compaixão, apresentaram respostas inflamatórias baixas em relação ao estresse. Isso é apenas um dos exemplos do quanto podemos mudar nossa realidade.

Como não acreditar em uma (r)evolução? Está entendendo o que venho me esforçando em dizer sobre cocriar um novo mundo?

Há bem pouco tempo essas ideias eram impensáveis. Qualquer um pode perceber que estamos em processo de despertar para uma série de novas possibilidades simultaneamente. Como resultado, o mundo à nossa volta está começando a mudar. Um novo planeta é possível. Assim como uma nova ciência, alimentação, espiritualidade e até economia. Mas, para que isso continue acontecendo, em nível grande, é preciso primeiro mudar a maneira como olhamos as coisas. Aí as coisas que olhamos continuarão a mudar.

APROFUNDAMENTO

Para assistir:

▍ *Quem somos nós?* (documentário)
Para quem busca respostas profundas para as perguntas difíceis da vida.
▍ *O ativista quântico* (documentário)
Para explorar a ponte entre ciência e espiritualidade na busca de provar cientificamente a existência de Deus.
▍ *Os incrédulos* (documentário)
Para debater a relevância da ciência e da razão no contexto atual do mundo.

Para ler:

▍ *Uma breve introdução ao ativismo quântico*, de Amit Goswami
Para se aprofundar nos temas do filme *O ativista quântico*.
▍ *A biologia da crença: A libertação do poder da consciência, da matéria e dos milagres*, de Bruce H. Lipton
Para saber mais sobre como as células do corpo são influenciadas pelo pensamento, além da relação que isso tem com a reencarnação.

Para fazer:

Escolhas

Em qual mundo você quer viver?

Pegue um papel, divida em duas colunas. De um lado escreva as coisas de que você precisa abrir mão para viver um novo mundo na sua vida. Do outro, escreva o que você gostaria de receber deste novo mundo.

Memórias

E se você pudesse eternizar momentos?

Enquanto não usamos lentes que vão registrar e eternizar momentos, que tal aceitar que nossos olhos são máquinas que filtram e registram o que queremos ver?

Em vez de fotografar com o celular, fotografe com os olhos. Diante de algo que gostaria de eternizar, pisque com a intenção de guardar aquela memória e fazer com que ela se torne mais frequente.

A GENTE QUER COMIDA, DIVERSÃO E ARTE.

"Comida", Arnaldo Antunes, Marcelo Fromer e Sérgio Britto

18. Nova alimentação

Uma vez estabelecida uma consciência de integralidade e conexão com nosso mundo exterior e interior, tudo muda. A ecologia, a economia, a alimentação, a espiritualidade... E a noção de que tudo está ligado e se complementa faz com que, para mim, tenha cada vez mais sentido pensar no alimento como algo para nutrir o corpo e a alma. Noção que desenvolvi na Índia.

A busca para aprender a lidar com desafios da vida contemporânea, hiperconectada, cheia de demandas e ansiedades, tem levado o olhar de muitos para filosofias orientais e/ou ancestrais. Ioga, budismo, hinduísmo, taoísmo, entre tantas outras. Há também quem busque a sabedoria dentro do nosso continente através da filosofia tolteca e dos saberes indígenas, por exemplo.

Não à toa, a ciência e a medicina ocidentais vêm se integrando a práticas de saúde, cuidado e bem-estar mais sublimes. Essa integração de conhecimentos vem sendo chamada de medicina integrativa. No mundo todo, vemos médicos e cientistas dando valor a atividades como acupuntura, meditação, reiki e conexão com a natureza, por exemplo, como novas abordagens terapêuticas complementares à alopatia.

Uma grande motivação é o entendimento de que qualquer enfermidade é um conflito entre nossos mundos. O resfriado se manifesta quando o corpo não chora. A garganta dói quando não é possível se expressar. O estômago arde quando as raivas se acumulam. O corpo engorda quando a insatisfação cresce. A alergia aparece quando o perfeccionismo passa do limite. A cabeça dói se as dúvidas aumentam. A febre aumenta quando perdemos as defesas. O coração desiste quando o sentido da vida parece terminar. Minha homeopata sempre disse que as doenças não são más, elas avisam quando erramos a direção.

Em países como Estados Unidos há médicos especialistas tanto na medicina dita convencional como na medicina aiurvédica, por exemplo. Assim como há casos inclusive de médicos indianos aiurvédicos que são formados tanto no aiurveda quanto na medicina alopática ocidental. No Brasil já é possível encontrar essas novas abordagens terapêuticas em hospitais renomados como o Albert Einstein. Kundalini Yoga para pacientes? No Sírio-Libanês tem.

Além disso, saberes tradicionais ganham força com a busca de uma nova consciência, mais natural e mais conectada com o corpo e a Terra. É possível ir ao encontro de muitas informações relacionadas ao parto natural, humanizado e amparado por parteiras e doulas (que dão suporte emocional à gestante antes, durante e depois do parto). Ervas terapêuticas ganham visibilidade na saúde e na cosmetologia, através do resgate da "sabedoria de vó", dos chás e das plantas medicinais.

E se eu já estava predisposto a pensar dessa forma desde pequeno, por ter sido cuidado sempre pela homeopatia e por terapias alternativas, foi em 2017, em meio a todo processo de construção e saída da MALHA, que senti na pele essa conexão. A tensão e a preocupação com o empreendimento me causaram primeiro um peso nas costas, que evoluiu para uma tensão que me paralisou e me levou a passar um dia internado e sedado para controlar as fortes dores que sentia no braço e na coluna.

O diagnóstico: duas hérnias na cervical comprimindo minha medula e bloqueando a comunicação com meu braço direito. Em pouco tempo, perdi a força e comecei a ter dificuldade de movimento. A solução apresentada por alguns médicos, uma cirurgia que poderia comprometer (anular) para sempre o movimento do meu braço. O que eu fiz? Tirei um mês de férias e fui para Bali descansar e tentar novas alternativas.

Lá conheci o jamu, uma bebida feita à base de cúrcuma (lá é chamada de *turmeric*), um antibiótico natural que dizem ser muito bom contra o câncer. Eu o descobri ao visitar uma curandeira que trata de doenças físicas e espirituais, através de massagem e dieta. Ao final da primeira massagem, ela disse que eu não deveria voltar mais, que meu problema não era para ela, e sim para fisioterapia e para o jamu.

Dei um "google" e descobri que existem diversos estudos sobre os efeitos antibióticos da bebida, que é excelente também para o sistema nervoso, para evitar problemas como Alzheimer, estresse, Parkinson, ansiedade, esclerose múltipla, depressão e muitos outros, além de ajudar a aumentar a imunidade e combater problemas com bactérias, fungos e o sistema respiratório. Você já tinha imaginado alguma vez que um alimento pudesse ter esse poder?

Pois bem, trinta dias depois voltei de lá sem os sintomas que me incomodavam. Não operei. Nem sequer fiz mais exames para ver a evolução do quadro. Comecei a me tratar com um fisioterapeuta (um beijo, Thomaz) que também é acupunturista, osteopata, professor de meditação e mestre de reiki, e decidi mudar drasticamente minha dieta, privilegiando alimentos que pudessem ser realmente combustíveis para meu corpo e alma.

Não é de hoje que o interesse pela alimentação vem ganhando espaço no mundo. Na última década, vimos a saúde do corpo ser mais valorizada nas redes sociais. Muitos passaram a ter uma atenção maior ao que se come. O que há de novo é a percepção de que não adianta só cuidar da própria alimentação se o que escolhemos colocar no prato traz consequências negativas ao mundo natural, aos animais e às pessoas que produzem.

Não é muito louco pensar que nos alimentamos à custa da vida de muitos animais? Ou mesmo à custa da vida de muitas pessoas, que ao longo do processo morrem com as consequências dos agrotóxicos utilizados nas plantações, da água poluída e de condições ruins de trabalho. Isso sem contar com nossa própria vida, a longo prazo.

Quem se importa com essas questões tem começado um movimento, voluntário ou não, de cuidar da vida e do futuro do planeta a partir das escolhas alimentares, e assim contribuir com novos valores, nova ética e novas formas de se relacionar com a saúde, com as pessoas e com os seres não humanos através da comida.

Graças ao acesso mais fácil a informações sobre o impacto ambiental e pessoal das nossas escolhas, muitos vêm mudando hábitos e participando ativamente de diferentes causas que prezam a vida de forma sistêmica. Podemos chamar esse movimento de alimentação consciente, que pode estar relacionado a alimentação vegana, vegetariana, orgânica, *plant-based*, local e sazonal, aiurvédica. Tudo isso, além de movimentos que têm como meta reduzir o desperdício de alimentos e o lixo.

VEGETARIANISMO

Vegetarianismo ou vegetarismo significa consumir apenas alimentos de origem vegetal, podendo ou não consumir ovos, leites e derivados, mas nenhum tipo de animal. As pessoas costumam adotar o vegetarianismo por diferentes razões. A principal é o respeito à vida dos animais, motivação introduzida por algumas crenças religiosas e que evoluiu para a noção de preservação dos direitos dos animais. Outras motivações estão relacionadas com a saúde, o meio ambiente, a estética e a economia.

Existem diversas dietas vegetarianas em relação aos produtos que são ou não consumidos. Alguns exemplos são: ovolactovegetarianismo, que utiliza ovos, leite e laticínios na alimentação; lactovegetarianismo, que utiliza leite e laticínios na alimentação; ovovegetarianismo, que utiliza ovos na alimentação; e vegetarianismo estrito, que não utiliza nenhum produto de origem animal na alimentação.

Foi na Índia que comecei a ter essa noção. Um dos princípios mais importantes adotados pelo hinduísmo, e pelo budismo, é o *ahimsa*, que consiste em não cometer violência contra outros seres. Tem como premissa que todos os seres vivos têm uma centelha da energia espiritual divina como nós. Logo, ferir alguém como nós é ferir a si próprio. O *ahimsa* também se relaciona à ideia de que qualquer violência tem consequências cármicas.

De acordo com o site da Sociedade Vegetariana Brasileira:

> São abatidos mais de 10 mil animais terrestres por minuto no Brasil para produzir carnes, leite e ovos. A maioria destes animais são frangos, porcos e bois — animais que têm uma complexa capacidade cognitiva e sentem dor, sofrimento e alegria da mesma forma que os cães que temos em casa. Os animais são sencientes (capazes de sofrer e sentir prazer e felicidade), por isso a escolha vegetariana é uma escolha de não compactuar com a exploração, confinamento e abate destes animais.

Estão disponíveis vários documentários na internet que mostram um pouco da rotina desses animais. Nas granjas industriais, frangos são explorados como se fossem objetos. Vivem cerca de quarenta dias, em um ritmo de crescimento acelerado devido a hormônios. Durante esse processo, muitos perdem a capacidade de se locomover devido à superlotação dos galpões e ao crescimento desproporcional do corpo em relação a seu esqueleto. O mesmo ocorre com os porcos.

A produção de leite de vaca é ainda mais cruel do que a criação que visa à produção de carne (como se fosse possível). Apesar do mesmo destino, o abatedouro, as vacas vivem enclausuradas enquanto é feita a extração do leite por máquinas que mais parecem de tortura. Elas são constantemente inseminadas artificialmente para que possam ser ordenhadas, e seus filhotes são separados delas à força, em apenas um ou dois dias após o parto. Eles seguem o mesmo rumo. Na Índia, as vacas são tidas como animais sagrados, e isso é impraticável.

Mas, além dessa questão ético-espiritual, diversos estudos associam efeitos positivos de saúde com redução de produtos de origem animal e a maior utilização de produtos de origem vegetal. Vários estudos científicos comprovam que o consumo de carnes está diretamente associado ao risco aumentado de doenças crônicas e degenerativas, como diabetes, obesidade, hipertensão e até alguns tipos de câncer, principalmente de mama e fígado.

E ainda, a produção de alimentos através da pecuária também é ambientalmente degradante — pelo uso de água e agrotóxico na produção da soja que alimenta o gado. Além de contribuir significativamente para o desperdício global de alimentos. São consumidos de dois a dez quilos de proteína vegetal, como soja, para alimentar os animais de abate, para produzir apenas um quilo de proteína de origem animal. Em um mundo com 1 bilhão de pessoas que passam fome, imagina que loucura jogar toda essa comida fora.

VEGANISMO

O veganismo vai além do vegetarianismo, e elimina tudo de origem animal da dieta, e não só as carnes: saem ovos, leite e derivados também. Mas essa prática é bastante desafiadora, principalmente no Brasil. Nossa cultura valoriza os produtos de origem animal no prato e, quanto mais sofisticados, maior a moeda social e o status envolvido. Isso é uma grande ironia, pois o "pão e a carne" fazem extremamente mal, apesar de povoar o senso comum como algo essencial. O veganismo busca mostrar que não é necessário explorar produtos de origem animal para que se coma comida saudável e saborosa, e que é urgente mudar essa noção, pois a carne, principalmente a bovina, é a maior responsável pelo desequilíbrio planetário.

Se o sofrimento animal e as complicações sociais envolvidas na criação de gado já não fossem suficientes para repensarmos nossa dieta, as complicações ambientais também são graves, e todos sofreremos as consequências. Utilizam-se dez vezes mais água na pecuária do que para a produção de vegetais, sem falar no desmatamento de enormes hectares de terra da Amazônia, destinados a plantação de soja e criação de gado.

As florestas mantêm sistemas ecológicos essenciais para a manutenção da vida. A sobrevivência cultural de muitas comunidades ribeirinhas depende da saúde das árvores a seu redor. Também desempenham papel fundamental na preservação da biodiversidade — quase metade das espécies terrestres de fauna e flora é encontrada ali. Isso tudo está sendo destruído. Zerar o desmatamento é um passo essencial na estratégia global de combate às mudanças climáticas e de proteção à biodiversidade.

Nos anos recentes, a cada dezoito segundos, um hectare de floresta Amazônica, em média, vem sendo convertido em pasto. Isso faz do Brasil o quarto maior emissor mundial de gases do efeito estufa — liberados com o desmatamento e as queimadas. Tudo isso pode levar a floresta a ser extinta nos próximos dez anos. Sem árvore não tem chuva, não tem água.

O Brasil é o país que, no século XXI, está tendo o maior índice de desflorestamento em área. O mais chocante é que diversos relatórios do Banco Mundial, de institutos de pesquisa e de ativistas, como o Greenpeace, mostram de forma consistente que a pecuária ocupa cerca de 80% de todas as áreas desmatadas da Amazônia. Para piorar, o Greenpeace analisou dados de satélite e autorizações de desmatamento entre 2006-2007 e constatou que mais de 90% da destruição florestal no período eram ilegais. Isso torna a pecuária o maior vetor de desmatamento ilegal do mundo, responsável por mais floresta destruída que o total desmatado em qualquer país.

Por pecuária, entenda a carne que comemos e o couro que vestimos. Isso mesmo, a moda também financia o desmatamento. Florestas de valor insubstituível e vitais para nossa existência estão sendo destruídas para dar lugar ao gado, utilizado posteriormente para a produção de sapatos, bolsas e cintos. Globalmente, quase metade da produção de couro é destinada à confecção de sapatos, seguida da fabricação de móveis e estofamento para automóveis.

A pecuária tem se mostrado inviável para o mundo em que vivemos. Não existem animais suficientes para atender à demanda atual e não existe maneira sustentável de dar conta dessa demanda. É a indústria responsável por 51% das mudanças climáticas do mundo, incluindo o aquecimento global (o de transporte é 13%). Produz cerca de 65% do óxido nitroso que polui o mundo. Estima-se que as emissões de gás carbônico relacionadas à energia deverão aumentar 20% até 2040; as emissões de gases provenientes da pecuária devem aumentar 80% até 2050.

O petróleo utiliza 378 milhões de litros de água por ano na sua produção; a pecuária, 125 trilhões. Metade do consumo diário de água de uma pessoa é da carne que come. O consumo caseiro de água equivale a 5% do total no mundo, enquanto a criação de animais é de 55%. (E tanta gente no mundo morre de sede!) Ela é também a principal causa de consumo de recursos e da degradação ambiental que destrói o planeta hoje, ocupando 41% da terra do mundo. E, enquanto pessoas morrem de fome, 50% dos grãos e dos legumes plantados servem para engordar animais que serão abatidos. Além disso, ela é responsável pela poluição das águas e pelo surgimento de zonas mortas, onde nenhuma espécie de vida é capaz de sobreviver (esses dados são do documentário *Cowspiracy*).

Ou seja, mesmo que não fosse ilegal, a pecuária nunca é legal. E isso não é dito. Muitas pessoas parecem não querer se aprofundar nessa questão, pois isso as faria pensar e ter que tomar uma atitude. No Brasil falta bastante consciência e atitude sobre o tema. O consumo no país é o dobro do sugerido pela Organização Mundial da Saúde (oms). Mas existe muita gente trabalhando e lutando para mudar esse cenário, às vezes até pagando com a própria vida — mais de mil ativistas foram mortos nos últimos vinte anos no Brasil. No filme *Cowspiracy*, Leila Salazar Lopez, diretora do programa de preservação Amazon Watch, diz que:

> Não se fala muito sobre isso, principalmente depois da aprovação do novo código florestal (que é a favor do desmatamento). No Brasil, muitos que resolveram falar e protestar foram mortos, como Jose Carlos, Claudio, a freira Dorothy Stang, que dedicou sua vida contra a destruição da floresta tropical por anos. Um dia, voltando para casa, foi morta à queima-roupa por um pistoleiro contratado pela indústria do gado.

O filme insinua que existe "algo estranho" que faz com que essas mensagens não se tornem públicas. O relatório *A farra do boi na Amazônia*, de 2009, do Greenpeace Brasil, liga a cadeia contaminada de produtos amazônicos aos fornecedores de muitas marcas reconhecidas mundialmente, e aponta o governo como principal financiador da pecuária. De acordo com o relatório:

> O Brasil se apresenta como líder mundial no combate ao desmatamento. [...] No entanto, o governo brasileiro financia e é acionista das maiores empresas do setor pecuário que operam na Amazônia — o maior vetor de desmatamento do mundo. O governo brasileiro possui US$ 2,65 bilhões (5,46 bilhões de reais) em ações de empresas frigoríficas, que se beneficiam do abastecimento barato de gado criado em áreas da Amazônia destruídas ilegalmente. A projeção de crescimento para as exportações nas próximas décadas deve aumentar a pressão sobre a região.
>
> [...] O Greenpeace identificou centenas de fazendas no bioma Amazônia fornecendo gado para esses frigoríficos na região. Todas as vezes em que foi possível obter os mapas das propriedades, análises de satélite revelaram que fornecimento significativo de gado vinha de fazendas envolvidas em desmatamento recente e ilegal. Dados comerciais também mostraram negócios com fazendas envolvidas em trabalho escravo. Além disso, um frigorífico [...] recebeu gado de uma fazenda instalada ilegalmente dentro de uma Terra Indígena.

Ou seja, não vai existir intenção "superior" de mudar esse cenário, nem que seja para garantir nossa existência, pois muita gente está se beneficiando a curto prazo. No entanto, por mais que a pecuária seja um ativo importante de geração de receita para o país, as implicações decorrentes desse "desenvolvimento" podem ser fatais e se voltar contra o próprio país. Se grandes marcas, produtores e governo estão entrelaçados nessa questão, só cabe a nós (re)agir. Em 16 de maio de 2014, a ONU afirmou, no seu relatório anual sobre o gerenciamento de recursos sustentáveis, que uma mudança global para uma dieta vegana é vital para salvar o mundo da fome, da escassez dos combustíveis e dos piores impactos das mudanças climáticas.

O bom da história é que essa dieta tem se disseminado cada vez mais. É possível encontrar centenas de perfis no Instagram que criam e divulgam receitas de pratos à base de plantas, tem até *trashfood* vegano com hambúrguer e cachorro-quente, tudo sem carne.

Já se percebe também uma movimentação do mercado: novas marcas veganas surgindo — de comida, utensílios, maquiagem, roupas, além de marcas tradicionais começando a oferecer novos produtos que abraçam a causa do veganismo.

No Rio de Janeiro, há duas empresas de doces veganos que vêm crescendo nos últimos anos. A Cake Vegan Cake e a Doce Vegana. Há também empresas focadas em garantir que você tenha lanches veganos à mão, como a Vegana Box, uma assinatura de caixas de *snacks* veganos. Vemos também marcas criando produtos alimentícios que simulam o produto animal, é o caso do hambúrguer americano The Beyond Burger, da empresa Beyond Meat. Eles criaram em laboratório a partir de plantas um tipo de bife e hambúrguer com alto teor de proteína, ferro e zero colesterol, com sabor idêntico ao de origem animal.

Algo que acontece com quem para de comer carne é buscar mais coerência e mudar mais hábitos. Tudo começa com uma mudança de consciência. Às vezes não é tão rápido, instantâneo, mas a transformação é inevitável. Em janeiro de 2018, Xuxa causou um reboliço nas redes sociais, comunicando:

> Aos meus treze anos parei de comer carne bovina, aos 24 parei de comer frango e aos 54 peixe... sei que ainda não sou vegana, pois minha vestimenta esconde o sofrimento de muitos animais, mas estou feliz em poder dividir com vcs mais um passo importante na minha vida. Quero e vou respeitar a todos que escolherem o que comer diariamente e espero ser respeitada por não querer comer mais nenhum animal.

Quando as pessoas, e as marcas, se conscientizarem do impacto (que já, já pode bater na porta de casa) do couro que vestem e da carne que comem, quem sabe mudarão seus hábitos. Não é só um movimento para acabar com a fome ou salvar a indústria da moda. É também um comprometimento humanitário e um movimento em direção à compreensão de quem somos e como nos conectamos com o planeta. Um entendimento de que não temos poder sobre a natureza, e sim com a natureza. O que acontece com ela também acontece com a gente. E ela nos emite sinais. Podemos ouvi-los, entrando em harmonia com ela, ou então sofrer as consequências. O que você prefere?

ORGÂNICOS E LOCAL

O modelo global de produção de alimentos é algo totalmente insustentável. Em todos os sentidos. O uso intensivo de agrotóxicos é a base desse modelo, que impacta a saúde de quem faz, de quem come e do meio ambiente. Para você ter uma ideia, sabia que agrotóxicos são tão perigosos que já foram usados como arma de guerra? Pois foram. Na guerra do Vietnã, do Golfo e recentemente na Síria (em 2013).

Apesar disso, a má notícia é que, assim como no caso da pecuária, há uma conjuntura política que incentiva o uso cada vez maior de agrotóxicos na produção de alimentos. Ela direciona linhas de crédito e concede isenção de impostos para a indústria de pesticidas, pois lucra com isso (como revelou o relatório do Greenpeace). Sem contar com as tentativas de extinção de áreas protegidas de florestas, paralisação das demarcações de terras indígenas, anistia para crimes ambientais e dívidas do agronegócio.

O Greenpeace também tem trabalhado para desmontar esse esquema. Em 2016 realizou testes em merendas escolares na rede municipal do Rio de Janeiro e descobriu que 60% das amostras apresentavam resíduos de agrotóxicos. Dentre eles, vários proibidos pela Anvisa, que é responsável por testar e analisar alimentos e em 2016 divulgou um resultado alarmante, que 1% dos alimentos monitorados naquele ano poderiam levar à intoxicação imediata pós-consumo.

Essas e outras fazem do Brasil o maior consumidor de agrotóxico do mundo. Os pesticidas estão em todos os lugares, nos alimentos, na água, na roupa. Eles se apresentam na forma de herbicidas, fungicidas e inseticidas, na maioria das vezes utilizados para acelerar o tempo e aumentar o volume da produção, fazer do solo e da água operários incansáveis, trabalhar como máquinas, alheios ao tempo natural das coisas.

Quem sofre as consequências dessas ações somos nós. Muitos estudos mostram que a exposição constante a essas substâncias pode resultar no surgimento de graves problemas de saúde, como câncer, mutações genéticas, desregulação hormonal, distúrbios e problemas nos sistemas imunológico, nervoso e reprodutivo, até mesmo aborto.

No meio ambiente, causa um desequilíbrio gravíssimo. Os agrotóxicos são a segunda maior causa de contaminação das águas. Prejudicam a vida de várias espécies animais. É o caso das abelhas, que são responsáveis pela polinização natural de 73% das espécies vegetais do mundo. A preocupação com elas é grande, pois sem abelha não tem comida.

A boa notícia é que produzir sem agrotóxico é possível (além de necessário). E já é uma realidade. De acordo com o relatório do Greenpeace Segura esse Abacaxi, de 2018, 70% de todos os alimentos que chegam à mesa dos brasileiros são fruto da agricultura familiar. Na prática isso significa que os pequenos produtores já alimentam a maior parte do mercado, mesmo que você não saiba. E o agronegócio, que faz tanto mal, tem como foco a exportação.

Felizmente a comida orgânica (aquela que não leva agrotóxico) vem aos poucos ganhando visibilidade. Apesar de ser tratada como novidade e ainda não ser tão acessível, há uma busca por produtos certificados como orgânicos como forma de evitar as consequências negativas dos agrotóxicos. Um estudo de 2018 da consultoria Bain & Company no Brasil revelou que grandes marcas de alimento estão perdendo mercado para as pequenas. O lucro médio das grandes caiu de 6% para 1,3%. O interesse pelos orgânicos apareceu na pesquisa como um dos principais motivos para essa diferença.

O Slow Food é uma organização ecogastronômica sem fins lucrativos que valoriza a biodiversidade através do estímulo à agricultura sustentável, além de incentivar a produção artesanal de alimentos. Foi fundada em 1989 por Carlo Petrini para ir contra a onda do fast-food (e da *fast-life*) e resgatar as tradições alimentares locais e o interesse das pessoas pela comida, por sua origem e seu sabor. O movimento enaltece o fato de que nossas escolhas alimentares podem ter um impacto no resto do mundo. Para fortalecer o movimento e a rede, organiza inúmeros projetos, encontros, atividades comunitárias e eventos pelo mundo todo.

No Brasil, existem grandes movimentos de incentivo à agricultura orgânica urbana para estimular a produção perto de onde as pessoas vivem e reduzir assim o impacto com transporte. Esses movimentos também conectam produtores e compradores — sem intermediários, barateando o custo —, como no Rio de Janeiro a Junta Local, uma feira de pequenos produtores (e as feiras de bairro que crescem a cada semana), e o Clube Orgânico, que aceita assinatura de cestas pela internet e entrega cestas em casa.

Há restaurantes que já trabalham apenas com orgânicos, ou o máximo possível. É o caso do Simplesmente e o Le Manjue em São Paulo, o .Org e o Graviola no Rio. Neles o que se percebe é que o preço não é um impeditivo, principalmente porque, quanto maior a utilização, mais barato tem chance de ficar.

SAZONAL E SEM DESPERDÍCIO

Dos movimentos que abraçam a causa do produtor local e a valorização da biodiversidade, surgiu a *tag* "sazonal", que pressupõe produzir apenas com frutas, legumes e verduras da estação. Restaurantes que trabalham assim mudam constantemente seus pratos e oferecem opções somente com o que a natureza pode proporcionar naquele momento. A Casa S, do grupo Simplesmente, em São Paulo é assim.

Há aqueles que priorizam minimizar o desperdício de alimentos e o uso de embalagens descartáveis com foco na filosofia lixo zero. Estima-se que um terço de todo o alimento no mundo é desperdiçado. Esse desperdício acontece ao longo de toda a cadeia de produção, distribuição, armazenamento, até chegar à nossa casa — onde também sofre desperdício.

Em São Paulo, o restaurante Bio, do Alex Atala, tem foco na sustentabilidade e no uso de orgânicos, tendo como base o aproveitamento integral de alimentos, ressignificando partes comestíveis que sobram dos outros restaurantes do grupo que não seriam usados (ou porque não estão tão bonitos ou não cabem nos pratos do dia) ou iriam para o lixo, como raízes, pontas e talos.

Lá fora, o supermercado francês Intermarché ficou famoso por criar uma campanha de valorização de alimentos feios e imperfeitos, oferecendo desconto de 30% nesses produtos, que seriam rejeitados. No Rio de Janeiro o mercado Vale das Palmeiras, do ator Marcos Palmeiras, tem uma xepa todo fim do dia com esse foco.

O projeto Gastromotiva é uma organização que busca transformar a vida de pessoas em vulnerabilidade social através do aproveitamento do alimento que seria desperdiçado e de capacitação para trabalhos em cozinha. Dentre os projetos está o Refettorio Gastromotiva.

Situado na Lapa, no Rio de Janeiro, o Gastromotiva oferece comida, cultura e dignidade para a população vulnerável. Foi lançado durante os jogos olímpicos, pelos chefs Massimo Bottura (Osteria Francescana) e David Hertz (Gastromotiva) e pela jornalista Alexandra Forbes. Funciona como um restaurante-escola onde chefs convidados e jovens talentos da Gastromotiva cozinham com ingredientes excedentes. São servidos jantares gratuitos e almoços para o público em geral com o conceito "pague o almoço e deixe o jantar".

Já nas embalagens e nos plásticos, há uma crescente conscientização e muita gente criticando a incoerência de se comercializarem produtos orgânicos, embalados em plásticos e isopor. Bangladesh e São Francisco são lugares já transformados quanto ao uso de sacolas plásticas, através de políticas públicas.

Em Bali, conheci o biólogo inventor Kevin Kumala, que criou a campanha I Am Not Plastic (Eu Não Sou Plástico), com a intenção de exterminar o lixo plástico que sujava as praias do país. Para a empresa Avani, desenvolveu talheres, canudos, copos e até mesmo roupas de cama para hospitais feitos com materiais biodegradáveis, como milho.

O mercado alemão Original Unverpackt, em Berlim, não vende nenhum produto com embalagem, tudo é comprado a granel, com opção de levar o próprio vidro ou saco de pano ou comprar lá mesmo. Além de facilitar que as pessoas comprem a quantidade certa que vão utilizar, há redução no uso de embalagens. No Brasil, há um movimento de volta a esse tipo de compra também.

PLANT-BASED

Esse termo tem circulado entre veganos e vegetarianos. *Plant-based* (baseada em plantas, em tradução livre) tem sido mais que uma dieta e caracteriza um estilo de vida, no qual a alimentação é totalmente natural, de origem vegetal, minimamente processada, colorida, integral, variada e quase sempre orgânica.

A eliminação, ou ao menos a redução, do consumo de produtos de origem animal faz com que essa dieta seja adotada por aqueles que querem abrir mão da carne, mas que vão além ao tirar do cardápio alimentos industrializados ultraprocessados, normalmente feitos com farinhas refinadas e carregados de corantes, conservantes e outras substâncias difíceis de ser decifradas (o que nem sempre acontece nas dietas veganas e vegetarianas).

Preparar o próprio alimento e comprar mais de pequenos produtores são atitudes estimuladas por esse movimento, assim como utilizar produtos orgânicos e dar preferência a produtos de marcas que adotam comércio justo e têm preocupação com a origem dos alimentos e com o equilíbrio do meio ambiente.

A alimentação dentro dessa dieta baseia-se em frutas, legumes, tubérculos, sementes, oleaginosas, grãos integrais e leguminosas. Exclui ou minimiza o consumo de proteína animal de qualquer tipo, como carnes, produtos lácteos e derivados, e ovos. Saem também alimentos altamente refinados, como farinhas brancas, açúcar refinado e óleos. O que sobra pode ser aquecido, cozido e exposto a altas temperaturas.

O livro *The China Study*, de T. Colin Campbell, mostra um estudo feito por ele e alguns colegas sobre os malefícios do alto consumo de proteína animal e da alimentação atual adotada pela sociedade norte-americana. Campbell é o maior percussor e disseminador dessa alimentação e estimula o uso do termo "à base de plantas" para descrever qualquer coisa que é saudável e feita com alimentos integrais, de origem vegetal, de modo a distinguir de algum alimento que é processado.

APROFUNDAMENTO

Para assistir:

▌ *O veneno está na mesa* (documentário)
Para saber a verdade sobre o modelo agrário baseado no agronegócio, que está infestado de agrotóxicos.

▌ *O veneno está na mesa 2* (documentário)
Para se aprofundar e se atualizar no tema e descobrir as alternativas viáveis de produção de alimentos saudáveis.

▌ *Troque a faca pelo garfo* (documentário)
Para acompanhar um estudo de mais de vinte anos sobre nutrição e qualidade de vida.

▌ *Cowspiracy: O segredo da sustentabilidade* (documentário)
Para descobrir como a agropecuária intensiva está consumindo de forma avassaladora os recursos naturais do planeta.

▌ *What the Health* (documentário)
Para questionar uma dieta baseada em carnes e laticínios e os efeitos que isso pode ter na nossa saúde e na do planeta.

▌ *GMO OMG* (documentário)
Para buscar novas e melhores maneiras de se alimentar.

▌ *Sustainable* (documentário)
Para entender o conceito de sustentabilidade.

▌ *Fed Up* (documentário)
Para investigar as causas da obesidade infantil, que tem se tornado um problema médico cada vez mais grave.

Para acessar:

Site de compras colaborativas que aproxima os consumidores dos produtores: <comidadagente.org>.

Para baixar:

▎ Responsa: Aplicativo que reúne locais, restaurantes, iniciativas e grupos que adotam e fomentam práticas de responsabilidade na produção e no consumo de alimentos. (app)

QUASE SEMPRE SE CONVENCE QUE NÃO TEM O BASTANTE.

"Índios", Renato Russo

19. Nova lógica

O que acabei de expor sobre a nova alimentação tem muito a ver com respeitar a natureza e seu tempo. Isso infelizmente é o que menos temos feito. Não só na alimentação, mas em tudo a nossa volta. A lógica linear da produção industrial de "extrair, transformar, descartar", na qual nosso modelo de crescimento econômico foi baseado, depende de grandes quantidades de materiais de baixo custo e fácil acesso, além de energia.

Esse modelo está atingindo seus limites físicos. O estoque de madeira, por exemplo, pode acabar em até quarenta anos. A agropecuária, em sua forma mais tradicional, leva ao esgotamento do solo e à poluição da água. Pescamos numa quantidade maior do que os peixes conseguem se reproduzir, enquanto poluímos os oceanos, dificultando ainda mais a capacidade de reprodução desses animais.

Nosso sistema produtivo funciona de forma insustentável devido ao grande acúmulo de resíduos e exploração excessiva de recursos. Exploramos nossas fontes, produzimos bens e depois os descartamos. A obsolescência programada, que dá prazo de validade intencional a bens de consumo, gera resíduos que não recebem novos usos e se acumulam exponencialmente. O esgotamento de matérias-primas também é uma grande preocupação.

Além dos impactos ambientais desse modelo, a lógica do "descartar" parece estar impregnada na nossa vida. Nossa relação com o lixo e a (falsa) sensação de que, ao tirar da frente dos nossos olhos e jogar "fora" o que não queremos mais, um problema se resolve, trouxe para nossas vidas um modo superficial de estabelecer relações, no qual tudo pode ser descartado: pessoas, projetos, sonhos, "coisas"... Só que não existe "fora".

Felizmente hoje parece haver um despertar para um olhar cíclico e uma atenção para rever a forma como processos e paradigmas foram estabelecidos. Assim, a chance de dar um novo sentido ao mundo parece ser possível. Para entender, basta olhar a sua volta. A própria (roda da) vida é um devir cíclico, com retorno e consequência às ações praticadas. Algumas religiões inclusive acreditam que ela vai e vem, repetidas vezes e de forma cíclica — como acontece com os dias e as noites.

Aliás, na natureza tudo é cíclico. Não só os dias, que desde o primeiro ao infinito (são cíclicos) se repetem. O sol aparece e some regularmente. A lua obedece uma sequência precisa de formas circulares. As estações se repetem. O mundo natural está cheio de objetos circulares em qualquer escala que observarmos. Estrelas são bolas. Planetas são bolas. Assim como as gotas da chuva e os grãos de areia.

Estique seus braços, e seu campo energético estará como uma esfera. Nosso corpo celeste é circular, assim como as curvas do nosso corpo físico. O globo ocular, o mamilo e o óvulo também. Não podemos esquecer dos glóbulos líquidos, das moléculas e das células. E fora da gente, a moeda, o disco, o hambúrguer, e por aí vai (rs).

O olhar para tudo que é circular tem estimulado cientistas, agricultores, técnicos, designers e produtores a trabalhar de forma diferente. Os resultados são novos modelos de cultivo de alimentos, produção de materiais, geração de energia, procedimentos de cura, armazenamento de informações e outros processos que sejam sustentáveis e alinhados com a ordem natural das coisas.

Assim, começa a ser estabelecida uma nova lógica, a circular, que propõe uma mudança em toda a maneira de produzir, consumir e descartar, levando em conta um novo design — dos objetos à nossa relação com as matérias-primas e resíduos.

O conceito é baseado na inteligência da natureza. Na contramão do processo criativo-produtivo linear, o processo circular não acredita no fim das coisas. No meio ambiente, restos de frutas consumidas por animais se decompõem e viram adubo para plantas. Na lógica circular, resíduos e sobras são insumos para a produção de novos produtos.

Novos produtos surgiriam do que já está disponível. A cadeia produtiva seria repensada para que peças de eletrodomésticos usadas, por exemplo, pudessem ser reprocessadas e reintegradas à cadeia de produção como componentes ou materiais para a fabricação de novos eletrônicos. No mundo são "jogados fora" 2,7 trilhões de dólares de resíduos ao ano. Dois terços de tudo que é produzido não são vendidos/utilizados. Um caminhão de lixo cheio de resíduo têxtil é descartado por segundo no mundo. Menos de 1% das roupas descartadas são recicladas.

A Ellen MacArthur Foundation é uma associação que surgiu com o objetivo de ajudar a acelerar a transição da nossa economia para um modelo circular, e mostrar que há ganho financeiro nessa mudança de lógica. A lógica circular agregou diversos conceitos criados no último século, como: design regenerativo, economia de performance, *cradle to cradle* [do berço ao berço], ecologia industrial, biomimética, *blue economy* e biologia sintética. O site dessa associação traz diversos conteúdos sobre como essa transição pode ser possível, e trata do conceito de economia circular:

> O conceito de economia circular tem origens profundamente enraizadas que não podem ser ligadas a uma única data ou autor. Suas aplicações práticas para os sistemas econômicos modernos e processos industriais, no entanto, adquiriram uma nova dinâmica desde o fim da

década de 1970, lideradas por um pequeno número de acadêmicos, líderes intelectuais e empresas.

O conceito genérico tem sido aperfeiçoado e desenvolvido pelas seguintes escolas de pensamento:

DESIGN REGENERATIVO

Nos Estados Unidos, John T. Lyle começou a desenvolver ideias de design regenerativo que poderiam ser aplicadas em todos os sistemas, ou seja, para além da agricultura, para o qual o conceito de regeneração havia sido formulado anteriormente.

Indiscutivelmente, ele estabeleceu as bases do *framework* de economia circular as quais foram notavelmente desenvolvidas e ganharam notoriedade graças ao Bill McDonough (que havia estudado com Lyle), Michael Braungart e Walter Stahel. Hoje, o Centro Lyle de Estudos Regenerativos oferece cursos sobre o assunto.

ECONOMIA DE PERFORMANCE

Walter Stahel, arquiteto e economista, em 1976 esboçou em seu relatório de pesquisa para a Comissão Europeia, "O Potencial de Substituir Mão de Obra por Energia", em coautoria com Genevieve Reday, a visão de uma economia em ciclos (ou economia circular) e seu impacto na criação de emprego, competitividade econômica, redução de recursos e prevenção de desperdícios. Creditado por ter cunhado o termo *cradle to cradle* (berço a berço) no final de 1970, Stahel trabalhou no desenvolvimento de uma abordagem de "ciclo fechado" para processos de produção e criou o Product Life Institute, em Genebra há mais de 25 anos.

O Product Life Institute busca os principais objetivos: extensão da vida do produto, bens de vida longa, atividades de recondicionamento e prevenção de desperdício. Também insiste na importância de vender serviços ao invés de produtos, uma ideia referida como "economia de serviço funcional" agora mais amplamente incluída dentro da noção de "economia de performance". Stahel argumenta que a economia circular deveria ser considerada um *framework*: como um conceito genérico, a economia circular baseia-se em várias abordagens mais específicas que gravitam em torno de um conjunto de princípios básicos.

CRADLE TO CRADLE [DO BERÇO AO BERÇO]

O químico alemão e visionário Michael Braungart continuou a desenvolver, em conjunto com o arquiteto americano Bill McDonough, o conceito e o processo de certificação Cradle to Cradle™. Essa filosofia de projeto considera todos os materiais envolvidos nos processos industriais e comerciais para serem nutrientes, dos quais há duas principais categorias: técnicos e biológicas. O *framework* cradle to cradle é focado no design para a efetividade em termos de produtos com impacto positivo e redução dos impactos negativos da comercialização através da efetividade.

O design *cradle to cradle* compreende os processos seguros e produtivos do "metabolismo biológico" da natureza, como um modelo para desenvolver um fluxo de "metabolismo técnico" de materiais industriais. Componentes do produto podem ser projetados para a recuperação contínua e reutilização como nutrientes biológicos e técnicos dentro desses metabolismos. O *framework* cradle to cradle inclui entradas de energia e de água.

- Elimina o conceito de resíduo. "Resíduo é igual a alimento." Projeta produtos e materiais com ciclos de vida que são seguros para a saúde humana e para o meio ambiente e que podem ser reutilizados constantemente por meio de metabolismos biológicos e técnicos. Criar e participar de sistemas de coleta e recuperar o valor desses materiais seguindo seu uso.
- Energia com fontes renováveis. "Usa a atual incidência de energia solar." Maximizar o uso de energias renováveis.
- "Celebra a diversidade." Gerencia o uso da água para maximizar a qualidade, promover ecossistemas saudáveis, e respeita os impactos locais. Guia operações e relações com os *stakeholders* utilizando responsabilidade social.

ECOLOGIA INDUSTRIAL

"Ecologia industrial é o estudo dos fluxos de materiais e energia nos sistemas industriais." Concentrando-se em conexões entre operadores dentro do "ecossistema industrial", essa abordagem visa à criação de processos de ciclo fechado nos quais os resíduos servem como insumo, eliminando assim a noção de um subproduto indesejável. A Ecologia Industrial adota um ponto de vista sistêmico, projetando processos de produção de acordo com as restrições ecológicas locais, enquanto observa seu impacto global desde o início, e procura moldá-los para que funcionem o mais próximo possível dos sistemas vivos.

Este *framework* é muitas vezes referido como a "ciência da sustentabilidade", dada a sua natureza interdisciplinar, e seus princípios podem ser também aplicados no setor de serviços. Com ênfase na restauração do capital natural, a Ecologia Industrial foca também no bem-estar social. [...]

BIOMIMÉTICA

Janine Benyus, autora de *Biomimética: Inovação inspirada pela natureza*, define sua abordagem como uma "nova disciplina que estuda as melhores ideias da natureza e então imita esses designs e processos para solucionar os problemas humanos". Estudar uma folha para inventar uma melhor célula solar é um exemplo.

Ela pensa nisso como "inovação inspirada pela natureza". A biomimética se baseia em três princípios fundamentais:

- Natureza como modelo: estudar modelos da natureza e simular essas formas, processos, sistemas e estratégias para solucionar os problemas humanos.
- Natureza como medida: usar um padrão ecológico para julgar a sustentabilidade das nossas inovações.
- Natureza como mentora: ver e valorar a natureza não com base no que nós podemos extrair do mundo natural, mas no que podemos aprender com ele.

BLUE ECONOMY

Iniciada pelo ex-CEO da Ecover e empresário belga Gunter Pauli, a Blue Economy é um movimento *open source*, que reúne estudos de casos concretos, inicialmente compilados em um relatório homônimo e entregue ao Clube de Roma. Como afirma o manifesto oficial, "usando os recursos disponíveis em sistemas em cascateamento [...] os resíduos de um produto se tornam insumos para criar um novo fluxo de caixa". Baseada em 21 princípios-base, a Blue Economy insiste em soluções determinadas por seu ambiente local e suas características físicas/ecológicas, colocando a ênfase na gravidade como a fonte primária de energia.

O relatório, que se desdobra como o manifesto do movimento, descreve "100 inovações que podem criar 100 milhões de empregos nos próximos 10 anos", e oferece muitos exemplos de projetos de sucesso de cooperação "Sul-Sul" — uma outra característica original desta abordagem que tem a intenção de promover seu foco prático.

APROFUNDAMENTO

Para visitar:

ATERRO SANITÁRIO

Um dos lugares que mais me fez refletir sobre tudo que falei aqui foi um aterro sanitário. Lá é um depósito de resíduos sólidos descartados por residências, indústrias, hospitais... Olhando para tudo aquilo é impossível não pensar em nossa necessidade sobre as "coisas" que fazemos, compramos e utilizamos.

Os resíduos da atividade humana vêm se acumulando e degradando o ambiente natural. Muitas cidades nem sequer possuem algo organizado. Grande parte conta apenas com um depósito a céu aberto, no qual pessoas trabalham em condições degradantes. Geralmente são construídos em locais distantes das cidades. O Aterro de Guarulhos, em São Paulo, promove visitas guiadas através do contato visita.aterro@gmail.com. Vale procurar saber em cada cidade sobre a política de visitação.

MUSEU DO AMANHÃ

Localizado no Píer Mauá, no Rio de Janeiro, em 30 mil metros quadrados, com jardins, espelhos d'água, ciclovia e área de lazer, foi concebido por Calatrava, com projeto arquitetônico sustentável, baseado nos elementos da natureza. Utiliza recursos naturais do local — como a água da baía de Guanabara, para climatização do interior do museu, além de placas de captação de energia solar.

O local reúne ciência, tecnologia e conhecimento dentro da sustentabilidade. Inaugura uma nova geração de museus de ciências no mundo, sendo considerado "de terceira geração".

A primeira geração de museus é voltada para o passado, como os museus de história natural. A segunda geração busca difundir as evidências do presente, como os museus de ciência e tecnologia. A terceira geração destina-se a expor as mudanças, perguntas e a exploração de possibilidades futuras para a humanidade.

Para ler:

> *Cradle To Cradle: Criar e reciclar ilimitadamente*, de Michael Braungart e William McDonough
> Para repensar a forma como a indústria vem prejudicando a natureza. Os autores apresentam um novo sistema de produção financeira e ambientalmente rentável.

Para baixar:

O site da Ellen MacArthur Foundation disponibiliza para download uma série de estudos e matérias relacionados à economia circular. Entre eles estão conteúdos relacionados ao futuro da moda, ao planejamento de cidades e produções circulares, além de conteúdos sobre as novas políticas de plásticos e resíduos sólidos. <ellenmacarthurfoundation.org/pt/publicacoes>

Para pensar:

Como anda minha relação com as coisas e pessoas que estão a minha volta?

PENSEI QUE UM VESTIDO NOVO TORNARIA TUDO MELHOR.

"Cranes in the Sky", Solange Knowles

20. Nova(s) economia(s)

Uma das dimensões deste tempo de ruptura que estamos vivendo é, e será ainda mais amanhã, a crise. Nossos ancestrais temiam dragões munidos de fogo na goela. Hoje nosso maior monstro parece ser a crise. Falamos dela como se fosse coisa do outro mundo. Mas a crise não é uma força espiritual ou da natureza. A crise somos nós e o que fazemos com ela (eu aqui parafraseando o cientista David Suzuki, autor de *The Sacred Balance*, ao falar sobre a economia).

A crise econômica de hoje, à qual nos referimos na maioria das vezes, é resultado da nossa crise interna, da crise de valores, de consciência, da crise ambiental, da crise mercadológica, de confiança, política, afetiva e espiritual que estamos vivendo promovendo. Isso mesmo, ela é um reflexo da nossa educação e estilo de vida, da apatia, da falta de consciência. E só há um jeito de matar esse dragão. É preciso compreender que nós fazemos o mundo, que somos responsáveis por tudo, inclusive pela criação de uma nova economia.

A base do nosso sistema socioeconômico funciona de forma negativa para o desenvolvimento humano e social. Na teoria esse sistema se constrói para que as atividades de produção e consumo caminhem bem e se sustenta de forma positiva caso ambas sejam altíssimas. Mas elas vão muito mal. Financeiramente já não tem dado certo também. A "conta" do mundo raramente fecha. Nossa conta raramente fecha. Muitos economistas já defenderam que é preciso encontrar um novo modo de pensar a economia. A boa notícia é que algumas ideias estão em curso.

Por aqui vemos novas alternativas econômicas que estão se fortalecendo através de entusiastas de novos experimentos. Mas ao que tudo indica não será somente uma ou outra que será capaz de mudar o mundo e substituir a economia baseada no capitalismo (selvagem) com o qual estamos acostumados. E sim uma composição de várias delas, em que uma prática ativa exponencialmente a outra, de forma a contribuir positivamente para a sustentabilidade da vida como um todo e não somente dos negócios. A partir de um entendimento cada vez maior de que nosso sucesso econômico depende do sucesso do planeta e das pessoas.

Em *Moda com propósito* falei sobre compartilhar e colaborar como ações necessárias para prosperarmos, como indivíduos e humanidade, e também como forma de poupar os recursos já extrapolados. De lá para cá surgiram novas possibilidades de fazer economia combinando os recursos tangíveis com os intangíveis (culturais, empáticos, afetivos, energéticos, criativos...). E tem ficado mais claro que as possibilidades se tornam exponenciais (e abundantes), pois estamos todos conectados (a rede multiplica as possibilidades).

São esses "intangíveis" que vão fazer toda diferença e mudar o paradigma estabelecido no mercado. Pois, enquanto eles trazem novos negócios, estimulam a disseminação de novos valores. Daqui para a frente, vamos precisar desenvolver novas métricas que possibilitem tangibilizar esses intangíveis. E, quando alcançarmos isso, entenderemos que a "crise" é na verdade uma evolução grande oportunidade de transição de uma economia de consumo (modelo de competição/escassez) para uma economia de cuidado (modelo de colaboração/abundância), único modelo capaz de garantir um novo mundo, em vez do fim do mundo.

ECONOMIA MAIS CONSCIENTE

O capitalismo é sem dúvida o maior sistema de inovação e cooperação social que conhecemos. Ele proporcionou a bilhões de pessoas a oportunidade de participar da grande experiência de ganhar o próprio sustento e realizar desejos. Em dois séculos, as empresas e o sistema capitalista transformaram o mundo e a nossa vida. Foram muitas inovações, tecnologias e conquistas. Direta ou indiretamente esse sistema impactou positivamente a vida de muitos.

Mas hoje já tem muita gente que não está topando mais o capitalismo que conhecemos. Gente que tem consciência de que, apesar de maravilhas, ele opera desastres e muitos impactos negativos na sociedade. Para evoluirmos é preciso expandir a "consciência social" nos negócios. E não existe outro caminho, porque daqui para a frente as organizações vão depender cada vez mais das pessoas e do planeta. O sucesso de uma organização vai depender do sucesso da rede.

A máxima do economista Milton Friedman e da Escola de Chicago de que "a responsabilidade social da empresa é maximizar o lucro" despertou a busca pela vantagem máxima no corpo a corpo com clientes, fornecedores, trabalhadores, indo contra o meio ambiente e contra a sociedade. Assim, muitas empresas viraram vilãs. Tudo passou a ser objeto (enquanto o homem continuava o principal sujeito). A industrialização precisou manufaturar demanda (para possibilitar o crescimento da produção, das empresas).

Daqui para a frente as necessidades da sociedade e do planeta determinarão as necessidades das organizações e definirão o mercado. Para sobreviver (e transformar), vamos precisar nos conectar com novas habilidades e conhecimentos, principalmente o autoconhecimento, para pessoas e marcas. Só assim conseguiremos uma compreensão real dessas necessidades.

John Mackey, do Whole Foods Market, e Raj Sisodia falam que esse novo momento dará origem a um capitalismo mais consciente, no livro *Capitalismo consciente: como libertar o espírito heroico dos negócios*, de 2014.

O capitalismo consciente visa recontar a história do capitalismo, restaurando a sua verdadeira essência, a de que o propósito de qualquer empresa deve ter a ver com melhorar a vida das pessoas, gerando valor para todas as partes interessadas (clientes, fornecedores, funcionários e até o planeta). Assim vemos o estímulo a alugar, pegar emprestado, reutilizar... Às vezes vender não vai ser preciso.

Só quem estiver realmente disposto a servir vai ser capaz de entender a real necessidade do seu público para então satisfazê-lo. Muitos negócios vão precisar mudar totalmente — estou amando as lojas que viraram cafés, livrarias, brechós, multimarcas, multiprodutos, lavanderias, espaços de criação e conserto de peças e outros *business* compartilhados, que de alguma forma podem compensar a diminuição da venda "de coisas", enquanto oferecem algo que as pessoas realmente querem ou precisam.

"A economia baseada nos serviços está substituindo a economia industrial", como diz Rick Jarow. Isso significa que as marcas não serão mais (apenas) sobre os seus produtos. E se como pessoas vamos precisar entender como podemos servir, como marcas precisaremos fazer esse movimento também. Para Jarow, devemos ampliar a nossa ideia sobre "serviço". É o serviço para a Terra, para a totalidade da ecoexistência, que vai reger a economia no futuro.

Pode parecer um pouco otimista demais o que falam, mas não é. Apesar de todo o discurso, todos concordam que as empresas precisam de lucro. Não são ingênuos. Muito pelo contrário, entendem que é irresponsável empreender sem lucro. Mas ele deve ser visto como consequência da realização de um propósito. O lucro deve ser completado pela motivação do bem-estar social, ambiental e sutil. Eles acreditam que o propósito de toda organização é melhorar a vida das pessoas gerando valor para as partes (através dos seus produtos, ações, iniciativas, projetos...). Isso deve ser o mais importante.

Na era do capitalismo consciente, quanto mais as organizações realizarem seus propósitos, mais elas vão faturar. Organizações e pessoas realmente preocupadas com valores podem contribuir para a humanidade de forma mais tangível do que qualquer outra instituição. Assim elas poderão ajudar a refazer o mundo, e o capitalismo resgatará o seu fundamento de ser uma rede de cooperação a favor das pessoas e do mundo. Para isso, todas as pessoas terão grande importância nessa nova economia.

ECONOMIA COMPARTILHADA

Geralmente associamos economia a questões financeiras. No entanto, a raiz etimológica da palavra é tida como "gestão da casa" (*oikos*, casa; *nomia*, administração). Uma nova gestão precisa surgir e para muitos ela tem a ver com uma mudança profunda na forma com que gerimos nossos recursos. Isso favorece a criação de novos futuros baseados em compartilhar, confiar, conhecer, comunicar, se conectar com o outro — com afeto e de verdade.

O capitalismo moderno instaurou a cultura do "ter", a qual arruinou a vida de muitas pessoas, que passaram a tomar suas decisões (de compra e carreira a relacionamentos) baseadas em quanto poderiam "ganhar" e "parecer". Programas mentais de medo, escassez, concorrência e sofrimento tomaram conta da sociosfera. Ganância, egoísmo, competição, exploração (de consumidores, funcionários e até mesmo do planeta) tornaram-se banais, na busca desenfreada por poder, lucro e riqueza.

O consumo foi vendido como uma porta de acesso para a felicidade. As pessoas foram estimuladas a comprar mais que o necessário. Então elas compraram, compraram e compraram, mas continuaram infelizes. O consumo virou consumismo, e pilhou as pessoas num nível de ansiedade extremo. Quanto mais ricos, mais esgotados, dependentes e deprimidos. A busca pelo "parecer" gerou uma angústia enorme nas almas.

A economia colaborativa está mudando a forma como as pessoas usam serviços e como as empresas vendem seus produtos. Mas principalmente, como se relacionam com o outro e com suas necessidades próprias. É o primeiro sistema econômico a se opor ao capitalismo desde o socialismo no século XX. A cultura do ter (e da ostentação), tão exacerbada na segunda metade do século passado, dá sinais de esgotamento e parece estar se transformando. A sociedade do descarte parece perder sentido para algumas pessoas.

A escassez de recursos e a sociedade em rede nos fazem pensar que a melhor estratégia para sobrevivermos passa pelo hábito de compartilhar (ou reaproveitar) o que já temos (como nossos antepassados). Surge assim uma nova economia baseada no compartilhamento de recursos. Por enquanto, vivemos em um sistema econômico híbrido, com a economia de troca no mercado capitalista e a economia do compartilhamento.

Um dos maiores exemplos de compartilhamento é o Airbnb, site de aluguel de casas e quartos ao redor do mundo. Em uma visita que fiz à sede em San Francisco, soube que eles tinham certo medo do Brasil, achavam que o brasileiro não abriria a casa para pessoas estranhas (imagina!). Hoje é a rede de hospedagem com o maior número de leitos do país. O maior fenômeno de ocupação pelo site foi na Copa de 2014, o que inclusive nos salvou da falta de hotéis.

Esse desapego, que começamos a ver crescer em outras áreas, pode ser resultado da noção de que comprar ou acumular bens não traz a tão prometida felicidade. E a angústia que um dia sentimos dá origem a um novo paradigma de satisfação da vida. Além disso, o desejo de comunhão torna-se uma opção atrativa para deixar a vida mais prática.

Hoje já existem pessoas compartilhando não só apartamento, como música, livros, carros, roupas... literalmente tudo! Um exemplo disso é o site de empréstimo entre vizinhos, o Tem Açúcar?, da Camila (que falei em *Moda com propósito*). Seu negócio parte do princípio de que não utilizamos com frequência uma série de coisas que compramos (ou ganhamos no chá de panela), logo é mais inteligente (econômico e sustentável) compartilhar com quem precisa. É só fazer o cadastro no site e usar a ferramenta de busca para procurar o que precisa. O sistema pergunta a pessoas que moram na vizinhança quem pode ajudar, e quando alguém se manifesta o site coloca os dois em contato.

Serviços como o Airbnb e o Tem Açúcar? estão ensinando a população a compartilhar — a se sentir confortável, a confiar e a ver vantagens nisso. Na verdade, a possibilidade de trocar, pegar algo emprestado ou alugar sempre existiu. Mas a tecnologia legitimou (e tirou aquela nossa vergonha de pedir). Essas iniciativas ainda contribuem para viabilizar um modelo de vida mais simples, com menos coisas, menos dinheiro e mais experiência (trocas em todos os sentidos).

A "biblioteca fashion" LENA, em Amsterdam, surgiu para ajudar a organizar a brincadeira e promover o consumo consciente, claro, com seus lemas *"Collect moments, not things"* [Colecione momentos, não coisas] e *"Fast-fashion is like fast-food"* [Moda descartável é como fast-food]. Diz o hypeness.com.br:

> Lá você pode alugar roupas e depois devolvê-las, assim como você faz com livros nas bibliotecas. Basta fazer uma assinatura, com pagamento mensal para ter direito a uma quantidade de pontos (e cada peça está associada a uma quantidade específica de pontos). A inscrição ainda vale uma sacola da loja, para levar suas roupas sem ter que usar sacolinhas de plástico. Não importa a estação, você vai encontrar todos os tipos de roupas, para inverno, verão, sem se preocupar com a forma como elas foram feitas. Como uma biblioteca, a loja aceita doações de roupas em bom estado.

Depois da LENA, começaram a surgir "roupatecas" em vários lugares do mundo (que bom!). Em Paris, a L'habibliothèque, no Marais, oferece roupas de luxo (pense em Prada, Armani e Valentino). Em Oxfordshire, no Reino Unido, a La Leche League é voltada para as grávidas, que vão usar as roupas por tempo limitado. Em São Paulo, na roupateca da House of Bubbles, uma lavanderia em Pinheiros, você paga para lavar sua roupa e ganha uma cerveja (para tomar numa banheira de ofurô, enquanto a roupa bate). De acordo com a mensalidade paga, cada um tem direito a retirar emprestado um número de peças por mês. E quem quiser colaborar com roupas ganha créditos a partir da doação.

O conceito está se disseminando e não param de surgir novas "bibliotecas". A Seed Libraries, já presente em vários lugares do mundo, proporciona acesso fácil a sementes para que o maior número possível de pessoas possa cultivar seu próprio alimento (livre de agrotóxicos). A Toronto Kitchen Library é voltada aos amantes de MasterChef e programas do YouTube da gastronomia e oferece vários utensílios para cozinha, além de livros. A Edinburgh Tool Library é a primeira biblioteca de ferramentas no Reino Unido, onde também funciona a Biblioteca de Bicicletas Bike Library (que, diferente das bikes do Itaú, você pode pegar por um longo período). Em Londres também há perucas para quem não poderia pagar por elas, com diversos estilos e penteados, na Pink Place.

Na Antuérpia, o Banks Hotel Boutique oferece um *mini fashion bar* da marca Pimkie. Sabe aqueles doces, refrigerantes e sucos que você consome no quarto do hotel e paga no final? Então, é isso, só que de roupa. Com a vantagem de não precisar comprar. Você pega emprestado durante a viagem, usa e acerta no final. Em vez de coleções, os itens são renovados de acordo com o clima, ou alguma agenda especial na cidade, e há ainda itens "necessários", como capas, guarda-chuvas e meias, que resolvem a máxima: "Ai, esqueci...".

Além da roupa, ou melhor, antes da roupa, o tecido hoje acabou se tornando moeda de troca e compartilhamento. Um exemplo é o Banco de Tecido, que nasceu em São Paulo, em janeiro de 2015. A ideia é simples: cada correntista deposita peças de tecidos que não utiliza mais, e essas peças voltam ao ciclo de consumo (quando retiradas por outra pessoa ou marca) sem prejuízo para quem vende e sem impacto para o meio ambiente.

Lu Bueno, designer, cenógrafa, figurinista e fundadora do banco, constatou que possuía cerca de oitocentos quilos de tecidos de cores variadas, acumulados ao longo de vinte anos de trabalho. Sem intenção de jogar todo o material no lixo, criou o projeto que acabou dando uma solução para os tecidos de outras pessoas que também trabalham com moda. Funciona assim: cada pessoa pode comprar tecidos por quilo ou ser correntista e depositar o tecido que tem parado em casa. O peso do material depositado se torna um crédito para retiradas de novos tecidos. Dos tecidos depositados, 20% ficam para o banco e 80% vão para o correntista. E viva o escambo!

Mas, como estamos em fase de transição, ainda há quem deseja sim possuir, ter, comprar, e quem não dá ou troca nada sem interesse. Mas acredito que com o tempo as pessoas vão começar a ver vantagens... "Imagine que máximo ter um carrão a cada semana!?" "E um vestido rico ou uma bolsa, sem precisar comprar! Não vou mais ter medo de enjoar" (respostas como essas apareceram em pesquisas das quais participei sobre o tema).

ECONOMIA COLABORATIVA

Nesse fluxo vão surgindo novas iniciativas, que geram receita a partir de novos modelos de negócio, conectados com novos desejos e distribuídos em rede. Mas que além disso geram soluções e caminhos diferentes. Elas inspiram um novo tipo de economia, que se vale da união para desenhar o mundo do futuro que queremos.

O coletivo, das rodas de conversa e das danças circulares de nossos antepassados, volta a fazer parte da nossa vida. Como se depois de tentarmos tanto ser felizes sozinhos, agora entendemos que a felicidade é coletiva. "A união faz a força" e mais um tanto de coisas, dizem por aí. Assim o consumo colaborativo começa a fazer sentido, com a consciência de que às vezes é preciso dividir para multiplicar. A produção colaborativa segue a mesma onda, e até o financiamento, a educação colaborativa e as parcerias de negócios.

Mas colaborar parece ser mais que uma onda. É uma resposta das pessoas às transformações que estamos vivendo. É só ver o tanto de pessoas que colaboram de forma espontânea, seja no aplicativo de trânsito Waze, no Yelp (com dicas de restaurante e lazer) ou mesmo na rede social de várias marcas, onde estão falando sobre produtos, serviços, não só dando feedbacks como também sugerindo produtos e inovações. Começa a fazer sentido colaborações entre pessoas, entre pessoas e marcas e entre marcas e marcas como forma de realizar projetos, economizar dinheiro, promover relacionamento e interação.

As ações de *crowdfunding* são o primeiro exemplo de colaboração entre pessoas, para dividir custos e materializar projetos dos mais variados possíveis de maneira independente. Temos visto shows, benfeitorias, desfiles, softwares, reflorestamento, viagens, livros, presentes de casamento... tudo, através da famosa "vaquinha", só que agora de forma mais organizada e com alcance bem maior.

Criado em janeiro de 2011, o Catarse se transformou na maior plataforma de financiamento coletivo para projetos criativos no Brasil. Realizou 1,6 mil projetos, apoiados por 200 mil pessoas, que levantaram 27 milhões de dólares só nos primeiros quatro anos de existência. Muitos desses projetos acabam se tornando oportunidade de marketing para as marcas, seja como ação de relacionamento ou ação de transformação social. As marcas que ajudam na vaquinha acabam criando vínculos com a comunidade.

Pelo Catarse, o estilista curitibano Alexandre Linhares conseguiu que 110 pessoas o ajudassem a arrecadar 27 522 reais para realizar o projeto, orçado em 25 mil reais, do desfile de sua marca Heroína, que desde 2007 produz "peças de arte vestíveis e se propõe a levantar questionamentos sociais na peça de roupa".

> Contribuindo para que este desfile aconteça, em primeiro lugar, você confirma que os sonhos são possíveis. Dentre as recompensas, você recebe convites para assistir e participar ao vivo da realização deste projeto. Você pode desfilar, receber um jantar feito por nós na sua casa, participar da criação e confecção de uma peça, ou simplesmente fazer compras antecipadas. Seu nome estará registrado em tudo!

Outro ganho é que a disseminação desse formato de negócio encoraja iniciativas independentes a se lançarem, como o projeto de financiamento da revista *AzMina*, com o propósito de ser uma revista para mulheres de A a Z. Um espaço para todos os tipos de beleza, rostos e formas, com ensaios de moda que contemplam corpos reais e evitam o consumismo e com sugestões de looks que cabem no bolso.

Para isso, pediram ajuda coletiva, em vez de buscar patrocínio de marcas anunciantes, o que fatalmente tiraria um pouco da imparcialidade pretendida (e favoreceria o famoso rabo preso com o anunciante). A *Fort Magazine*, revista brasileira que promove uma abordagem de moda experimental masculina, viabilizou em dezembro de 2015 sua segunda edição através de *crowdfunding* no site Catarse.

Perceba que tanto as revistas quanto o desfile tinham um propósito coletivo. Pediram apoio da rede, pois esta, de alguma forma, se beneficiava com a realização do projeto. Como vimos anteriormente, essa é a vantagem de trabalhar com causas que gerem valor para o todo. Somente isso pode garantir um alto nível de engajamento e envolvimento. É importante sempre pensar quais contrapartidas (reais) a comunidade poderá ter ao colaborar com a ação.

Mas nem só o dinheiro pode ser compartilhado. A abundância imaterial das ações coletivas é chamada de *"crowdsourcing"*, termo disseminado em 2005 que caracteriza o processo de obtenção de serviços, ideias ou conteúdo mediante a solicitação de contribuições de um grande grupo de pessoas e, especialmente, de uma comunidade on-line, em vez de usar fornecedores tradicionais ou uma equipe de funcionários.

O site gringo Talent House (talenthouse.com) se especializou nesse tipo de busca. Criou uma comunidade com quase 2 milhões de membros interessados em submeter projetos para marcas e a compartilhar com suas redes, chegando a um alcance estimado de 600 milhões de pessoas. Assim atraíram marcas como Adidas, Dolce & Gabana e BCBG Max Azria, que pagaram para realizar campanhas de criação de design de óculos esportivos, figurinos e peças para desfiles.

Funciona assim, a cada campanha, um novo desafio. Participa quem quer, sem ter que pagar nada. Depois basta pedir ajuda da sua rede para votação do melhor projeto. Assim, além de muitas ideias, as marcas ganham muita visibilidade. Agora, imagine fazer isso dentro do site da própria marca? Realizar campanhas para criação de projetos que demandem conhecimentos específicos, além dos da equipe interna (sem precisar contratar mais pessoas).

Exemplos como esses podem indicar um novo caminho, o do desapego da organização com a própria marca. Deixar as pessoas criarem e comunicarem pela marca. Pode indicar também outro caminho, o de ter funcionários colaborativos no mundo todo, a qualquer hora, para qualquer demanda. E não somente (ou em vez) de empregados oito horas por dia, cinco dias na semana.

Outro desapego que temos visto é o da "concorrência". Ou pelo menos o entendimento de que a união, mesmo com algum adversário, pode trazer grandes benefícios para ambos os lados. No final de 2017, a Coca-Cola Brasil e a cervejaria Ambev anunciaram o lançamento de um programa conjunto de reciclagem, nomeado Reciclar pelo Brasil:

> Um dos principais objetivos da integração dos programas das duas fabricantes de bebidas é otimizar e potencializar os resultados dos investimentos direcionados às cooperativas de catadores do país. A expectativa é a de que as 110 cooperativas que fazem parte da etapa inicial do programa recebam até 25% a mais de investimentos.
>
> [...] A união também reforça o compromisso ambiental das duas empresas, que investem em programas de reciclagem e de apoio a cooperativas há mais de dez anos.
>
> "Com o programa, estamos unindo esforços não só para reduzir o impacto ambiental das nossas embalagens, mas para desenvolver, capacitar e profissionalizar cada vez mais as cooperativas de catadores. Esse é o nosso sonho, unir pessoas por um mundo melhor", disse Pedro Mariani, vice-presidente de Relações Corporativas e Jurídico da Ambev na época.
>
> [...]
>
> O programa, resultado de um ano de trabalho conjunto, foi cocriado com a participação da Associação Nacional dos Catadores e Catadoras de Materiais Recicláveis (ANCAT), [e segundo Roberto Laureano, seu presidente:]
>
> "Aceitamos o desafio de construir essa plataforma conjunta por acreditar que os catadores serão os principais beneficiados. Esta parceria contribuirá para avançarmos com ações de qualificação das cooperativas, especialmente na sua regularização jurídica, na melhoria da infraestrutura e na construção de melhores condições de trabalho. A união das duas empresas é uma contribuição importante para efetivar

a participação das organizações de catadores na implementação da Política Nacional de Resíduos Sólidos."

FONTE: Ambev. Disponível em: <ambev.com.br/imprensa/releases/ambev-e-coca-cola-brasil-lancam-juntas-novo-programa-de-reciclagem/>. Acesso em: 2 ago. 2018.

Alguém ainda tem dúvida que a união faz a força?

ECONOMIA SOLIDÁRIA

Outro jeito de estar no mundo e de consumir é através da economia solidária, que vem ganhando cada vez mais adeptos. A Wikipédia a define como um conjunto de atividades econômicas — produção, distribuição, consumo, poupança e crédito — organizadas na forma de autogestão e centrada na valorização do ser humano e não do capital. São práticas organizadas sob a forma de cooperativas, associações, clubes de troca, empresas autogeridas, de finanças solidárias, entre outras, que realizam atividades baseadas em trocas justas, na qual todos ganham.

Há quem diga que a economia solidária se disseminou na Primeira Revolução Industrial, como reação dos artesãos expulsos dos mercados pelo advento da máquina a vapor. E na virada do século XVIII ao século XIX, surgiram as primeiras *trade unions* (sindicatos) e as primeiras cooperativas. Mas, analisando bem, pode-se afirmar que práticas econômicas fundadas em princípios de solidariedade (principalmente troca e cooperação) existiram em todos os continentes e muito antes da Revolução Industrial, como elementos fundamentais da agregação e coexistência de comunidades humanas. Foi se perdendo conforme fomos deixando de viver em pequenos grupos.

O Instituto Chão é um exemplo atual desse resgate. Organizado sem fins lucrativos, vende orgânicos em plena Vila Madalena de São Paulo de forma transparente, solidária e consciente. A proposta é baseada em relações comerciais justas com todos os atores da cadeia produtiva, conectando quem produz a quem consome, sem intermediários. Tudo que está nas prateleiras e nos cestos — vegetais orgânicos, produtos de mercearia e artesanato — é oferecido pelo mesmo preço do fornecedor. Para manter o sustento do negócio e manter a infraestrutura, o cliente é convidado a pagar algo a mais.

A contribuição sugerida é de 30% do valor, mas as pessoas contribuem com mais e menos, de acordo com sua disponibilidade. Geralmente todos pagam a mais e o saldo tem sido positivo, pois veem valor na iniciativa (sem contar com a economia de não ter que ir até os produtores, tendo um gasto de tempo e dinheiro ainda maior). Para fortalecer o engajamento, algo que também chama bastante atenção é a transparência através do compartilhamento do balanço financeiro do mês. É possível acompanhar tanto no quadro-negro da loja quanto na página do Facebook. Eles compartilham se o saldo do mês de arrecadação foi positivo, neutro ou negativo, se conseguiram cobrir as despesas operacionais e se conseguiram realizar um aporte no fundo de reserva para reinvestimento — já que são sem fins lucrativos e reinvestem tudo que seria lucro.

No Curto Café, um quiosque sem grandes luxos e bem aconchegante, que funciona no Terminal Rodoviário Menezes Côrtes, no Rio de Janeiro, também é o cliente que decide quanto pagar pelo cafezinho. Em um quadro-negro, há uma lista com as despesas do mês (como aluguel, material de limpeza, equipamentos e até internet). O objetivo é ir além da relação empresa-cliente e fortalecer os laços com o consumidor. Para o grupo de quatro amigos fundadores do projeto, não é porque a pessoa não tem dinheiro que vai ficar sem o café. Se não puder pagar na hora, pode voltar outro dia e pagar. A base é a confiança.

Onde este tipo de prática tem sido bastante vista também é em cursos, workshops e dinâmicas com temas relacionados a novos paradigmas. Há doze anos Dominic Barter pratica esse formato de contribuição consciente — ou como ele mesmo gosta de falar, de "corresponsabilização financeira" — para o pagamento de seus cursos. Enquanto o curso acontece, em algum momento Dominic expõe para a turma quanto custou o curso em termos de produção, custos materiais e horas trabalhadas por ele e sua equipe. Além disso, expõe os projetos paralelos que são sustentados por esses workshops. São colocados envelopes no centro da roda e cada participante pode pegar um envelope e definir o quanto pretende pagar de acordo com os valores expostos e suas possibilidades.

Para ele essa experiência estimula os participantes a refletirem sobre o real sentido do dinheiro e dos pagamentos. Nas transações convencionais não existe relação interpessoal, e o processo de transação, de aquisição, se resume a olhar apenas para o produto ou serviço prestado, esquecendo-se da pessoa por trás. A partir dessa forma de contribuição, Dominic convida os participantes a olharem com cuidado para o dinheiro e a refletirem sobre o quanto vale aquele serviço ou com quanto conseguem contribuir.

ECONOMIA DA DÁDIVA

Também chamada de *"gift economy"*, a economia da dádiva vai na contramão da cultura de ter e acumular, para estabelecer uma cultura de dar e trocar, inspirada no comportamento de comunidades e sociedades primitivas. É um tipo de economia baseada na generosidade e na reciprocidade, que tem como objetivo contribuir com a sobrevivência, o fortalecimento e a prosperidade de uma comunidade.

Tornou-se mais popular a partir do livro *Sacred Economics: Money, Gift and Society in the Age of Transition*, de Charles Eisenstein. Mais do que fazer negócios, o foco está nas relações e na contribuição social, por doar ou presentear alguém, e assim manter o ciclo do presente: você recebe algo, dá algo para outra pessoa e mantém a roda girando. Uma das coisas mais importantes da economia da dádiva é ela estar em movimento, sempre passando adiante.

Um exemplo é o Burning Man, festival que acontece no deserto de Indio, na Califórnia, onde não existe dinheiro e o ato de dar ou trocar é um dos dez princípios do festival. O público é estimulado a oferecer algo a alguém, que não necessariamente precisa ser material, pode ser uma ajuda, uma comida ou uma dança. Um dos propósitos dessa prática é dissolver a separação. E um ponto importante é que não há necessidade de reciprocidade, ou seja, não é necessário dar algo de volta, deve-se fazer pela alegria espontânea de dar.

Na moda, esse movimento já é visto em grupos de amigas que se reúnem para realizar feiras de troca de roupa. Uma prática que vem lá dos nossos antepassados e que hoje viabiliza uma forma mais consciente de ter. No caso "Ser mais e ter menos", como é o lema do Projeto Gaveta lançado em 2013 por Giovanna Nader e Raquel Vitti Lino. Um evento de troca de roupas e acessórios, com sua própria moeda, que de tanto sucesso se transformou num festival de moda sustentável com mostras, exposições e feirinhas de brechó. Na prática, quem quer participar doa ao projeto uma peça, que é selecionada: o que está em bom estado e tem potencial de troca vai pra troca; o que não tem potencial vai pra doação.

Pode-se dizer que o *crowdfunding* é também um exemplo de *gift economy*, já que voluntariamente as pessoas decidem doar dinheiro para um projeto. Com o tempo foram surgindo formas de recompensa para quem contribui, mas o que se percebe é que, na maioria das vezes, o ganho é simbólico e o investimento é mais na crença do projeto e no retorno que ele pode trazer para a comunidade do que o ganho individual. Outros exemplos são os projetos de código aberto (*open-source*), como o sistema operacional Linux, onde várias pessoas doam seu tempo para programar o software.

Na economia da dádiva praticada nos tempos mais primitivos, existia um senso de comunidade real, pois todos precisavam de todos, e todos que ajudavam recebiam suporte também. É a prova de que a interdependência sempre existiu, mas atualmente nos alienamos desse sentido de troca, pois sendo financeiramente independentes acreditamos na ilusão da independência. Regatar essa prática vai muito além de "economizar", tem a ver com resgatar valores importantes e determinantes para a existência do nosso futuro.

ECONOMIA COCRIATIVA

Já conhecida por muita gente, a economia criativa estimula a economia do fluxo de matérias-primas abundantes, que não se consomem, mas se multiplicam, através de atividades ligadas à produção criativa, como cinema, moda, música... Neste novo mundo surge um novo meme: "cocriar".

A economia cocriativa é uma espécie de evolução da colaboração através da conexão com a rede criativa. Num mundo que passa a estimular o empreendedorismo criativo, a cultura *maker* (faça você mesmo) e as redes de colaboração, cocriar passa a ser uma das principais alternativas para oxigenar e melhorar o resultado das organizações.

Na prática envolve vários públicos que se relacionam com a marca (clientes, parceiros, fornecedores e até outras marcas), para desenvolver ou criar alguma coisa a partir de *inputs* de todo grupo. Sem apego, ego ou defesas e com muita generosidade e confiança, o valor está na variedade dos participantes e na soma que o grupo permite. Tem como consequência envolvimento e engajamento entre as partes, além da troca de expertises, desejos e tudo mais que tiver a ver.

A cocriação entre marcas talvez tenha sido a grande onda desde o início dos anos 2000. Vimos parcerias de todos os tipos acontecendo. Agora começamos a ver marcas se misturando com pessoa. A Melissa tem uma ótima história. Há mais de trinta anos ela vem calçando os pés de milhares de mulheres. Para continuar sendo desejada e estar presente na vida das meninas mais bacanas de cada lugar, a marca "pensa globalmente e age localmente" sempre. Isso significa pesquisas personalizadas em cada praça, colaborações com personalidades influentes dos seus públicos de interesse — de Erika Palomino a Karl Lagerfeld — até a cocriação de produtos com clientes.

Em 2014, com o objetivo de aproximar a marca do Rio de Janeiro, convidou vinte meninas cariocas para cocriar uma coleção verdadeiramente carioca que traduzisse a versatilidade necessária de circular entre a praia, a cidade, o dia e a noite, sem ser um clichê ou estereótipo formado por uma visão "de fora" do Rio. Recrutou meninas autênticas, criativas e apaixonadas pela cidade. Nem todas eram famosas ou blogueiras, mas cada uma representava um pouco do que a marca gostaria de significar.

Ao longo de oito meses de projeto, foram realizadas 27 ativações — entre encontros, festas, workshops — com o objetivo de fazer as meninas viverem a marca. Nesse tempo elas se aprofundaram nos valores e conceitos criativos da Melissa, o que fez com que muitas se aproximassem ou mudassem (para melhor) a imagem que tinham da marca e do produto. Durante esse tempo também, elas criaram diversos conteúdos que geraram um enorme *buzz* nas redes sociais e na mídia. Os produtos Melissa Creatives Flat e Melissa Creatives Wedge foram apresentados na São Paulo Fashion Week e depois vendidos em todas as lojas. O nível de envolvimento (e engajamento) que a marca gerou com essas meninas é incalculável... Nenhum desfile ou campanha chegaria a tanto. Nuta, do blog Girls with Style, conta:

> O que eu pude viver não tem preço, nenhuma faculdade de moda poderia me dar uma experiência dessa profundidade. E eu tirei muito mais que experiências profissionais dessa história. Até porque não tinha só trabalho, não! A gente também se divertia e muito! A Melissa sempre tinha uma surpresinha pra gente, uma festinha, um evento, um show, uma viagem e claro muitos presentes. Além disso, tive a oportunidade de fazer novas amigas e de ficar mais amiga de meninas que já eram minhas amigas. E acima de tudo: fez eu sentir (ainda) mais orgulho de ser mulher porque era tanto talento junto, tanta menina linda, inteligente, cheia de ideias criativas que senti a força do #GirlPower.

As meninas colocaram mesmo a mão na massa. Foram envolvidas desde a troca de ideias e referências iniciais, desenvolvimento de *moodboards* e montagem de *mockups*, até desenvolvimento de comunicação, de embalagem, do marketing e da festa de lançamento. O nome da coleção, Trópico Surreal, veio delas também. Isso fez com que a marca entendesse mais a cidade e pudesse realizar na sequência desde ações mais focadas no público carioca até o desenvolvimento de modelos próprios mais próximos do desejo das cariocas.

Outro caminho (e sonho) de cocriação é dar a chance de todos os clientes participarem do processo criativo ou da execução de produtos. Quando se permite que todos os clientes possam cocriar com a marca, seja através da customização ou da personalização de algum item, ocorre um estímulo à individuação, em vez da uniformização. O que tem bastante pertinência com a era do ser, em que o apoio à individualidade e à autoestima deve ser um pilar da nova economia social.

A Havaianas faz isso há bastante tempo, com a personalização de tiras e pins nas sandálias. A Levi's, com lavagens diferentes e ternos sob medida. A Reserva possibilita que as pessoas criem os textos das camisas no e-commerce. E a Vandal estimula que os clientes façam camisas com suas próprias artes e fotos. Cada vez que fazem isso, não importa quão simples seja a ação, estão estimulando a educação de seres cada vez mais únicos.

Na 3x1, marca americana de jeans do designer Scott Morrison, o cliente é recebido com a seguinte pergunta: "O que você realmente ama num jeans?". A resposta, dependendo do nível de envolvimento, necessidade de uso ou objetivo, é convertida em três opções de compra: provar uma das peças "prontas" feitas em lotes de, no máximo, 24 calças; escolher uma calça "pré-pronta" e finalizar com botões e rebites de sua escolha; escolher um tecido entre uma centena de opções de denim, fabricados na Itália, no Japão e nos Estados Unidos, e optar por um dos seis cortes diferentes e infinitos acabamentos (entre bolsos, zíperes, botões) para (co)criar uma peça única.

Tudo isso é feito na própria loja, no Soho, em Nova York, aos olhos — e com a participação — do cliente, o que caracteriza um serviço que vai além do "sob medida". É um "fazer com". Numa espécie de colmeia de costureiras instalada numa redoma no centro da loja, é possível acompanhar a confecção cuidadosa de cada calça, que respeita o limite máximo de trinta peças por dia.

Mais do que oferecer um serviço incrível, Scott entende que este momento é de transição, e que as pessoas vão estar dispostas a vários níveis de relacionamento/opção de compra com uma marca. No caso, a 3x1 consegue atender pelo menos três níveis. Quando perguntei a ele por que é tão difícil comprar um jeans perfeito, ele me respondeu: "Porque cada pessoa é diferente!". Bem, isso diz muito (e precisamos sempre nos lembrar disso).

Com o objetivo de expandir a quantidade de obras criativas disponíveis, através de licenças formais, permitindo que todos possam cocriar e remixar, em 2001 foi fundada a Creative Commons, uma organização não governamental e sem fins lucrativos localizada na Califórnia, que permite a cópia e o compartilhamento com menos restrições que o tradicional "todos direitos reservados". Para esse fim, a organização criou diversas licenças, conhecidas como licenças Creative Commons. Desde então tem sido abraçada por muitos criadores de conteúdo, pois permite o compartilhamento e a troca de materiais, como fotografias, músicas e modelagens, para usos comerciais ou pessoais (de acordo com a licença).

ECONOMIA TRANSPARENTE

Há até bem pouco tempo, não sabíamos de onde vinham, como eram feitos, quem fazia os produtos que comprávamos. E cabia a cada um (ou à propaganda) decidir o que era caro ou barato, bom ou ruim. Para alguns a ignorância era uma bênção.

Comprar sem peso na consciência, somente para o seu bel-prazer, isso sim era uma dádiva. Mas e agora que você sabe que sua roupa é feita por uma pessoa em condições análogas ao trabalho escravo? Vai continuar comprando? E se você souber que a pessoa que plantou o algodão da sua roupa de cama morreu em consequência dos agrotóxicos, ou mesmo a que plantou sua saladinha do almoço? E se eu te falar que suas escolhas alimentares impactam no clima do mundo e na preservação da nossa espécie?

No site Ponto Eletrônico, Valdir de Oliveira Jr. comenta:

"Transparência" é, sem dúvidas, um dos termos mais utilizados nos últimos anos. Todos querem transparência, em todas as esferas da vida: nas relações afetivas, de trabalho, nas opiniões e ideias. Afinal, em um mundo dominado por notícias falsas, aquilo que se pode ver com clareza vale muito.

Ainda há a concepção de que um certo enigma é preciso para criar desejo, e talvez isso seja verdade no jogo da conquista. Mas, falando de empresas, foi-se o tempo em que desejo se criava com poucas informações e muita maquiagem. Agora, o que os olhos não veem, o coração não quer nem saber.

Hoje o desejo por muitas marcas tem sido criado justamente pela honestidade e pela transparência. A relação entre marca e consumidor se dá exatamente pela identificação de valores.

Muitas organizações têm se aberto a esse conceito, de forma mais ou menos radical, têm aberto seus custos, fornecedores, salários, como forma de se conectar e valorizar suas marcas e produtos. É o caso da Reserva, AHLMA, Vert, Patagonia, Ben & Jerry's e Honest By, que talvez tenha puxado essa fila, na cena da moda contemporânea.

Nascida em 2012, a Honest By é o resultado de um ano sabático de Bruno Pieters (ex-Hugo Boss) na Índia. Ele voltou de lá impressionado com o fato de que as pessoas usavam roupas feitas com tecidos costurados com matéria-prima que podiam identificar à sua volta, e aí teve o insight de adaptar essa transparência em escala internacional. Hoje sua marca conta com a transparência do processo de produção das roupas, dando informações ao consumidor final de tudo, desde o momento em que o algodão é plantado até a hora em que uma modelagem vira peça de um look e é vendida.

O site da marca compartilha informações sobre o processo produtivo, como onde o produto foi feito, por quem, quantas horas de trabalho foram envolvidas, a pegada total de carbono, quantos funcionários envolvidos, preço de cada etapa, além de pesquisas feitas com matérias-primas. Na hora de comprar, o cliente tem acesso às informações detalhadas e especificadas e pode filtrar por categorias: orgânicos (matéria-prima certificada), *vegan* (sem testes em animais), reciclado ou europeu (100% fabricado na Europa).

A construção das suas coleções é feita de colaborações com outras marcas, e funciona como uma consultoria ou convite a marcas não sustentáveis para participarem de seu processo, sempre com edições limitadas. Muitas delas, segundo ele, se transformam após o processo. O que me leva a crer que, apesar de muito temida, a transparência gera autorresponsabilidade, tanto para quem faz quanto para quem compra (e talvez por isso seja tão temida), mas, quanto mais ela for praticada, maiores as chances de mudar comportamentos.

ECONOMIA DISTRIBUÍDA

Outra área que está sendo desconstruída com a disseminação de novos paradigmas econômicos é a área financeira. Sabe aquela sensação de que tudo que sempre foi centralizado passa hoje pelo processo de descentralização? Pois bem, parece que chegou na área bancária, que também caminha para a distribuição em rede, graças à hiperconexão e às consequentes possibilidades do compartilhamento de conhecimento e poder de colaboração que vem surgindo.

Blockchain [cadeia de blocos] é uma metáfora para um encadeamento de operações (os blocos), que vem sendo apontada como a nova revolução financeira — difícil de compreender na teoria até começar a brincar com ela. Funciona assim: imagine um grande livro (virtual, como uma "nuvem"), no qual são registradas por vários usuários transações financeiras, de forma criptografada (segura), sem chance de duplicatas e em tempo real.

Em vez de termos uma autoridade central controlando a propriedade dos valores, a tecnologia *blockchain* é descentralizada. São os próprios usuários que transacionam entre si, de forma autônoma, desde que estejam interligados em rede por meio de um programa de computador que valida essas operações. Assim, a segurança das transações é garantida pela autoverificação entre os próprios usuários do sistema. Isso tem várias potencialidades para o mercado financeiro, mas também para outras áreas de nossa vida atualmente. A tecnologia *blockchain* tem o potencial de transformar muitas operações que realizamos em nosso dia a dia. Os sistemas financeiros e bancários são alguns dos maiores interessados no desenvolvimento da tecnologia *blockchain*.

De acordo com a matéria "Entenda o que é *blockchain*, a tecnologia por trás do *bitcoin*", do site G1, de 1º de fevereiro de 2018, bancos, operadoras de crédito e bolsas de valores já estão testando a utilização e a aplicabilidade da tecnologia *blockchain* no dia a dia. É algo que promete reduzir falhas, vulnerabilidades e custos de transação, portanto aumenta os rendimentos dos usuários e ajuda a superar crises. Além disso, é uma tendência que condiz com a atual digitalização das operações financeiras e bancárias, que crescentemente deixam de ser realizadas por meio da cartularidade das moedas e dos títulos de valor mobiliário. O Itaú foi o primeiro banco no Brasil a utilizar essa tecnologia.

A partir daí nasce também o conceito de "*bitcoin*": é um sistema financeiro também descentralizado, ou seja, sem intermediários entre você e as transações comerciais. O *bitcoin* é na verdade uma criptomoeda baseada no *blockchain*, que permite que uma rede de computadores mantenha um registro contábil público pela internet, aberto, sem ninguém controlando. É público e seus dados estão disponíveis na rede. O interessante é que o *bitcoin* não é representado por uma moeda específica, mas pela unidade monetária definida pelos usuários. No Brasil, a Reserva foi a primeira marca de moda a aceitar *bitcoin* em suas transações.

APROFUNDAMENTO

Para assistir:

▌ *Vivendo com um dólar* (documentário)
Para entender que o ser humano precisa de pouco e que o essencial é imaterial.
▌ *Minimalism: A Documentary About the Important Things* (documentário)
Para ressignificar nossos hábitos de consumo.
▌ *Capital C* (documentário)
Para aprender o que é crowdfunding e quais são as armadilhas da era digital de financiamento.

Para acessar

Sites de financiamento coletivo:
▌ Catarse: <catarse.me>
▌ Impulso: <impulso.org.br>
▌ Kickante: <kickante.com.br>
▌ Benfeitoria: <benfeitoria.com.br>
▌ Startando: <startando.com.br>
▌ Garupa: <garupa.juntos.com.vc>
▌ Ideame: <idea.me>
▌ Juntos: <juntos.com.vc>
▌ Salve Esporte: <salvesport.com>
▌ Sibite: <sibite.com.br>

Para baixar:

- Tem Açúcar?: aplicativo de troca entre vizinhos (restrito ainda a algumas cidades). (app)
- Enjoei: aplicativo de venda e compra de itens usados. (app)
- OLX: aplicativo de compra e venda de itens usados. (app)
- Airbnb: site de aluguel de casas, quartos e apartamentos para temporadas. (app)
- Roupa Livre: aplicativo de troca de roupas, tipo Tinder. (app)

VENHA A MIM COM TODA SUA ENTRELINHA E FANTASIA.

"ArtPop", Lady Gaga e RedOne

21. Nova arte

Uma biblioteca escancarada. Uma maca hospitalar. Uma sala de cirurgia. Um ambiente controlado. Vestido de festa (de brechó) + joias preciosas + roupa de ginástica + tênis + gorros escondendo o rosto. Burca. Capa de paletó. Homens com lápis de olho. Mulheres de cara lavada. Sapatos e chapéus arquitetônicos, inspirados em templos budistas. Modelos segurando réplicas da própria cabeça. Outros com três olhos. Corpos híbridos. Um *pet* dragão recém-nascido. Pausa.

Fazia tempo que um desfile não dava tanto o que falar. E esse da Gucci, no início de 2018, inspirado no Manifesto Ciborgue (que comentei no início do livro), foi tão bizarro quanto incrível estética e intelectualmente. Mais do que criar algo novo, o designer Alessandro Michele propôs uma nova perspectiva sobre (seu repertório) sua proposta de trazer uma roupa que desafia barreiras. De gênero, época e classe. Dessa vez ele usou o ciborgue como arte para falar de criaturas de um mundo pós-gênero. Ao lado delas, a possibilidade de outro mundo. De outra relação social.

A moda imita a arte. "Na moda, podemos brincar mais, podemos viajar com as asas de dragão que nós mesmos criamos", disse Vivian

Whitman em sua crítica ao desfile no site da revista *Elle*. E o que mais temos visto na moda é um movimento parecido com o que identifico na arte atualmente (e vice-versa). Tanto a moda quanto a arte sempre se apropriaram do próprio movimento para falar de causas sociais, políticas, ambientais, culturais, afetivas. Histórias do mundo em geral. Apesar de hoje parecer que ambas tenham ativado esses assuntos, isso sempre aconteceu. Mas na forma parece que há algo novo.

Temos visto o encontro da arte (e a moda) com a ciência, a biologia, a tecnologia, a astronomia e inclusive a ficção. O artista brasileiro Eduardo Kac é um dos grandes precursores do movimento arte transgênica ou bioarte, por aqui. A maioria dos trabalhos dele traz a manipulação biológica, genética, como grande protagonista de obras híbridas, vivas e impossíveis de serem preconcebidas sem a ciência. Como *Genesis*, inspirada em passagens da Bíblia registradas em código Morse, que deram origem a genes sintéticos transplantados em colônias de bactérias, expostas em uma galeria interativa, ou *GFP Bunny*, o único coelho do mundo capaz de brilhar no escuro sob luz ultravioleta. Por trás de tudo, ele está falando sobre a ética científica.

O inglês Damien Hirst é um exemplo gringo (bastante controverso, diga-se de passagem), que usa a arte como forma de criticar a própria arte. Ele admite que não sabe pintar nem fazer gravuras e que seus trabalhos são executados por assistentes; mesmo assim, é tido como o artista mais caro do mundo. Seu trabalho *Pelo amor de Deus*, um crânio humano com mais de 8 mil diamantes incrustados, foi vendido por 100 milhões de dólares, o maior valor pago por uma obra de um artista vivo até 2014.

Reconhecido por sua *shock art*, obras polêmicas cujo objetivo é escandalizar, Hirst usa materiais inusitados (como animais mortos, para expor sangue, vísceras e putrefação), com base em conceitos neodadaístas e kitsch. O importante é o *show off* para o espectador. Em *A impossibilidade física na morte de alguém vivo*, trouxe o cadáver de um tubarão mergulhado em um tanque de formol.

Assim, ele busca criticar as estruturas manipuláveis do mercado da arte. Em 2017, depois de dez anos de ausência, apresentou *Tesouros da destruição do inimaginável*, uma exposição multimídia composta de 189 esculturas e um documentário *fake* lançado pela Netflix. A obra trata da descoberta de um naufrágio que nunca existiu na costa leste da África, de um navio colossal chamado *Apistos*, com a coleção de um ex-escravo que viveu um século antes de Cristo.

Nesse mesmo ano, facilitei um curso de pesquisa de tendências em Nova York. Em uma das visitas com o grupo ao MoMA PS1, no Brooklin, me senti enjoado. A montagem inteira mexeu muito comigo. No hall central, riscos na parede, como os vistos em filmes feitos por prisioneiros contando os dias na cadeia, pareciam falar do tempo de forma angustiante. Em outra sala, dezenas de quadrinhos bem pequenos com fotos de casas bem pequenas me sufocaram. No último andar, uma supertela reproduzia um video game sobre o fim do mundo, que montava sozinho diversas formas de morrermos, todas igualmente péssimas.

Além da conexão clara entre os temas, que tratavam de um pouco de tudo que estamos vendo aqui, a estética era muito diferente do "belo", que vi nas bienais de arte de Veneza tempos atrás. Era como se meus olhos estivessem sendo atraídos por uma estética particular que celebra o kitsch, o bizarro, o imperfeito e tudo que nos causa estranheza e, com trocadilho, estranhamente acabou virando o suprassumo do cool.

ESTRANHA.MENTE

Será que a beleza, que, para Aristóteles, era a harmonia de várias partes em relação ao todo, está na desordem agora? É mais uma comprovação do fim da norma? Kant e Hegel diziam que a beleza é imaterial e está nos olhos de quem a vê. Desde que Marcel Duchamp resolveu expor em um museu um urinol assinado, no início do século xx, a definição da arte mudou completamente. Hoje, ninguém pode definir arte, porque essa definição varia com o tempo e a cultura na qual está inserida.

Será que o problema está nos meus olhos? Mas então "por que" ou "o que" dentro de mim está buscando esse olhar? A matéria

"Como elementos que representavam o mau gosto entraram na moda" de Fernanda Jacob, no site da Elle, em 8 de maio de 2017, traz uma luz, numa conversa incrível com João Braga:

> Os mestres dessa nova tendência são a dupla Alessandro Michele, da Gucci, e Demna Gvasalia, da Vetements e Balenciaga. Michele, sucessor de Frida Giannini, mudou completamente a imagem da grife — antes muito sexy e *bodyconscious*, a label ganhou fãs como Jared Leto e Hari Nef graças a um novo estilo, marcado por sobreposições, brilhos, aplicações, mistura de padronagens e muitos acessórios, tudo junto e ao mesmo tempo.
>
> Em um primeiro olhar, é tanta informação que chega a fazer doer a vista. Depois, por trás de cada item, é possível analisar a genialidade com que Michele constrói looks tão estranhos. "O trabalho dele prioriza o feio de maneira intencional, mas mostra grande conhecimento em história da arte", pontua João Braga, historiador e professor de história da moda na Faap. O forte ar vintage das criações ajuda a dar um toque ainda mais pitoresco. "A moda sempre resgata elementos antigos e busca o que era diferente para usar como novidade", destaca João.
>
> Na mesma linha, Gvasalia transformou a Vetements em um dos big players do mercado graças a um olhar zero careta. "Vetements e Gucci não são iguais, mas farinha do mesmo saco. Elas dialogam com o mundo dos excessos e o exploram para dramatizar suas criações", explica João. "Tudo que é novo é excêntrico a princípio. Ou você acha que Picasso, quando entrou na fase cubista, foi considerado lindo de cara?" Diferentemente da Gucci, mais barroca, Demna brinca com formas e proporções exageradas, como visto nos últimos desfiles da Balenciaga.
>
> [...] Não podemos esquecer Miuccia Prada, que já declarou diversas vezes achar o feio mais interessante que o bonito.

A rebelião do feio não para por aí, e não é um tema "novo". O ano de 2016 foi o ano dos sapatos polêmicos, com mules (antes populares no guarda-roupa da vovó) e Crocs ganhando as passarelas. O corajoso Christopher Kane, em seu desfile de verão 2017, apresentou versões customizadas e de acento futurista em parceria com a marca

Crocs. O site da *Vogue Brasil* cita o que escreveu Marina Larroude, depois da apresentação: "Oh, meu Deus! Será que vamos usar Crocs na próxima estação? Eles pareciam supercool no show. E meus filhos juram que são superconfortáveis!".

Independentemente do quanto essa moda vai pegar, é fácil olhar para os lados e ver que essa estética vem ganhando espaço. O que — não é necessariamente feio — causa estranheza à primeira vista pode ser encontrado em vários lugares hoje. Mais um exemplo na moda, agora por aqui, são os editoriais para Instagram do Brechó Replay e da marca Cacete.co. Tem algo ali que quer ir contra o padrão, quebrar com o conforto visual.

Para mim, essa "celebração" (ora do mau gosto, ora das coisas que beiram o desconforto visual) está ligada a uma liberdade que tem origem, e hoje ganha espaço, na busca por individualidade e rompimento com o que é considerado normalidade. Tem a ver com uma tentativa de quebra de padrões. E tenho percebido que, quanto mais jovem é o movimento, maior é o desapego com a perfeição.

Ainda na matéria de Fernanda Jacob, Bruna Ortega, do bureau de tendências WGSN, comenta: "Os jovens são os grandes responsáveis por esse boom do bizarro. Eles buscam uma vida sem filtro que reflita a identidade própria".

Diversas áreas da economia criativa parecem abraçar esse movimento. Amanda Schon, que faz parte da rede do Brechó Replay, fala sobre "desconstruir a maquiagem" e aposta em um *make* borrado. Unhas descascadas viraram algo natural (as pretas descascadas para os homens se espalharam rapidamente no mundo da moda). Jacob continua:

> Em Milão, a label Moto Guo ressaltou a acne dos modelos, em uma celebração do que é considerado imperfeito. "Reparem na nova estética do Instagram da Kim Kardashian. Ela posta fotos que às vezes não a valorizam, com sombras que ressaltam suas olheiras", avalia Bruna Ortega. "Na arquitetura, um site chamado Realtor reparou que antes as pessoas descreviam sua casa em anúncios como 'humilde ou retrô'. Hoje, preferem 'feia, mas próxima da praia, ou totalmente acabada'. Os defeitos são

sinônimo de autenticidade." Exemplo disso é o perfil no Instagram Ugly Belgian Houses, um apanhado de casas feias na Bélgica, que acumula quase 40 mil seguidores.

Por aqui, Anitta, em seu clipe "Vai malandra", não permitiu que apagassem suas celulites.

Minha sensação é que mais do que um *hype* à feiura (até porque, quem diz o que é bonito?), o movimento tem a ver com encontrar um caminho próprio, mais autoral, que muitas vezes é o resultado do remix de uma série de referências — para os mais velhos — e um desapego total aos padrões pelos mais novos.

NATURAL.MENTE

Mas para onde foi o belo? Hoje eu o vejo nos museus a céu aberto, como Inhotim (MG, Brasil), Dia:Beacon (NY, Estados Unidos), Naoshima (Japão). Todo mundo que visita Inhotim se impressiona com o projeto. A combinação da arquitetura contemporânea, com seus vidros, espelhos e cinza, em contraponto com a natureza exuberante do domínio da Mata Atlântica, com enclaves de cerrado nos topos das serras. Como se não bastasse, é a sede de um dos mais importantes acervos de arte contemporânea do Brasil e considerado o maior centro de arte ao ar livre da América Latina.

O Dia:Beacon é também uma das instituições de arte contemporânea mais conceituadas do mundo e é um ótimo escape da loucura de Manhattan. Apesar de ser um galpão (onde funcionou uma antiga fábrica da Nabisco) dialoga bastante com a natureza externa (o céu livre dos arranha-céus de Nova York traz uma sensação incrível de respiro). Foi criado para viabilizar trabalhos de artistas com larga escala (Donald Judd, Dan Flavin, Michael Heizer e Fred Sandback). O percurso, de trem, é o ponto alto para mim (que faz com que ele esteja nesta parte do livro). A visita ao museu começa no percurso.

Agora imagina uma ilha inteira dedicada à arte? Assim é Naoshima, que fica no mar Interior de Seto, no município de Kagawa, ao sul do Japão. A viagem até lá é superlonga, e um dos meus maiores arrependimentos da vida é não ter me planejado corretamente para a visita quando estava no Japão. Após um longo percurso de metrô, trem, teleférico, carro, cheguei e estava fechado. Mas foi muito valioso visitar o entorno.

A ilha ficou conhecida (como refúgio) pelo clima ameno e por seus museus de arte moderna, arquitetura exuberante e esculturas espalhadas por toda sua dimensão. Mas não é apenas um grande museu com espaços ao ar livre e cobertos para a exposições. Desde a fundação, pretende oferecer aos artistas e arquitetos a oportunidade de criar e exibir trabalhos originais que se integrem à natureza e à cultura da ilha.

O que mais me chamou a atenção na cidade é que, no lugar de gentrificação e descaracterização da ilha, ações educativas e de preservação fazem parte da cultura local (algumas casas abandonadas viraram instalações, que preservam a história local). Estive num restaurante que era dentro da casa de um casal de idosos e tive a melhor refeição de toda a viagem. Essa é uma das formas de como vejo a natureza e a memória presentes hoje na arte. Ah, acabei de me lembrar de Veneza, onde os pavilhões por onde acontecem as bienais de arte e arquitetura também são protagonistas das exposições.

A novidade é encontrar nesses lugares obras que trazem um diálogo entre natureza, arquitetura e tecnologia. Natureza arquitetônica e natureza tecnológica. Como, em Inhotim, a obra de Doug Aitken que traz uma viagem (sonora) ao centro da terra, através de um furo de duzentos metros de profundidade no chão, com uma série de microfones prontos para captar o som da Terra. Esse som é transmitido em tempo real, por meio de um sofisticado sistema de equalização e amplificação, no interior de um pavilhão de vidro, vazio e circular.

Iane Cabral é uma artista-pesquisadora sobre tecnologias vestíveis na busca de multissensorialidade. De caráter multidisciplinar, suas obras dialogam com diversos eixos: bioarte, tecnologia, eletrônica, videoarte, fotografia, performance e vestuário. Em *Acoplamentos sensíveis*, ela apresenta uma série de propostas artísticas que exploram conexões entre o homem e a natureza mediadas pela tecnologia. A versão Sonoplanta é um *wearable* como interface interativa para atividade responsiva visual e sonora. É um híbrido "planta-sistema tecnológico" que tem na sua parte superior um colar com microcontrolador ligado à "roupa", composta de planta, sensores, *leds* e alto-faltantes. O sopro e o toque interagem diretamente com a planta que responde através da interface de forma sensorial, visual e auditiva. Isso faz com que a planta "dance".

ATIVA.MENTE

Ao mesmo tempo que começam a surgir artistas que substituem a argila, a pedra e o mármore por peças da impressora 3-D, que, quando combinadas, transformam-se em grandiosas estruturas, protótipos realistas e, até mesmo, peças de roupas, dando uma nova forma à arte, há aqueles que mantêm a essência de ajudar a sociedade (informar, educar a até "acordar" as pessoas sobre assuntos políticos e sociais atuais), da maneira mais simples e genuína que existe.

Escrevo esta parte do livro em meio às manifestações pela morte de Marielle Franco (que comentei nas páginas 203-5). No mesmo momento surgem milhões de memes, grafites, pinturas, frases, cartazes, expressando sentimentos. Um adesivo sobrepõe várias placas de rua, dando seu nome (como homenagem) às ruas. A artista Hanna Lucatelli, que pintou uma imagem de Marielle no projeto Favela Galeria (que leva arte às comunidades), comentou no seu Instagram: "Cada um luta com as armas que pode". No caso dela, a pintura.

Esse movimento tem crescido muito. Se na minha infância muros eram usados para grafites com "marcas próprias" (eu era DECO [rs]), numa era bem autocêntrica, hoje eles trazem mensagens de autoajuda, de ativismo social e reflexão — o Instagram @arua_fala traz muitas mensagens (eu amo: "pense nos porquês", "melhorem", "lute como uma mulher", "quem trafica são os ricos", "no luto, lute").

Ruas, praças, favelas são grandes galerias a céu aberto. As "obras-ações" surgidas nesse contexto costumam ser realizadas por "afinidade específica e temporária", por pessoas ou coletivos engajados com determinadas causas. É quando a arte sai da galeria para os espaços públicos e o receptor, que geralmente vai ao seu encontro, é capturado pela obra. É a "rede" fazendo arte e gerando mobilização social, com obras de cunho político, crítico e audacioso.

São obras de arte urbana que geralmente aparecem nas metrópoles da noite para o dia de maneira a chamar a atenção de todos que passam. Em "catracas", por exemplo, o grupo paulista Contra Filé questiona as inúmeras barreiras sociais que nos são impostas. Em sua primeira aparição, o grupo instalou, na calada da noite, uma catraca na praça do largo do Arouche, em São Paulo. Em algumas cidades do Brasil, estátuas frias de mármore receberam corações de espuma, pelo movimento "Aqui bate um coração".

Um dos grandes nomes da atualidade, cujas obras poderiam ser categorizadas em obras-ações, é Banksy, que ninguém sabe dizer se é um único "artista britânico" (como se acredita) ou uma *crew*, coletivo, pois ninguém nunca o viu. Ele põe no mundo inúmeras obras em estêncil com conteúdo questionador (quem nunca ouviu falar das obras pintadas na Faixa de Gaza?). É dele a obra *Preso de Guantánamo*, em que um boneco inflável de trajes similares aos dos condenados à prisão de segurança máxima de mesmo nome da obra fora colocado em um dos parques temáticos da Disney.

Outro representante gringo desse movimento é artista plástico francês Zevs, famoso pelas intervenções em campanhas publicitárias e logos de marcas consagradas. Ele se define como um "assassino de imagens e de ícones". Começou em 2001, escalando muros e pichando com tinta vermelha modelos em painéis publicitários, sugerindo que estivessem sangrando. Anos depois, na série "Visual Kidnapping", sequestrou os modelos das fotos e pediu resgate às marcas.

Seu trabalho mais famoso é o *Liquidated Logo* (2008). Ele pintou logos de grifes como Nike, Lacoste e Louis Vuitton, como se estivessem derretendo. Essa série rendeu alguns dias de prisão, quando pintou na parede da Giorgio Armani um logo derretido da Chanel. A ideia era mostrar que mesmo ícones fortes, bem ancorados, podem desaparecer. Reflexão que vale para tudo que está no mundo hoje, inclusive na arte — e na moda.

APROFUNDAMENTO

Para assisitir:

- *Alive Inside* (documentário)
  Para conhecer o poder da música e entender como ela pode ajudar a curar e a inspirar a alma humana.
- *Beltracchi: A arte da falsificação* (documentário)
  Para questionar o mercado da arte ao acompanhar a história de um homem que conseguiu enganar os maiores especialistas do mundo.
- *Um mentiroso honesto: A incrível história de Randi* (documentário)
  Para desvendar os segredos e truques de impostores que dizem dominar poderes mentais.
- *Nanette* (stand-up)
  Para refletir sobre a comédia e quebrar padrões sociais de machismo e homofobia.
- *Abraçando o remix*, de Kirby Ferguson (TED)
  Para descobrir o que impede o avanço da criatividade no mundo — inclusive em companhias que adoramos chamar de inovadoras.
- *De onde vêm as boas ideias?*, de Steven Johnson (TED)
  Para rever a ideia de que existem momentos "eureca" e começar a pensar na importância das interligações.

Para ler:

- *Arte como terapia*, de Alain de Botton e John Armstrong
  Para descobrir uma nova maneira de se interpretar a arte, levando em conta suas qualidades terapêuticas e a capacidade de oferecer soluções fascinantes para as angústias do dia a dia.
- *Criatividade para o século 21: Uma visão quântica para a expansão do potencial criativo*, de Amit Goswami
  Para entender o papel fundamental da intuição, do livre-arbítrio e das inúmeras possibilidades de escolhas criativas no desenvolvimento humano, para uma vida mais íntegra e plena.

Para pensar:

Qual a importância do sentir, do desejo e do corpo na arte?

FALAM TANTO NUMA NOVA ERA, QUASE ESQUECEM DO ETERNO É.

"Era nova", Gilberto Gil

22. Nova moda

"O que teria sentido para uma marca de moda nascida em 2017?" Essa foi a pergunta que norteou o workshop de cocriação da AHLMA. Para começar, não teria sentido que ela fosse criada só por mim, apesar de ser o diretor criativo. E nem pelo Grupo Reserva, que investiu financeiramente no projeto. Para que a marca nascesse livre, já do mundo, convoquei um time de pessoas, com diferentes *backgrounds*, para juntos sonharmos (e criarmos) essa nova marca.

A indústria da moda tem sido apontada como uma das mais nocivas ao meio ambiente. Foi a segunda atividade mais poluidora do último século (perdendo apenas para a do petróleo) e a segunda que mais consumiu recursos naturais (depois da agricultura), contribuindo muito para o estágio atual de desequilíbrio planetário. A visão de que ela é algo fútil ou banal resultou no amadorismo do sistema. Custando o que de mais precioso temos hoje: o solo, a água e o ar. E também a vida de muitas pessoas.

Além de demandar muita energia e água na produção, a indústria têxtil polui o solo com pesticidas e fertilizantes, as águas, durante todo o processo de tingimento e beneficiamento, e o ar, com emissões de gases de efeito estufa. Isso impacta quem produz e até mesmo quem usa (por causa dos resíduos químicos que ficam nas peças). Podendo gerar um dramático número de (d)efeitos congênitos, de câncer a doenças mentais.

Ainda fica pior, o filme *The True Cost* (2015) traz um dado surreal de que a indústria da moda é responsável pelo maior índice de suicídio do mundo. Efeitos colaterais (depressivos) dos agrotóxicos, dívidas, disputas e conflitos nas terras produtoras de matérias-primas fundamentais para a moda como a do algodão resultam no suicídio (e até assassinato) de um fazendeiro a cada trinta minutos. Na última década, foram 291 mil suicídios apenas na Índia. Sem contar com os funcionários que trabalham em condições precárias, os escravizados e os que são vítimas de acidentes de trabalho.

> Claro, é muito legal poder comprar peças que grandes estilistas fizeram parceria com redes de *fast-fashion*, ou ver um desfile em Milão hoje e achar uma peça *inspired* na semana seguinte, ou ter aquela saia linda por apenas dez dólares. Mas será que não estamos consumindo moda rápido demais? Será que não tem nada mesmo de negativo em relação a isso?
>
> Eu parei para pensar e vi muita coisa. Das mais fúteis às mais sérias [...]. Já reparou como de um dia para o outro ficamos uniformizados? Consumimos peças dos mesmos lugares, das mesmas referências. As pessoas que fabricam moda assistem as mesmas palestras do líder mundial de previsão de tendências. Já vem tudo mastigado. Não tem que criar nem se inspirar. Só produzir e vender, vender e vender.
>
> Nós, consumidores, também não temos mais que criar nada nosso. O "seu estilo" já está lá, pronto para ser consumido na vitrine da sua loja favorita.

Nuta Vasconcellos escreveu esse texto em seu blog, Girls with Style, no dia 18 de novembro de 2014. Eu já havia falado dele em *Moda com propósito* e trago de novo para falar de outro "mal da moda", que é quando algo vira moda. Se na teoria a moda é algo para acentuar nossa expressão, comunicar, diferenciar, integrar... na prática o que temos visto é uma reprodução em série de tendências, que contribuem muito pouco para o desenvolvimento de um estilo pessoal e o autoconhecimento através das roupas. E o consumo desenfreado tem pirado muita gente.

O economista e analista de vendas americano Victor Lebow diz que

> nossa enorme economia produtiva exige que façamos do consumo a nossa forma de vida, que tornemos a compra e o uso de bens em rituais, que procuremos nossa satisfação espiritual e a satisfação do nosso ego no consumo. [...] Precisamos que as coisas sejam consumidas, destruídas, substituídas e descartadas num ritmo cada vez maior.

Com isso buscamos um crescimento infinito, sem considerar que tudo no mundo é finito.

Mas isso não vai durar do jeito que está. O sistema de moda vai precisar mudar, pelo simples fato de que ele está se destruindo. E desta vez não estou falando do meio ambiente, mas do quanto a moda tem matado o desejo pela moda, desde que acelerou demais, banalizou suas coleções e seus produtos, com coleções, campanhas e ações sem relevância a todo momento. O volume e a rapidez talvez sejam as piores drogas para o sistema da moda, que parece estar descontrolado, viciado, sem responder mais às suas próprias vontades.

Sem contar o quanto a moda também cria e veicula padrões negativos — de exclusão e diferença, por exemplo. Estabelece padrões de beleza inalcançáveis, causando muita dor e sofrimento em muitas pessoas, como Paula Grassi disse no blog da Marcha Mundial pelas Mulheres, em 13 de dezembro de 2015:

> A permanência é o corpo magro, jovem, particularmente branco [...]. Este imaginário ético e estético dos corpos atribui critérios de beleza, moda e educação. Qualifica por um lado como bonitas, limpas e bem-vestidas as mulheres brancas com características ocidentais. Qualifica por outro como as feias, sujas e malvestidas as outras mulheres. Tal imaginário, eurocêntrico e estadunidense, portanto colonialista, penaliza cotidianamente os corpos especialmente das mulheres negras, mulhe-

res indígenas, mulheres gordas, mulheres idosas e tantas outras. Transforma a mulher em objeto de consumo para a sociedade, especialmente para homens. E por meio da publicidade orienta as "tendências" das formas de se vestir, de se embelezar, como se comportar com o namorado, seduzindo as mulheres para a compra de produtos que as tornam belas e modernas.

Mas ao que parece, a moda também está em transição. De um jeito (pela ampliação da consciência) ou de outro (pela falta de dinheiro), o consumo está mudando. Isso é fato. A Nielsen comprovou que houve queda de 4,7% no número de visitas ao ponto de venda em 2014 (nos anos seguintes esse número foi muito maior, pelo menos de acordo com as marcas com as quais tenho contato). Vimos marcas fechando, grupos falindo, outros se juntando. Shoppings querendo se reinventar. O calendário de moda perdendo sentido. As semanas de moda no Brasil perdendo sentido.

Há cada vez mais pessoas questionando a moda: Preciso mesmo deste produto ou serviço? Mesmo? Por quê? Ele é socialmente justo? O preço é justo? O que está contemplado neste preço? É econômico? Poluente? A extração da matéria-prima respeita a natureza? Onde foi produzido? Com que mão de obra? Quanto tempo vai durar?

Existe um incentivo grande por parte de pessoas, marcas, organizações para que cada vez mais pessoas pensem sobre isso. E eu acredito que é assim que a moda vai mudar. Se formos capazes de educar o mercado, instruir as pessoas ou ao menos ampliar sua consciência (aqui falou meu propósito), poderá sim um dia haver solução. Na alimentação esse movimento vem ganhando cada vez mais força. Na economia, na ciência, na política. Acredito que a moda pode deve colaborar com a difusão e a conscientização sobre a sustentabilidade e as demandas do planeta.

A moda é uma das indústrias mais nocivas, mas somos a segunda que mais emprega. A que mais empodera (e emprega) as mulheres. A que mais influencia hábitos e comportamentos. Nem sempre veicula imagens que privilegiam minorias (de raça, credo ou opção sexual), mas ajuda e tem um papel importante na construção da identidade das pessoas. Nem sempre é tão boa ou correta, mas tem a força de criar e disseminar tendências de comportamento. Basta querer.

MARCA COM PROPÓSITO

Por isso é que eu não desisto acredito não só num novo mundo e numa nova vida para a moda, mas também na força da moda (e das marcas em geral) como vetor da mudança. Como agente educador, transformador e disseminador de um novo mundo. A solução para a moda pode estar na moda. Como antídoto contra seu próprio veneno.

Para isso é preciso voltar a fazer moda com propósito. Moda além da roupa. Moda a favor das pessoas e do planeta. O futuro presente (que vem se desenhando) não vai ter espaço para marcas (de qualquer setor) sem essa consciência. Se você acredita nisso, pode ser impulsionado pelos mesmos ideais duradouros que regem a arte, a ciência e até a tecnologia.

No workshop de cocriação, entendemos que, para existir sentido neste novo mundo, precisávamos rever os conceitos de todos os processos, desde a criação das coleções, passando pelas escolhas de matéria-prima, até a seleção dos milhões de trabalhadores que sustentam esta indústria — de agricultores a modelos. Seria uma revolução de mudança de prioridades. Sempre em (des)construção. Afinal, não é possível ter todas as respostas e caminhos ainda.

Eu entendo que, para a moda mudar, o mundo precisa mudar. O mercado, a educação, a política, a alimentação, as organizações... Somente com uma nova consciência será possível fazer uma nova moda. Este livro é para levar você a perceber isso. Para que a moda seja livre, precisamos de seres humanos livres — criando, produzindo e comprando. Esse é apenas um dos exemplos.

Apesar de (ainda) não termos conseguido formar uma frase linda que comunique o propósito da AHLMA, no workshop de cocriação e nas conversas que temos até hoje, está claro para nós que ele tem a ver com usar a moda para falar sobre consciência. Mostrar que a moda pode ser um caminho possível para expressão com consciência. E, quando eu falo isso, não estou querendo falar necessariamente sobre consumo consciente, pois entendemos que ele não existe sem uma cadeia de produção consciente, sem um público comprador consciente sobre os impactos das suas escolhas.

Nosso sonho compartilhado é resgatar a liberdade de ser e de criar. De forma autoral e individual, porém integrada com o todo, em rede, com as novas formas de organização, cada vez mais sofisticadas e complexas, cada vez mais ricas em autonomia e cheias de informações. Com menos competição e mais cooperação e colaboração. Mais próxima da natureza, inspirada e reverenciada nela. Acreditamos na moda como um ecossistema onde tudo se complementa em cadeia, em ciclo, de forma mútua e simbiótica.

Com mais harmonia e mais tempo, por mais desafiador que seja. Com mais qualidade e menos quantidade. Menos produto e mais serviço. Orientada pelos talentos únicos de cada um que faz parte dela, na capacidade de (res)significar, a partir do princípio do serviço (vício em ser). Servindo aos sonhos e à individualidade do outro. Com maior consciência e ética sobre o fazer e as oportunidades de transformação social e cultural que pode promover. Enfim, uma marca mais consciente, sensível, afetiva e criativa.

NOVA LÓGICA

No início eram muitas as dúvidas. Mas de uma coisa tínhamos certeza, uma marca de moda se viabiliza através do consumo (seja de produtos ou serviços). Somos todos apaixonados por moda, sabemos que nosso propósito está conectado a ela. Acreditamos na sua capacidade de transformação. Mas só de existir a AHLMA já estaria gerando um impacto negativo no meio ambiente, por mais bem-intencionados que estivéssemos. E isso me angustiava muito.

Já estávamos criando as primeiras coleções, e ainda não tínhamos certeza de qual matéria-prima utilizar. Até que em uma das reuniões, com a (professora e escritora do primeiro livro brasileiro de sustentabilidade na moda) Lilyan Berlim e a Fê Cortez (do projeto Menos um

320

Lixo), estávamos entendendo os prós e os contras de cada matéria-prima (pois mesmo as recicladas, orgânicas, biodegradáveis geram algum impacto), quando a Lilyan trouxe a questão do cheque especial ambiental: "O certo seria que todos parassem de consumir recursos e produzir, para deixar o planeta descansar e se regenerar".

Eureca! Foi quando pensei: "É isso!". As pessoas sempre vão querer o novo, mas fazer algo novo não significa necessariamente gerar uma nova demanda ao meio ambiente. A cada segundo, o equivalente a um caminhão de lixo têxtil é desperdiçado no mundo. Sem contar com a quantidade de tecidos novos, que sobram em fornecedores e marcas. Temos assistido aos recursos do nosso planeta se esgotarem em tempo recorde e não temos a menor dúvida de que, agora, não há outra opção razoável a não ser parar um pouco para que a natureza respire e se renove.

Assim, escolhemos recuperar tecidos novos, nunca usados, acumulados como sobra no estoque de fábricas, parceiros e outras marcas de moda (por causa de um mau planejamento de produção ou troca de coleção). Para isso, deveríamos inverter totalmente nossa lógica de criação/produção, para que nosso processo se tornasse circular. Então hoje, primeiro nosso time de estilo sai em busca do que já existe disponível, em uma espécie de garimpo no acervo dos nossos parceiros (fornecedores, marcas do mesmo grupo e marcas amigas); e só depois, a partir do que foi encontrado, começa a criar.

Dessa forma conseguimos estimar um crescimento para a marca (dormir tranquilos), sem que ele esteja atrelado ao esgotamento de recursos. Tal lógica chamou a atenção da Ellen MacArthur Foundation, que, antes mesmo de completarmos seis meses, nos elegeu como marca inspiradora e compartilhou nosso *case* de economia circular com o mundo todo.

Com o tempo conseguimos entender e sofisticar o processo, para não somente usar tecidos novos, mas também encontrar outras oportunidades de transformação. Escolhemos trabalhar com matérias-primas restaurativas (recicladas ou recuperadas) ou regenerativas (fibras naturais, de origem certificada ou biodegradáveis). Por exemplo:

Reciclados: É a oportunidade de usar aparas e sobras, de forma nova. Todas as nossas peças feitas com jeans novos são produzidas com Eco Recycle, tecido da Vicunha, em duas composições diferentes. O denim 100% algodão é feito com 30% de algodão reciclado a partir de resíduos da indústria têxtil e 70% de algodão certificado pela Better Cotton Iniciative. Já o denim *stretch* conta com 2% de elastano e muda a composição de algodão reciclado para 28%. Durante a fabricação desse denim, o consumo de água é 80% menor quando comparado ao processo tradicional — e 70% dessa água é reutilizada.

Nossos tênis também utilizam o princípio da reciclagem. A sola é composta de outras solas, que sobraram, são derretidas e transformadas em uma nova. O tecido que forra o tênis também é feito a partir da reciclagem de vários outros tecidos, pela EcoSimple.

Malha certificada: Um dia deparamos com um impasse, não sobrava malha preta e branca, ideal para criar produtos básicos e atemporais. Entendemos então que precisávamos usar algodão novo e optamos pelo melhor caminho. Usamos a primeira malha de algodão brasileira homologada pelo Better Cotton Initiative, uma organização que trabalha para reduzir os impactos ambientais da produção global de algodão, estimulando a economia de comunidades agrícolas e melhorando seus meios de vida. Quem nos fornece esse produto é a Menegotti, malharia de Santa Catarina.

Upcycling: Nos estoques dos fornecedores e parceiros, encontramos muitas peças prontas, novas e que nunca haviam sido vendidas. Usamos algumas dessas peças também para compor nossa coleção. Transformamos vestidos em camisetas. Calças em shorts e por aí vai. Esse aprendizado trouxe novas oportunidades também. Com a marca Mig Jeans e o estilista Wilson Ranieri, cocriamos peças jeans produzidas com peças jeans usadas garimpadas em brechó. Da marca Kite Coat, vendemos casacos feitos com pipas de *kitesurf*, que rendem apenas trezentas horas de voo seguro e demoram trezentos anos para se decompor.

Reúso: Usamos aviamentos encontrados como sobra em estoques e, quando precisamos comprar, evitamos customizar aviamentos novos (com a marca da AHLMA, por exemplo) para que não fiquem datados, sejam desperdiçados ou se acumulem nos estoques. Compramos os padrões que estão disponíveis aos montes no mercado. Durante o processo de design de nossas peças, também evitamos o uso de aviamentos supérfluos e desnecessários para diminuir o uso de matérias-primas e facilitar a reciclagem. Em casos muito específicos, como os cadarços, primeiro fazemos testes com pequenas quantidades, formalizando o pedido por volumes maiores com calma e segurança da sua funcionalidade.

PRODUÇÃO CONSCIENTE

A indústria têxtil pode agredir o meio ambiente de muitas maneiras. Há tantos tingimentos, lavagens e beneficiamentos tóxicos quanto itens de vestuário em decomposição nos aterros sanitários, o que, no caso das fibras derivadas de petróleo, demora centenas de anos para acontecer.

Diante desse panorama, decidimos abrir nossos processos, tendo a transparência como um importante valor de marca. Dessa forma acreditamos que podemos inspirar o mercado a se transformar também, com nossas descobertas. Abrimos a composição dos preços dos produtos (inclusive revelando qual nosso lucro em cada peça), comunicamos claramente quem são nossos fornecedores e como produzimos. Aqui alguns exemplos dos nossos processos:

Livre de crueldade animal: Nós nos entendemos como parte da natureza, nem acima nem abaixo de nenhuma outra espécie. Assim, não produzimos peças que contenham peles, pelos, penas, plumas, pérolas, lã, seda ou couro, nem mesmo os *fakes* (para não banalizar a estética). Só revendemos cosméticos ou itens para o bem-estar livres de crueldade animal e 100% vegetais. Na AHLMA, entendemos que animais não são matéria-prima. Nossa ideia é, inclusive, fomentar a cocriação de cada vez mais produtos veganos, como fizemos com a marca de calçados Vert.

Mão de obra legal: Não são só impactos ambientais moram por detrás das etiquetas. Para pensar: se o preço final de uma camiseta é

20 vinte reais, provavelmente seu custo de produção foi três ou quatro vezes menor. Matéria-prima, mão de obra, transporte e embalagem, juntos, somam baratos cinco ou seis reais. A conta não fecha e abre precedentes para formas ilegais de trabalho (exploratório, escravo, infantil) e, a médio prazo, marginalidade e desigualdade social. Na AHLMA, cada pessoa envolvida no fazer das roupas importa. Trabalhamos com fornecedores que possuem o selo ABVTEX para a consolidação de boas práticas na cadeia de fornecimento, para que as pessoas envolvidas tenham seus direitos e necessidades garantidos.

Feito no Brasil: Na AHLMA, todos os produtos de fabricação própria ou colabes são 100% confeccionados no Brasil. Próximos dos nossos produtores e fornecedores, nós não só fomentamos a indústria têxtil nacional, como: movimentamos a economia local; garantimos padrões de qualidade; e reduzimos os deslocamentos da nossa produção, reduzindo também nossas emissões de gás carbônico referentes a transporte.

Produção sob demanda: Adotamos algumas estratégias para minimizar sobras e tornar cada vez mais pessoal sua experiência. Alguns dos nossos *silks* são impressos pós-compra e há várias customizações disponíveis no nosso laboratório pessoal (na Academia da AHLMA). Imagina só: você adquire uma calça jeans lisa e básica e compra adicionais de rasgos, aplicação de patches, enfim, todo um cardápio de vontades. Dessa maneira, temos maior controle sobre sobras, além de produtos feitos sob medida para você.

Menos lixo: Tentamos minimizar ao máximo o uso de *tags*, lacres e etiquetas, que na maioria das vezes viram lixo após sair da loja. Sempre que possível preferimos usar *silk* interno a etiquetas. Usamos um lacre reciclado para prender a etiqueta com o preço, e nos dez primeiros meses não tínhamos nenhuma *tag* de papel preso ao produto. Até que percebemos que era importante comunicar em cada peça a origem da matéria-prima. A melhor forma encontrada foi uma *tag* de papel reciclado da Haco.

Embalagem consciente: A questão das embalagens sempre nos preocupou também. É lixo, não tem jeito. Mas às vezes é necessário. Então criamos para o e-commerce uma caixa de papelão que permite muitas dobraduras, dispensa o uso de fita adesiva (permitindo a reciclagem) e vem cheia de conteúdo, para que não seja descartada. Somos "livres de" papel de seda, adesivos decorativos, envelopes plásticos, embalagem para presente convencionais. Nas lojas físicas, não distribuímos sacolas nas compras. O cliente decide pela forma que quer levar suas compras para casa — na sua própria bolsa ou mochila, adquirindo uma das ecobags à venda ou, ainda, uma sacola de reúso (que também pegamos de sobra de outras marcas), tudo a preço de custo. Além de não gerar lixo, o cliente ainda economiza caso não queria embalagem (o caminho praticado no mercado é embutir esse custo em todos os produtos).

AUTOEXPRESSÃO RADICAL

"Não seja refém das tendências. Siga sua essência", frase da consultora de estilo Renata Abranchs, que nos inspirou desde o início. Acreditamos que a vida real é que vai nos mostrar o caminho. Para entender como será a moda daqui para a frente, é preciso olhar primeiro para as pessoas. Para quem as marcas são feitas. O consumidor de hoje é bem diferente do consumidor de bem pouco tempo atrás, quando a internet não existia, quando a tecnologia ou a moda se restringiam a pequenos grupos.

As ferramentas de autopublicação, de DIY, de construção de autoimagem (e a internet, sempre sem limites), deram poder às pessoas. Fomos transformados por esse poder que ganhamos e levamos esse valor para todos os segmentos da nossa vida. Não estou falando apenas da força que temos hoje de construir e destruir marcas, governos, pessoas... (o que é bem verdade). Todo esse empoderamento social, tecnológico e conceitual ampliou muito nosso nível de consciência e colocou as pessoas acima das marcas (e cada vez mais as pessoas serão maiores do que as marcas).

O consumidor hoje tem a vida nas próprias mãos, não está topando mais se encaixar em padrões comportamentais e de segmentação conhecidos. Não é mais somente público-alvo (ou comprador), é produtor de inovação, cocriador, colaborador, financiador, produtor, disseminador... Isso muda tudo. Na vida. Na moda.

O laboratório internacional de pesquisa Future Concept Lab (FCL) fala sobre uma nova era de consumo autoral, sobre as novas gerações como "empresas" criativas, em que as pessoas são atores e autores de suas próprias escolhas (menos influenciadas pelo canto da sereia das marcas). Nessa nova jornada da vida dos consumidores, eles tendem a ver a moda de forma diferente, não mais como a única saída para construir e comunicar quem são. "Trata-se de uma extraordinária oportunidade de aprender a escolher livre e criativamente", diz Francesco Morace, presidente do laboratório, em seu livro *Consumo autoral*.

Isso tem a ver com a cultura do ser (que está sempre em transformação). Seremos encorajados não só a ser mais autênticos, como a nos transformar e experimentar cada vez mais tudo que está disponível no mundo. Só que com um modelo mental mais consciente, em que não precisamos somente comprar, comprar e comprar para ter (e ser). Isso favorece a economia compartilhada. Uma nova mentalidade de consumo em que não é preciso mais comprar para usufruir. Pode-se pegar emprestado, alugar, trocar... e viver.

Hoje as pessoas se orientam cada vez mais por seus valores (individuais, emocionais e psicológicos) e sua consciência (pesquise #somotodosmacacos, #maisque20centavos, #foradilma, #quemfezminharoupa ou #lovewins para ver esse movimento rolando). Taí a consciência. Talvez essa (r)evolução seja a maior mudança vivida pelos seres humanos nas últimas décadas. Estamos cada vez mais (d)espertos e lúcidos para ver a realidade com clareza, compreendendo as reações às nossas ações de curto ou longo prazo. Mais atentos ao que se passa dentro e fora de nós. Valores como o cuidado, cultivo de experiências e compaixão parecem estar entrando em alta.

A insustentabilidade da moda não se dá somente nos produtos. Seus padrões de beleza, tão fechados, chegam a nós diariamente em cultura e imagem. A moda tem mesmo esse poder de afastar, de excluir. Mas não é nele que a gente acredita. Em vez de dependência, queremos gerar confiança. Em vez de falar, queremos ouvir. E em vez de impor um único estilo, sermos capazes de combinar e apreciar os muitos estilos que existem por aí.

No início pensamos que a AHLMA seria uma marca de *slow fashion*, com produtos atemporais, baseados em cartelas mono-cromáticas e neutras. Com o tempo comecei a sentir que isso não abraçava todos. E o dia que acordamos coloridos? Que queremos combinar com o sol ou brilhar a noite? Então dividimos nossas coleções sempre em duas partes. Uma que chamamos de PLENO, com modelagens e cores sóbrias, e outra que chamamos de PULSO, mais vibrante, colorida e radical. Quem escolhe o *mood* é quem vai usar.

Desde o início também nos sentíamos desconfortáveis com a separação de "masculino" e "feminino" com roupas rotuladas apenas para homens ou mulheres. Então decidimos criar um guarda-roupa livre, no qual quem usa escolhe o "gênero da peça". Na nossa loja principal as peças são expostas misturadas, e nas imagens sempre que possível brincamos com roupas que funcionam em homens e mulheres. Não negamos que usamos como base uma modelagem masculina e uma feminina, mas isso não quer dizer que vamos impor quem vai usar.

Nosso maior desejo é que a AHLMA se torne, de muitos jeitos, um trampolim para uma cultura de moda mais amiga das pessoas e do meio ambiente. Nossa identidade é não ter identidade. Ou melhor, nossa identidade é fluida, capaz de se misturar com a identidade de cada um, e dar espaço a sua voz autêntica. Nossos processos colaborativos fazem com que a gente seja mais ~~híbridos~~ uma plataforma de ideias e estilos do que uma via única, uma marca imposta.

No nosso primeiro Carnaval fomos muito felizes. Em vez de criar uma coleção de fantasias prontas, criamos uma coleção de básicos (que pudessem ser usados antes, durante e depois do Carnaval), para que as pessoas usassem como base para cocriar suas fantasias em cima. Fizemos uma colaboração com a Converse e o coletivo paulista MOOC para criar uma edição limitada do Chuck Taylor, que vinha com um kit de penduricalhos extraídos de fantasias de outros carnavais. A ideia era também que as pessoas pudessem deixar o tênis com sua cara. Assim nenhum seria igual.

Nosso compromisso é o de sempre questionar, experimentar e abrir os ouvidos. Pois criar uma marca o mais aberta e responsável possível é, em muitos aspectos, um processo de autoconhecimento contínuo. Para ser admirável daqui para a frente, precisamos ter a consciência de que nós somos nosso maior desafio.

PROCESSO COCRIATIVO

No vocabulário da AHLMA, tempo é a palavra preferida. Entendemos que, para criar, produzir, comunicar e nos relacionar com qualidade, precisamos de pausas, respiros e confiança em nosso próprio ritmo. Termos como *fast-fashion*, *see now*, *buy now* e *black friday*, para nós, já nasceram vazios.

Nossas peças não são feitas para durar o tempo de uma ou duas estações — mas muitos anos, se cuidadas com carinho. Alimentamos o mercado aos poucos, com entradas semanais de produtos, indiferentes ao calendário tradicional da moda, e usamos termômetros de demanda e utilidade para medir a temperatura de nossos produtos. Acreditamos que quente é ter um guarda-roupa inteligente e roupas tão, mas tão queridas, que poderíamos usá-las todos os dias.

Talvez isso passe a sensação de que criamos e lançamos muitos produtos, mas isso se deve ao fato de trabalharmos, em grande parte, com tecidos recuperados encontrados como sobra no estoque de parceiros e fornecedores, quase sempre em metragens reduzidas. Essa escolha faz com que a gente, na maioria das vezes, tenha uma grande variedade de peças, muito embora com pouquíssima profundidade de estoque. E para "recuperar" essas matérias-primas, contamos com bastante ajuda.

Somos cocriativos de berço e nascidos na MALHA, o maior espaço de moda colaborativa do Brasil. Foi também lá que, bem no início, reunimos aqueles que nos inspiram em suas áreas de atuação (como moda, sustentabilidade, *branding* com propósito e empreendedorismo criativo) para começar a sonhar uma marca adequada a nosso tempo.

A partir daí, vivemos um ano inteiro de desafios, pesquisas, imersões, consultorias e, é claro, muito trabalho, para finalmente chegarmos ao que a gente entende como um processo orgânico de cocriação, naturalmente oposto ao que o mercado pratica. Para nós, já não faz o menor sentido a imposição de verdades ou estilos de vida.

Contamos com o afeto de muitas pessoas e negócios amigos, e, por meio desse convívio criativo, enriquecemos nossos processos com a mistura de muitas ideias, referências, sentimentos e pontos de vista. Descentralizamos nossa direção criativa para poder receber os insights de outras marcas, designers, artistas e coletivos.

Nossa órbita de colaboradores se expande a cada coleção cápsula, e põe em pauta histórias que dificilmente contaríamos sozinhos. Na prática, isso significa que mais de 80% de nossas coleções são criadas em colaboração com outras marcas — pequenas e grandes — e pessoas de todos os tipos. Assim conseguimos, além de uma efervescência criativa, a mistura de muitos estilos.

Além de nossas coleções e colaborações, vendemos produtos de outras marcas, que caracterizamos como "pequenos produtores". Estes são escolhidos pelos seguintes critérios: 1) por praticarem valores parecidos com os nossos; 2) por utilizarem processos inovadores, mais amigos da comunidade ou do meio ambiente; e 3) confeccionarem produtos especiais, resultado de um processo criativo muito autoral e particular, que desejamos apoiar — oxigenando nossa própria experiência de criação.

No segundo caso, essa também é uma oportunidade para que a gente possa medir a temperatura de determinadas marcas e produtos, abrindo o campo para futura colaboração sob nossa metodologia cocriativa.

"Armário de memórias" é como chamamos nosso projeto de design afetivo. A ideia é convidar os donos de nossos armários preferidos para compartilharem com a gente "aquela peça de roupa" — que com os anos acabou se tornando uma amada coadjuvante de vida — para ressignificá-la e reinseri-la no mercado.

MAIS EXPERIÊNCIAS

A economia de serviços é baseada na experimentação, na qual o que parece contar é a imersão em um tipo de mundo que possa ser experimentado sensorialmente, independentemente do discurso ou dos produtos. Contextos físicos ou virtuais. Lugares ou "espaços", mas sempre ricos em significado, para que sejam convites ao relacionamento, mobilizadores de ação.

Novas formas de narrativa deverão passar por aí. Sabe aquela ideia de ponto de experiência que falei em *A moda imita a vida*? Então, agora, todo e qualquer ponto de contato com a marca precisa ser um ponto de experiência. Não só no marketing, mas em todo o funcionamento da organização. Se a física está revelando a primazia, não de coisas ou eventos, mas de interconexões entre as coisas e os eventos, será cada vez mais das relações que surgirá o significado das marcas.

O marketing que aprendemos vem perdendo sentido (como tudo). Cada vez mais o cliente terá a sua disposição uma multiplicidade de excelentes produtos. A escolha será não por quem tiver o melhor produto (todo mundo terá o melhor produto). Vencerá quem tiver a melhor percepção de valor que ele identificar no processo total durante o relacionamento com a marca.

Acreditando nisso, temos cocriado maneiras de iluminar novas formas de encontro com a (moda) nossa marca. Seja por meio de eventos, debates, dicas de cuidado, oficinas, conteúdo on-line. Seja por nosso próprio espaço colaborativo, a Academia da AHLMA — nossa primeira "loja".

Ao pensar em como seria nosso primeiro espaço, tivemos vontade que fosse tudo, menos uma loja. E da vontade de ensinar e aprender, de cuidar do corpo e da alma, surgiu o conceito de Academia, onde falamos sobre novas formas de consciência — na comida, no gesto, na roupa e no cuidado com ela.

Lá, você encontra nosso laboratório de costura pessoal, pilotado pelas meninas da MIG Jeans, com serviços de corte, costura, aplicação de patches, bordados, entre outras customizações. Nossa lavanderia +eco, equipada com máquinas de lavar que economizam água e sabão em até 40%; além de produtos de limpeza hipoalergênicos, biodegradáveis e 100% vegetais.

Para alimentar o corpo de maneira mais consciente, um "Suco bar", com cardápio leve, pensado de acordo com os conceitos da marca, e uma minivendinha, com produtos de pequenos produtores locais.

No segunda andar, está o Espaço AHTMA, com uma grade fixa de aulas de ioga e movimento. Além de cursos livres que vão da meditação ao teatro. ATMA (sem o H), em sânscrito, significa alma. No hinduísmo, é usado para identificar a alma individual, ou "verdadeiro eu", traduzido como "eu" para dar um caráter divino à alma individual.

Em meio a tudo isso, no espaço ainda rolam shows, festas, feiras de troca, de desapego e grandes agitos, pois acreditamos no equilíbrio de todas as coisas que nos rodeiam. Enquanto falamos e promovemos tudo isso, testamos (vários) novos modelos de negócio. A ideia é ser moda, mas ser cada vez menos dependente da roupa como matéria.

CONDIÇÃO: (DES)CONSTRUÇÃO

Uma coisa tenho aprendido, não se deve tentar controlar a impermanência (da vida) de uma marca. A única certeza que devemos ter é que ao longo do seu caminho ela vai mudar (pode ser que só do tempo de eu escrever e você ler, já tenha mudado). Pode surpreender eu falar isso, mas a maneira mais fácil de entender é olhar para sua vida. Olha onde você começou e onde está agora. Quanta coisa aconteceu, por quanta coisa você passou — dentro e fora de você. Olha quanto o mundo mudou (nunca se esqueça de que uma marca está no mundo, tanto quanto você, e por isso ela vai mudar também).

Eu sempre gostei de mudanças. Sempre vi as coisas mudarem muito. Olha onde eu estava e agora onde estou. Como gestor, constantemente mudava minhas equipes ou os papéis de cada um. Mudava a sala de lugar, de projeto, de agências, de planos e de metas. O planejamento deve acontecer, mas ficar preso a ele é bobagem diante da imensidão que a vida pode nos proporcionar. E a única certeza que temos é: vamos mudar. Construir e desconstruir.

Durante um tempo me senti mal por isso. Achando que estava errado. Tinha medo do julgamento das pessoas. Já cheguei a achar que meu papel era garantir a sobrevivência de uma marca, protegendo-a (dos distúrbios) do mundo — um pouco como pais pensam sobre a criação dos filhos. Bobagem. É o contrário. Hoje entendo, e aceito, como meu maior valor, que é preciso garantir a sobrevivência da marca embutindo nela a competência para lidar com as mudanças, porque senão não evolui. Não cresce.

Então compreendi aceitei que vai ser sempre assim. Hoje, ao contratar alguém, por exemplo, sou sincero e transparente. Já deixo logo claro: "Olha, tudo isso que estou te falando, e isso que você está sendo contratada para fazer, pode mudar. Quer dizer, vai mudar" ("Aceita que dói menos", é o que minha terapeuta sempre me disse). Nenhum sistema auto-organizado cresce de forma confortável ou controlável. A desordem é a fonte da ordem. Buscar a estabilidade a qualquer custo é um enorme engano. Confundimos controle com ordem, mas a natureza nos conforta com a verdade simples de que pode haver ordem sem controle.

A AHLMA nasceu com muitos questionamentos, mas uma grande certeza, uma organização hoje só prospera se aprender a funcionar como um sistema que embute dentro de sua estrutura a lógica da (impermanência) mudança. Isso parece o oposto do que sempre aprendemos — sobre a vida e sobre as marcas. Estabilidade, calmaria, sossego é o que o mundo tenta nos vender. Mas essa utopia a meu ver só gera mais angústia e ansiedade. Aceitar que vai mudar é mais fácil. Institucionalizar a instabilidade é nosso negócio.

Que bom é ter a curiosidade permanente de estar sempre metendo o nariz para fora, à procura de posições mais criativas e diferentes daqueles que estão apegados à estabilidade. Desconstrução é nosso negócio. Ela está na subversão de nossos processos produtivos e colaborativos. No desapego com o processo criativo e até mesmo minha direção criativa. No desapego com nossa logo, que é usada de cabeça para baixo, do avesso, com letras invertidas. No final de 2017 distribuímos de presente camisas com nossa logo silkada por dentro, do avesso, algumas pessoas tinham a intensão de virar do avesso, estranhavam. Outras não ligavam. Para a gente, cada um deve decidir o que é direito ou avesso.

A desconstrução está na arquitetura de nossas lojas, que seguem o conceito *wabi-sabi*, uma filosofia zen-budista que está relacionada à valorização da imperfeição, uma intenção totalmente contrária ao que geralmente buscamos em nossa vida. Trata-se de uma filosofia em que aprendemos a ver a beleza mesmo nas coisas imperfeitas, impermanentes, incompletas e inacabadas. Assim são nossos espaços. Revelamos o avesso dos móveis, as áreas internas (como um estoque aberto ao público), as estruturas, as paredes sem massa e as marcas do tempo.

Assim desconstruímos um pouco a ideia (institucional e chata) de "marca". Assim aprendemos a viver em equilíbrio permanente com a incerteza. Um equilíbrio às vezes caótico, confesso, porém liberto, que nos permite errar, aprender, descobrir, questionar e, principalmente, voltar atrás. Começar tudo de novo. "Estamos sempre em versão beta." Porque todos os sistemas que evoluem têm essa característica. Biologicamente a vida é assim. A única certeza que temos hoje é a de que nunca estaremos prontos. Eu disse a única, já que nem a da morte teremos mais.

> Nada há de novo nisso. Enquanto a taxa de mudança foi "razoável", enquanto as coisas evoluíam em um ritmo em que pessoas normais conseguiam acompanhar, não era tão difícil ser competente. Hoje, a necessidade de se desconstruir o que se construiu é contínua; a necessidade de se mudar o que "sempre deu certo" é o imperativo maior. Nossas construções têm de ser mutantes por princípio. Elas têm de ser feitas não "para durar", mas para mudar.

Que confortável essa fala do Clemente Nobrega em *Em busca da empresa quântica*. Me faz lembrar que o ser humano é produto de seu próprio interagir permanente com tudo que (cria) constrói. Ao inventar, continuamente, necessidades novas, ele recria a ideia do que é ser humano. E assim caminha a humanidade. Vivemos mudando de escala e, com isso, nos redefinimos. O mesmo vale para uma marca. A genialidade está em identificar o que é relevante para determinado momento, e quando dar o próximo salto.

Quem decide é o mundo real. O que é relevante muda ao longo da jornada. Grandes inovações (em qualquer área) estão sempre ligadas ao talento para definir, descobrir, inventar o que é relevante em determinado contexto. Grandes fracassos estão sempre relacionados à incapacidade de criar ou notar novos fatos relevantes. Enquanto o mundo permitiu, foi possível esperar longos anos até que a mudança se mostrasse necessária. O mundo tempo mudou.

Mas nada de bagunça. É preciso ser organizado. Pragmático. Coletar fatos. Identificar tendências e padrões. Mas nem por isso deixa de ser um processo artístico e criativo. Marshall McLuhan disse certa vez:

> Para o artista, excesso de informação se transforma em [um exercício de] reconhecimento de padrões. O que o normal das pessoas vê como complexidade ingerenciável, o artista vê como uma nova inter-relação e tenta colocar a coisa de uma forma tal que a pessoa média possa lidar com ela.

Funcionou (ou não)? As pessoas estão comprando minha ideia (ou não)? Por quê? Pergunte sempre. O teste é empírico. Qualquer pensador ou cientista que acredite ter uma teoria tem que se expor à comunidade. Precisa ter a coragem de defendê-la e comprovar que é válida. Quanto mais revolucionária for a ideia, mais tempo ela demorará para ser aceita. É isso que a história da ciência mostra. A ciência só evoluiu por meio de inovações que foram sendo aceitas e assumidas pela comunidade, muitas vezes com dificuldade, apesar das evidências. Quando não rola tem que aceitar. Começar de novo.

NASCIMENTO

Acreditamos que este novo mundo será um momento de valorização do feminino sagrado e de tudo que ele representa: liberdade, criação, interioridade, espiritualidade, frugalidade, simplicidade, ecologia, fraternidade e sensibilidade — qualidades compartilhadas por artistas, poetas, líderes, mitos e ícones de todos os tempos. Por milênios operamos em cima de valores "masculinos", como agressividade, ambição, competição e dominação. Agora daremos outro passo. Não à toa, desde a primeira vez que pensei na AHLMA, quando li o nome pela primeira vez, visualizei uma luz rosa. Era a luz do feminino. A luz do amor.

Grande parte dos autores apresentados neste livro concordam que esta deve ser uma era "além da matéria". Mais espiritual e energética. Integradora. Dessa forma, não só as pessoas tendem a se conectar mais com sua própria força espiritualidade, como as próprias religiões voltam a ser fonte de espiritualidade. "Convoque seu Buda, o clima tá tenso", canta Criolo. Então muitos começam a experimentar juntar o material com o espiritual, buscando novas formas de conexão, de sentido e significado. "Nin-jítsu, oxalá, capoeira, jiu-jítsu/ Shiva, Ganesh, Zé Pilin dai equilíbrio/ Ao trabalhador que corre atrás do pão", #lalalalala, segue o refrão. Para cada um, um caminho. Uma crença.

Desde o início tivemos a preocupação de dar alma à AHLMA e transcender além da matéria. Escolhemos para ela o signo de Touro, o segundo signo do zodíaco, que tem como principal característica possuir objetivos grandiosos. Em Touro, podemos encontrar a pulsão da vida em sua intensidade máxima. Voltado para a realização das ideias, mas com os pés no chão — típico do elemento terra. Tem Vênus como planeta regente, considerado responsável pela beleza e pelo amor. Por isso a paixão por tudo que demonstra cuidado e beleza.

Inspirado por minha viagem à Índia, encomendei a monges-astrólogos de lá um mapa védico da marca, que recomendou seu nascimento para o dia 10 de maio de 2017.

Para a numerologia, cada número possui um valor metafísico de grande significado, nosso número é o 9. Ele representa o final de um ciclo e o começo de outro. Está associado a altruísmo, fraternidade, espiritualidade, realização e compaixão. Esse número representa a mais alta forma do amor universal. É o número da grande sabedoria já que contém a experiência de todos os números anteriores. Ele caracteriza pessoas humanitárias, criativas, solidárias, artistas, animadas, simpáticas, persistentes, generosas e sentimentalistas, que se preocupam com outras pessoas e seus direitos.

Não à toa (porque quando há intenção, nada é à toa), no dia escolhido para o nascimento da marca, comemorou-se o Festival de Wesak, celebração máxima do budismo pelo nascimento, iluminação e morte de Buda, sob a energia da lua cheia. Primeiro grande presente. A lua cheia do mês de maio é uma lua cheia especial, pois, nesse período, abrem-se as portas para novas energias búdicas de consciência, sabedoria e iluminação.

Enquanto milhares de pessoas, monges e espiritualistas se encontraram em peregrinação ao Vale do Wesak, para reverenciar e celebrar os ciclos da vida e meditar diante da lua cheia, realizamos uma cerimônia védica de nascimento lá mesmo, na Índia, para marcar o nascimento da AHLMA (antes mesmo da abertura da primeira loja ou a primeira peça de roupa vendida).

No dia seguinte, comemoramos no Solar dos Abacaxis no Rio, com uma cerimônia védica presencial, seguida de jantar e festa — além da transmissão da cerimônia que aconteceu na Índia. O mítico casarão no Cosme Velho não poderia ter sido escolha melhor. Fechado durante muitos anos, havia sido reinaugurado recentemente, com o evento "Solar dos Abacaxis: território liberdade".

O lugar inspira desconstrução. Paredes descascadas relevam a ação do tempo. O telhado, danificado, permite a entrada da chuva. O piso de madeira range. Wabi-sabi. No jardim, cristais e espelhos entre plantas. Um neon escrito "Nova era" revelava nosso desejo. Nos salões, pequenos rituais. No pátio, um grande disco voador inflável, com projeções do cosmos e mapas no interior.

Minha sensação ao lembrar deste dia é parecida com a daqueles que se casam e dizem que não lembram de nada depois. Mas lembro bem das pessoas, dos abraços e dos sorrisos. Lembro que, durante a cerimônia, o monge pedia que repetisse algumas palavras. Muitas eram desconhecidas, mas eu me emocionava mesmo assim, como se dentro de mim eu as conhecesse.

Em determinado momento acendemos uma fogueira. Lá fora, começou a chover. André Elkind, um amigo que estava ajudando na cerimônia, me disse: "É hora de purificar. Renovar". A água tem um papel importante nesse momento.

Nessa noite, reunimos (e atraímos) elementos simbólicos de várias crenças, que estão alinhados com os principais ensinamentos de Buda. De que o ser humano precisa utilizar a vida como instrumento da própria evolução. De que o novo só começa a partir do que termina. De que o fim é o começo. Sempre.

Todo nascimento marca a esperança o surgimento de momentos de transformação. De renovação das forças vitais. Hora de transmutar problemas e transformá-los em felicidade e liberdade. De despertar para que mais um passo seja dado na direção da expansão de nossas consciências e evolução de nossas almas. Todo os dias.

Sem fim.

APROFUNDAMENTO

Para assistir:

▮ *The True Cost* (documentário)
Para questionar o verdadeiro custo da moda descartável, o que está por trás de um consumo que cresceu 500% nos últimos vinte anos, com produtos cada vez mais baratos, ano após ano. Esse documentário foi fundamental para mudar a minha visão sobre o meu trabalho.

▮ *Advanced Style: Vovós fashion* (documentário)
Para conhecer sete senhoras que têm uma visão totalmente pessoal da moda, desde muito antes de a palavra "blogueira" ser popularizada.

▮ *Desafio do armário cápsula* (série)
Para quem tem várias peças de roupa e nunca sabe o que vestir.

Para ler:

▮ *Moda com propósito: Manifesto pela grande virada*, de André Carvalhal
Para quem busca um novo olhar sobre o assunto. Meu segundo livro vai além da venda e do marketing e propõe maneiras de viver e conquistar com propósito.

▮ *Moda intuitiva*, de Cris Guerra
Para quem busca se vestir de acordo com a própria essência, sem regras e em busca de um olhar mais pessoal para a moda.

▌ *A quarta revolução industrial do setor têxtil e de confecção: A visão de futuro para 2030*, de Flavio da Silveira Bruno
Para olhar para o futuro e entender quais perspectivas deverão se disseminar até 2030.

▌ *Rebeldes têm asas*, de Rony Meisler e Sergio Pugliese
Para pensar marcas como organismos vivos que se desenvolvem, se descobrem, redescobrem, erram e aprendem, até encontrarem seu propósito.

Para pensar:

Todas as vezes, antes de comprar, é momento de pensar:
Preciso deste produto (ou serviço)? Mesmo? Por quê?
Com quantas peças do meu armário ele combina?
Ele é socialmente justo?
O preço é justo? O que está contemplado neste preço?
Do que é feito? A extração da matéria-prima respeita a natureza?
Qual impacto gerou?
Onde foi produzido? Com qual mão de obra?
Quanto tempo vai durar?

Para baixar:

▌ Moda Livre: Criado pela ONG Repórter Brasil, avalia medidas que as principais empresas de moda do país adotam para combater o trabalho escravo. (app)

Gratidão

Viva o fim é resultado de muitas viagens, pesquisas e conversas — mesmo as que não estão transcritas. Agradeço muito a todos que participaram deste processo e estão citados no livro. Dos autores e diretores dos documentários que me inspiraram às pessoas que conheci.

Agradeço também ao fluxo que tomou conta de mim e guiou esta escrita. Além disso, sou grato a algumas pessoas que contribuíram tanto no meu desenvolvimento profissional quanto pessoal.

À Fe Cortez, minha amiga e companheira de viagens (para dentro e para fora), que com nossas conversas me ajudou a criar o conceito deste livro e do anterior. Ao Daniel Benassi, meu primeiro sócio — aqui tem um pouco de tudo o que vivemos e das nossas trocas às seis da manhã por WhatsApp. À Carol Fernandes: que reencontro, não é mesmo, amiga?

À Dani Vargas e à Flora, do Afeto Escola, que me apoiaram com a pesquisa de conteúdo. À Daniela Klaiman — a gente se conhece pouco, mas sua aula a que assisti sobre futurismo foi a primeira fagulha para que eu escrevesse este livro. À Quezia, minha editora, que certamente contribuiu para que *Viva o fim* ficasse ainda melhor.

Ao Rony, outro grande reencontro. No meu primeiro *job* de moda, mais de dez anos atrás, tive contato com a Reserva, quando a marca ainda estava começando. Nos conhecemos ali, e, depois de tanta coisa que vivemos (cada um do seu lado), você reapareceu e me deu algo que nem eu sabia que queria: me reconheceu como diretor criativo antes mesmo que eu pudesse me reconhecer.

A todos que acreditaram na MALHA e a toda a minha equipe da AHLMA: que sorte poder ter montado um time com meus melhores amigos — e, depois, novos amigos. Agradeço por colocarem os talentos e serviços de vocês na cocriação desse grande sonho. Ele é nosso!

Ao Felipe Gil, diretor de redação da editora Trip, que (com toda equipe) me enxergou como escritor e me convidou para ser colunista da revista da Gol. Umas das minhas maiores alegrias hoje é poder levar minhas ideias a mais gente do que jamais imaginei que pudesse alcançar.

E por último, mas não menos importante, a todos vocês que estão com este livro na mão. Aos que me escrevem contando suas histórias. Aos que acreditam e apoiam meu trabalho — seja comprando livros, indo a palestras e workshops, ou simplesmente curtindo minhas fotos (rs). O mundo é nosso.

TIPOGRAFIA Arnhem Blond
DIAGRAMAÇÃO Osmane Garcia Filho
PAPEL Pólen Soft, Suzano Papel e Celulose
IMPRESSÃO Lis Gráfica, outubro de 2018

A marca FSC® é a garantia de que a madeira utilizada na fabricação do papel deste livro provém de florestas que foram gerenciadas de maneira ambientalmente correta, socialmente justa e economicamente viável, além de outras fontes de origem controlada.